Almut Zwengel
Mikrosoziologie, interpretatives Paradigma
und qualitative Sozialforschung

D1671645

Almut Zwengel

Mikrosoziologie, interpretatives Paradigma und qualitative Sozialforschung

Eine soziologische Einführung

BELTZ JUVENTA

Die Autorin

Almut Zwengel, Jg. 1963, habil. Dr., ist Professorin für Soziologie mit Schwerpunkt Interkulturelle Beziehungen am FB Sozial- und Kulturwissenschaften der Hochschule Fulda. Ihre Arbeitsschwerpunkte sind Migrationssoziologie, Sprachsoziologie und qualitative Sozialforschung.

Dieses Buch ist erhältlich als:
ISBN 978-3-7799-6372-1 Print
ISBN 978-3-7799-5678-5 E-Book (PDF)

1. Auflage 2023

© 2023 Beltz Juventa
in der Verlagsgruppe Beltz · Weinheim Basel
Werderstraße 10, 69469 Weinheim
Alle Rechte vorbehalten

Herstellung: Ulrike Poppel
Satz: Helmut Rohde, Euskirchen
Druck und Bindung: Beltz Grafische Betriebe, Bad Langensalza
Beltz Grafische Betriebe ist ein klimaneutrales Unternehmen (ID 15985-2104-100)
Printed in Germany

Weitere Informationen zu unseren Autor:innen und Titeln finden Sie unter: www.beltz.de

Inhalt

1. Rahmen

1.1 Gegenstand und Relevanz der Soziologie

Was ist der Gegenstandsbereich der Soziologie? Der Franzose Emile Durkheim schrieb 1937: „Les faits sociaux ne peuvent être expliqués que par des faits sociaux" (Durkheim 1983, S. 147). Soziale Tatsachen lassen sich nur durch soziale Tatsachen erklären. *Faits sociaux* werden wir später definieren. Nehmen wir zunächst den nicht selbstverständlichen Grundgedanken auf.

- Wie lässt sich Soziales anders als durch soziale Aspekte erklären?

Ein Beispiel dafür, Soziales durch Soziales zu erklären, wäre, dass Tanzschulen früher u. a. dazu dienten, Paarbildungen vorzubereiten. Es ist aber auch möglich, die Höhe von Ausgaben für eine Party ökonomisch, eine Beleidigung psychologisch oder eine Arbeitszeitordnung klimatisch zu erklären (vgl. Müller 2012, S. 168). Durkheim wollte durch das genannte Zitat die Autonomie der neu gegründeten Wissenschaft Soziologie herausstreichen.

Bogusz/Delitz (2013) kritisieren, Durkheims Ansatz gehe zu weit. Wenn Soziologie „alle Bereiche der Gesellschaft als ‚soziale Tatsachen' in ihren Blick ziehen" solle (S. 15), würden Psychologie, Ethnologie, Linguistik, Wirtschaftswissenschaften und Rechtswissenschaften ihrer Eigenständigkeit beraubt bzw. auf Hilfswissenschaften der Soziologie reduziert (S. 15 f.).[1]

Die hier vorgeschlagene Definition von Soziologie ist nicht weniger eng: Soziologie befasst sich mit den Beziehungen zwischen Menschen und dem Funktionieren von Gesellschaft.[2] Durch das „und" wird die Existenz von zwei unterschiedlichen Analyserichtungen angezeigt. Der erstgenannte Ansatz geht vom Individuum aus. So schreibt Max Weber (1980, S. 1) als Handlungstheoretiker: „Soziologie […] soll heißen: eine Wissenschaft welche soziales Handeln deutend verstehen und dadurch in seinem Ablauf und seinen Wirkungen ursächlich

---

1   Das gleiche Argument findet sich bereits bei Simmel (1995, S. 37 f.).
2   Eine Definition von Gesellschaft sei exemplarisch genannt: „Mit Gesellschaft bezeichnen wir eine autonome Gruppierung von Menschen, die auf einem gemeinsamen Territorium leben, eine gemeinsame Kultur teilen, die untereinander mit routinisierten Interaktionen verbunden sind und die voneinander über definierte Status und Rollen abhängen." (Weymann 2007, S. 133). Auf viele der in diesem Zitat verwendeten Begriffe werden wir später zurückkommen.

erklären will". Der zweite, an der Gesamtgesellschaft ansetzende Zugang findet sich z. B. bei Vertreter*innen der Systemtheorie, wie Talcott Parsons und Niklas Luhmann. Zwischen beiden Ansätzen bestehen Beziehungen. Es sind Handlungsspielräume von Individuen angesichts vorgegebener sozialer Strukturen zu berücksichtigen und es ist zu fragen, wie aus individuellen Handlungen gesellschaftliche Strukturen entstehen. Bei empirischen Untersuchungen können Akteurs- und Systemperspektive miteinander verknüpft werden. Es ist aber zu berücksichtigen, dass diese, auch bei Betrachtung ähnlicher empirischer Phänomene, zu ganz unterschiedlichen Sichtweisen führen.

- Wodurch wurden Sie selbst sozial besonders geprägt? Berücksichtigen Sie Prägungen durch Handlungen anderer Menschen und durch gesellschaftliche Strukturen.

Es ist auch möglich, eine „mittlere" Ebene stark zu machen. So heißt es bei Simmel (1894, zit. in Dahme/Rammstedt 1995, S. 25): „Gegenstand der Soziologie sind der Wechselwirkungs- und Gegenseitigkeitscharakter sozialer Beziehungen sowie die Formen, in denen soziale Wechselwirkungen stattfinden". Pries (2019) berücksichtigt diese Ebene als Verflechtungsperspektive. Ein Ansetzen an Organisationen ist hier ebenfalls zuzuordnen. Unter Berücksichtigung einer solchen mittleren Ebene lässt sich nun mit Merton (1995) unterscheiden zwischen Mikro-, Meso- und Makroebene.

In letzter Zeit hat das Interesse am sozialen Umgang mit physischen Dingen zugenommen. Latour kritisiert, Durkheim habe eine „Soziologie des Sozialen" favorisiert, „die die Dinge depriviligiert" (Bogusz/Delitz 2013, S. 16). So nennt Pries (2019, S. 34) als Gegenstandsbereiche der Soziologie neben sozialer Praxis und sozialen Symbolsystemen denn auch „menschliche[…] Artefakte (Technik, Architektur, Geräte etc.)". Er spricht zudem breiter vom Umgang mit sich selbst, mit anderen und mit der Natur. Beispiele für den neuen Trend zur Berücksichtigung physischer Dinge sind Studien von Soziolog*innen zum Klimawandel, zur Technikentwicklung und zur Digitalisierung. Der Ansatz zeigt sich aber auch als spezifischer Zugang in unterschiedlichsten speziellen Soziologien. So sei exemplarisch eine Studie zum Umgang von Geflüchteten mit Gegenständen des Alltags genannt (Höpfner 2018).

- Wie würden Sie Soziologie definieren? Begründen Sie Ihre Entscheidung und grenzen Sie sich dabei gegen andere mögliche Definitionen ab.

Eine wichtige und umstrittene Frage ist, welche Haltungen Soziolog*innen zum untersuchten Gegenstand einnehmen sollen. Weber (1980, S. 140) favorisiert Wertfreiheit und konkretisiert dies exemplarisch: „Wie die betreffende Qualität von irgendeinem ethischen, ästhetischen oder sonstigen Standpunkt aus ,objektiv' richtig zu bewerten sein *würde*, ist natürlich dabei begrifflich völlig gleichgültig

[Hervorhebung im Original]". Auch in manchen Einführungen in die Soziologie wird ein Verzicht auf Bewertungen betont. So heißt es bei Dechmann/Ryffel (1983, S. 17): „Der Soziologe betrachtet Menschen und Situationen nicht einseitig bewertend, d. h. er stuft sie nicht in Kategorien wie positiv oder negativ ein". Die Gegenposition wird von denen vertreten, die meinen, Soziologie solle parteiisch sein, sie solle mitwirken an einer Verbesserung der Gesellschaft. Diese Richtung kann anknüpfen an die klassische Formulierung von Karl Marx in der letzten seiner elf Thesen über Feuerbach: „Die Philosophen haben die Welt nur verschieden *interpretiert*, es kommt darauf an, sie zu *verändern* [Hervorhebung im Original]" (MEW 3, S. 7). Auch für diesen Ansatz finden sich Beispiele in vorliegenden Einführungen zur Soziologie. So heißt es bei Feldmann (2006, S. 13): „Soziologie ist ein Heilmittel, durch das Rationalität, Humanität, Konfliktlösungskompetenz und vorausschauendes Verhalten gefördert werden [können]."

- Sollte Soziologie sich um einen neutralen Blick bemühen oder sollte sie parteiisch sein?

Es liegt bereits eine größere Zahl von Einführungen in die Soziologie vor, so z. B. Abels (2018; 2019), Bahrdt (2014), Bango (1994), Dechmann/Ryffel (2015), Feldmann (2006), Giddens (1999) und Korte/Schäfers (2016). Hervorgehoben seien drei weitere, besonders überzeugende Lehrbücher. Amann (1996) ist eine zugleich historisch und systematisch angelegte, gut durchargumentierte Einführung. Leider ist der Text schon etwas älter, Joas/Mau (2020) überzeugen durch thematisch angelegte Kapitel, die jeweils von Expert*innen in einfacher Sprache verfasst sind. Das Buch ist allerdings sehr umfangreich. Pries (2019) strukturiert klar über Individuum, Verflechtung und Gesellschaft als Untersuchungsperspektive sowie Handeln, Ordnung und Wandel als Gegenstände. Dies wirkt bisweilen etwas starr; seine Interpretationen längerer Zitate sind inspirierend.

Wie ist nun die vorliegende Einführung aufgebaut? Es besteht ein gewisses Spannungsverhältnis zwischen zwei Intentionen. Es soll eine Einführung in die Soziologie insgesamt geboten und zugleich ein Schwerpunkt gesetzt werden in den Bereichen Interaktion, interpretatives Paradigma und qualitative Sozialforschung. Begonnen wird mit der Vorstellung des interpretativen Paradigmas, um für theoretische Vorannahmen zu sensibilisieren. Der Hauptteil des Buches besteht aus Oberthemen mit jeweils einer exemplarischen Vertiefung.

Zunächst beschäftigen wir uns mit Grundbegriffen. Diese sind zum Teil aus der Alltagssprache bekannt, werden in der Soziologie aber spezifisch definiert. Unterschieden werden kann dabei zwischen Begriffen, die – wie Rolle – einheitlich gefasst werden, solchen, die – wie Gruppe – von Autor*innen unterschiedlich definiert werden, und Begriffen schließlich, die – wie Identität – nur im jeweiligen theoretischen Zusammenhang zu verstehen sind. Exemplarisch vertieft wird das Thema Kleingruppe, weil es konkret ist, sich für ein Anknüpfen an eigene

Alltagserfahrungen eignet und gut zum hier zentralen Begriff der Interaktion passt.

Nächstes Thema sind zentrale Autor*innen. Hier werden die Klassiker Marx, Weber, Durkheim und Simmel vorgestellt. Anhand dieser Autor*innen können Grundfragen der Soziologie diskutiert werden. Zudem sensibilisiert ein Vergleich zwischen ihnen für mögliche Schwerpunktsetzungen in der Soziologie. Auf neuere grundlegende Autor*innen wie Luhmann, Bourdieu, Elias und Habermas wird nur vereinzelt und an unterschiedlichen Stellen Bezug genommen. Als solide Einführung zu diesen Autor*innen sei Treibel (2006) genannt. Vertieft wird dann mit Erving Goffman ein „Klassiker der zweiten Generation" (Hettlage/Lenz 1991). Er ist zentral für unseren Zusammenhang, weil er Interaktion, interpretatives Paradigma und qualitative Sozialforschung miteinander verbindet.

Anschließend geht es um die bereits erwähnte Gegenüberstellung von Mikro-, Meso- und Makroebene. Sie wird mit einem Titel von Luhmann (2018) gefasst: Interaktion, Organisation, Gesellschaft, allerdings ohne dessen theoretischem Ansatz zu folgen. Um die unterschiedlichen Zugänge zu verdeutlichen, werden je zwei ausgewählte Themen etwas genauer betrachtet. Die Vertiefung bezieht sich dann nicht auf die genannten Schwerpunkte, sondern nimmt einen wichtigen Gegenstand in den Fokus, der bei der präferierten Perspektive leicht vernachlässigt werden könnte: Macht in Organisationen.

Im Methodenkapitel geht es um die qualitative Sozialforschung. Zur breiteren Einführung in diese Methoden sei beispielhaft verwiesen auf Przyborski/ Wohlrab-Sahr (2010) und auf Flick/Von Kardorff/Steinke (2015). Hier werden nur ausgewählte Verfahren der Datenerhebung und der Datenanalyse vorgestellt. Für die Erhebung wurde versucht, das Gesamtspektrum zu erfassen: Interview, Gruppendiskussion und Ethnographie. Für die Datenanalyse wurden Verfahren ausgewählt, deren Grundprinzipien besonders kontrastieren. Die Vertiefung bezieht sich auf zwei kleinere Forschungsprojekte aus der Hochschule Fulda. Interaktion betrifft dabei den Gegenstand, aber die Deutung wird nicht auf die Mikroebene beschränkt.[3]

Abschließend werden zentrale Ergebnisse der Einführung auf die Schwerpunkte Interaktion, interpretatives Paradigma und qualitative Sozialforschung bezogen.

Didaktisch sind zwei Grundorientierungen leitend: Gefördert werden soll eigenständiges, sozialwissenschaftliches Denken der Leser*innen. Außerdem ist die Anlage des Lehrbuches interaktiv. Immer wieder kommt es zu kleineren Fragen und Aufgaben, die alleine und/oder in Gruppen bearbeitet werden können. Das Buch geht auf langjährige Lehrerfahrung an Hochschulen im Bereich der Einführung in die Soziologie zurück, und zwar in Cottbus (2000–2002) und in

---

3   zu Mikro- versus Makroperspektive bezogen auf den Gegenstand zum einen und auf den Erklärungsansatz zum anderen vgl. Diewald (2014, S. 279).

Fulda (seit 2004). Es ist also aus Lehre entstanden und es soll – auch – für Lehre nutzbar sein.

- Warum interessieren Sie sich für Soziologie? Über welche Teilgebiete der Soziologie würden Sie gern mehr erfahren?

1.2 Paradigmen im Vergleich

Zwischen den als Schwerpunkte genannten Bereichen Interaktion und interpretatives Paradigma gibt es Zusammenhänge. So ist für den interpretativen Ansatz der Interaktionsbegriff zentral (vgl. z. B. Amann 1987, S. 191). Unter Interaktion soll hier verstanden werden: ein „Prozess, in dem Menschen sich aufeinander hin orientieren und in dem sie in wechselseitiger Reaktion auf ihr jeweiliges Verhalten handeln" (Weymann 2007, S. 135). Solche Interaktionen sind für unser Alltagsleben zentral.

- Beschreiben Sie möglichst genau eine Interaktion, die Sie in der letzten Woche erlebt haben.

Interessante Studien zu alltäglichen Interaktionen sind z. B. Kaufmann (2005) zu Streitereien in Paarbeziehungen und Keppler (1994) zu Gesprächen bei Tisch.

Interaktionen sind aus Sicht des interpretativen Paradigmas vor allem deshalb zentral, weil sie verantwortlich seien für die Entstehung unseres Ichs. Dies hat George Herbert Mead in beeindruckender Weise herausgearbeitet (vgl. zum Folgenden Mead 1977; Abels 2006, S. 255–270). Ausgangspunkt dabei ist das *I*. Es ist „vorsozial und unbewusst" (S. 265). Der einzelne nun nimmt wahr, wie er von signifikanten Anderen gesehen wird. Dadurch macht er/sie sich selbst zum Objekt. Es entstehen sogenannte *me*. Im *self* werden diese zusammengeführt. Aus signifikanten Anderen werden nun generalisierte Andere. Das entstehende *reflective self* ist eine Einheit, die sozial geprägt und dem Bewusstsein zugänglich ist. Den Entwicklungsprozess verdeutlicht Mead über das Spiel des Kindes. Im nachahmenden Spiel (*play*) werden zunächst einzelne Rollen wie Mutter, Lehrer*in, Polizist*in übernommen (Mead 1977, S. 77). Das Kind lernt so, sich in die Perspektive einzelner Anderer hineinzuversetzen. In einem fortgeschritteneren Stadium kommt es zu Wettkampfspielen in Gruppen (*game*). In diesen müssen die Perspektiven aller Mitspieler gleichzeitig berücksichtigt und aufeinander bezogen werden (S. 78). Damit ist Interaktion nicht nur ein Themengebiet unter anderen. Sie ist zentral für die Entstehung des Sozialen.

Treibel (2006, S. 96) fasst als Kern des interpretativen Paradigmas – ganz ähnlich – Intersubjektivität:

„Der Begriff der *Intersubjektivität* durchzieht alle Ansätze des interpretativen Paradigmas wie ein Leitfaden; es kommt nicht – wie beim individualistischen Programm – auf die Motivationen der Individuen an, sondern auf ihre wechselseitige Orientierung aneinander."

Dem interpretativen Paradigma werden unterschiedliche theoretische Ansätze zugeordnet. Keller (2012, S. V f.) nennt die folgenden: Chicagoer Schule, Symbolischer Interaktionismus, sozialkonstruktivistische Wissenssoziologie, Ethnomethodologie und Soziologie der Interaktionsordnung. Sie können hier nur exemplarisch vorgestellt werden. Ausgewählt wurden der symbolische Interaktionismus und die Ethnomethodologie. Die Darstellung beschränkt sich auf grundlegende Gedanken des/der je wichtigsten Vertreters/-in.

Zentraler Vertreter des symbolischen Interaktionismus ist Herbert George Blumer, der 1900 geboren wurde und an der Universität von Chicago u.a. bei George Herbert Mead promovierte (Helle 1992, S. 91). Für seinen Ansatz formulierte er drei zentrale Prämissen: 1) „dass Menschen ‚Dingen' gegenüber auf der Grundlage der Bedeutungen handeln, die diese Dinge für sie besitzen" (Blumer 2015, S. 25). Ausgangspunkt ist also das handelnde Individuum. Unter Dingen wird alles verstanden, „was angezeigt werden kann, alles auf das man verweisen oder auf das man sich beziehen kann" (S. 32); 2) „dass die Bedeutung solcher Dinge aus der sozialen Interaktion, die man mit seinen Mitmenschen eingeht, abgeleitet ist oder aus ihr entsteht" (S. 25). Die Bedeutung liegt also nicht in den Dingen oder im wahrnehmenden Subjekt, sie ist Ergebnis von Interaktion (S. 26). Keller (2012, S. 116) fasst diese Prämisse als: „alle menschlichen Interaktionen [werden] vermittelt und koordiniert […] über den Gebrauch signifikanter Symbole"; 3) „dass diese Bedeutungen in einem interpretativen Prozess, den die Person in ihrer Auseinandersetzung mit den ihr begegnenden Dingen benutzt, gehandhabt und abgeändert werden" (Blumer 2015, S. 25). Hier wird deutlich: Das Zentrale ist die Notwendigkeit von Interpretation. Blumer betont also den Stellenwert von Kommunikation im Allgemeinen und von Sprache im Besonderen.[4]

Zentraler Vertreter der Ethnomethodologie ist Harold Garfinkel. Garfinkel war Schüler von Alfred Schütz und promovierte bei Talcott Parsons (Keller 2012, S. 241). Eine zentrale Annahme der Ethnomethodologie ist, „dass es in jedem sozialen Gebilde (ethnos), sei es eine Gruppe, ein soziales Milieu oder die Gesellschaft insgesamt, typische Methoden gibt, mit denen die Individuen ihren Alltag bewältigen und eine gemeinsame Wirklichkeit konstruieren" (Abels 2004,

---

4 Blumer (2015, S. 30) unterscheidet zwischen nichtsymbolischer Interaktion auf der einen und symbolischer, vor allem sprachlich vermittelter Interaktion auf der anderen Seite. Schütze (1987, S. 547) schätzt Blumers besondere Berücksichtigung von Sprache auf der konzeptionellen Ebene, meint aber, diese sei von ihm in der konkreten Umsetzung nicht ausreichend berücksichtigt worden.

S. 112). Wichtig sind die Begriffe Alltagswelt und Konstruktion.[5] Zentral ist ein gemeinsam geteiltes Wissen. So spricht Garfinkel (1961, zit. in a. a. O., S. 120) von *common-sense knowledge* als „gesellschaftlich gebilligten Tatsachen des Lebens in der Gesellschaft, die jedes engagierte und vertrauenswürdige Gesellschaftsmitglied (bona fide-member of society) kennt". In der Praxis beschäftigt Garfinkel die Frage nach dem Entstehen einer Ordnung, die „Sinn macht" (Abels 2001, S. 121). Er versucht Ordnungen durch Krisenexperimente zu irritieren und dadurch in ihrer Grundstruktur sichtbar zu machen (S. 139). Ein Beispiel sei genannt. Probanden wurden gebeten, Fragen zu stellen, die mit nein oder ja beantwortet werden können. Welche Antwort der Gesprächspartner geben sollte, wurde bereits vor der Formulierung der Frage festgelegt. Die Probanden versuchten aber, eine innere Stimmigkeit der Antworten zu konstruieren (S. 120 f.). Zentral für die Ethnomethodologie scheint mir das Konzept der Interpretation (vgl. auch Keller 2012, S. 244).

• Im Alltag stimmen wir uns ständig aufeinander ab. Dies können Sie durch ein klassisches Krisenexperiment selbst erfahren: Machen Sie einen Spaziergang in der Stadt, ohne andere Personen auf dem Bürgersteig auszuweichen.

Am interpretativen Paradigma im Allgemeinen und an einzelnen Varianten im Besonderen wird Kritik geäußert, die auf Grundfragen der Soziologie und auf die Bestimmung ihres Gegenstandes verweist. Es wird kritisiert, dass die Mesoebene und vor allem die Makroebene nicht ausreichend berücksichtigt werden (zu letzterem insb. Giddens und Bourdieu laut Keller 2012, S. 171). Zudem stehe das Handeln von Individuen in unangemessener Weise sehr viel stärker im Fokus als die Existenz vorgegebener sozialer Strukturen. Daneben liege der Fokus zu stark auf der Symbol- und der Deutungsebene. Materielle Grundlagen würden so vernachlässigt (vgl. z. B. Schütze 1987, S. 545). Es bestehe eine harmonistische Grundperspektive, die Macht und Konflikt nicht ausreichend berücksichtige (z. B. a. a. O.; Giddens 1984, S. 64). Auch seien die Analysen ahistorisch. Spezifika unterschiedlicher Gesellschaften und Zeiten würden so vernachlässigt (Gouldner 1970, S. 391; Schütze 1987, S. 545). Am spezifischsten und zentralsten scheint mir die Einschätzung von Schütze (a. a. O.): kritisiert wird ein angenommener „Aushandlungscharakter gesellschaftlicher Ordnung".

• Wie schätzen Sie das interpretative Paradigma ein?

---

5   Die von Garfinkel (1967, S. 11) selbst formulierte Definition von Ethnomethodologie berücksichtigt zwar Alltagswelt) Sie bleibt aber, so kritisiert Abels (2001, S. 116) zu Recht, schwer zugänglich.

2. Grundbegriffe

2.1 Alter und Geschlecht

Wir beginnen mit grundlegenden Merkmalen zur Ausgestaltung sozialer Ungleichheit: Alter und Geschlecht. Bei beidem handelt es sich um zugeschriebene Positionen (*ascribed status*), die abzugrenzen sind von z. B. durch Leistung entstandenen, erworbenen Positionen (Hartfiel/Hillmann 1982, S. 830). Angeborene Merkmale sind in traditionellen Gesellschaften für die Bestimmung der sozialen Position zentraler als in modernen (vgl. z. B. Treibel 1999, S. 14, gestützt auf Lepsius 1977, sowie kritisch zum Alter Kohli 1998, S. 2). Weil Alter und Geschlecht als ursprüngliche, basale Merkmale für die Ausgestaltung sozialer Ungleichheit betrachtet werden können, beginnen wir mit diesen.

> • Lesen Sie ein Kapitel Ihrer Wahl aus Simone de Beauvoir (2011): Das andere Geschlecht (zuerst ersch. frz. 1949). Tragen Sie anderen die zentralen Gedanken vor.

Begriffliche Fragen ermöglichen einen ersten Zugang. Die Vorstellung von dem, was Geschlecht sei, wurde durch die konstruktivistische Perspektive erschüttert. Unterschieden wurde klassisch zwischen *sex* als biologischem und *gender* als sozialem Geschlecht. Nicht nur letzteres, so Judith Butler, sei sozial konstruiert (Walgenbach/Grohs 2006, S. 4). Fünf alles andere als selbstverständliche Annahmen liegen der konstruierten Zweigeschlechtlichkeit zugrunde:

1) *binär:* Es gibt genau zwei Geschlechter,
2) *äußerlich erkennbar:* Die Geschlechtszugehörigkeit ist an äußeren Merkmalen zu erkennen,[6]
3) *exklusiv:* Eine Doppelzugehörigkeit ist nicht möglich,
4) *askriptiv:* Das Geschlecht liegt bei der Geburt fest,
5) *invariant:* Die Geschlechtszugehörigkeit verändert sich im Laufe des Lebens nicht (Wobbe/Nunner-Winkler 2007, S. 291 f.).[7]

---

6 Da die Geschlechtsteile zumeist verdeckt sind, sind andere Zeichen wie Frisuren, Gesten, Kleidung von besonderer Bedeutung (Müller 2003, S. 109 f.).
7 Wobbe/Nunner-Winkler (2007, S. 291) stützen sich dabei auf Hawkesworth (1997), Heintz u. a. (1997), Kessler, Mc Kenna (1978) und Tyrell (1986).

Diese Annahmen zur Zweigeschlechtlichkeit wurden insbesondere erschüttert durch Garfinkels Studie zu einer Transsexuellen aus dem Jahre 1967. Die thematisierte Agnes wurde als Junge aufgezogen, ordnete sich selbst ab dem Alter von 17 Jahren als weiblich ein und ließ später eine ein biologisches Merkmal verändernde Operation vornehmen (West/Zimmermann 1987, S. 131). Inzwischen ist die Gleichstellung von LGBT ein wichtiges gesellschaftliches Thema.

- In welchen Bereichen haben Trans-Personen in den letzten Jahren mehr Anerkennung erhalten? Recherchieren Sie im Internet.

Im Hinblick auf Alter sind drei Begriffe zentral. Das Lebensalter ist alltagssprachlich vertraut. Es misst die Lebenszeit seit der Geburt. Eine Kohorte bezeichnet „eine Menge von Individuen […], die zu einem bestimmten gemeinsamen Zeitpunkt, z. B. in einem bestimmten Kalenderjahr, ein bestimmtes Ereignis erfahren haben." Dies können z. B. die Geburt oder der Schulabschluss sein (Mayer/Huinink 1990, S. 445). Eine solche Unterscheidung ist beispielsweise wichtig, wenn Parteipräferenzen erhoben werden. So kann gefragt werden, ob Ältere stärker CDU wählen, weil sie ein bestimmtes Lebensalter haben oder weil sie zu einer bestimmten Kohorte gehören. Der dritte Grundbegriff ist Generation. Dieser lässt sich weiter ausdifferenzieren. Mannheim (1964) hat eine bedeutsame Unterscheidung von drei Aspekten eingeführt. Eine gemeinsame *Generationslagerung* umfasst die Personen, die „im selben historisch-sozialen Raume – in derselben historischen Lebensgemeinschaft – zur selben Zeit geboren worden sind" (S. 542). Ein Beispiel wäre das Erleben der Kindheit im nationalsozialistischen Deutschland. Zum gleichen *Generationszusammenhang* gehören Personen, die geprägt sind von der „geistigen und sozialen Auseinandersetzung mit demselben, sie alle betreffenden historisch-aktuellen Schicksal" (S. 544). Als Beispiel wird Kriegsteilnahme genannt (S. 543). Die *Generationseinheit* schließlich fasst „Gruppen, die innerhalb desselben Generationszusammenhanges in jeweils verschiedener Weise diese Erlebnisse verarbeiten [Hervorhebung im Original]" (S. 544). Ein mögliches Beispiel ist die Positionierung zur Atomenergie in den 80'er Jahren. Von Generation wird sehr häufig gesprochen. Beispiele aus der Fachliteratur sind die skeptische Generation (Schelsky 1960) und die Flackhelfer-Generation (Bude 1987). Aber auch in der Alltagssprache ist von Generationen die Rede, so von den 68'ern oder von den Millennials.

- Ostdeutsche, die den Zusammenbruch der DDR und die deutsche Wiedervereinigung im selben Lebensalter erlebt haben, sind als Kohorten zu fassen. Einbezogen werden können auch die Nachkommen dieser Kohorten. Bilden Sie Hypothesen zur Unterschiedlichkeit der Prägung durch die Phase der „Wende" und berücksichtigen Sie dabei das Konzept der Generationseinheit.

Schauen wir uns nun für beide Themen, Alter und Geschlecht, jeweils eine Problematik etwas genauer an. Beginnen wir mit dem Alter und fokussieren wir auf
die Institutionalisierung des Lebenslaufes (vgl. dazu Kohli 1985). Früher war die
„Zufälligkeit der Lebensereignisse" zentral, doch dann kam es zur Herausbildung
eines „vorhersehbaren Lebenslaufs" (S. 5). Es entstand eine von Verzeitlichung
und Chronologisierung geprägte Normalbiographie im privaten und im beruf-
lichen Bereich (S. 2). Privat kam es zu frühen Heiraten, Geburten bei jungen
Frauen und längerem Zusammenleben von Paaren (S. 6 f.). Die Erwerbsarbeit
strukturierte das Leben in klar voneinander abgegrenzte und aufeinander folgende Phasen von Vorbereitung, Berufstätigkeit und Ruhestand (S. 3). Private
und berufliche Biographie waren aufeinander bezogen. Der Beginn von Berufstätigkeit und die Gründung eines eigenen Haushaltes fielen zeitlich meist zusammen (S. 6). Dieser einst zentrale Wandel wurde inzwischen durch eine neue
Destandardisierung abgelöst, die vor allem auf zunehmende Individualisierung
zurückzuführen ist. (S. 22 f.).[8]

• Das politische Weltbild wird besonders stark in der Adoleszenz geprägt. Bilden Sie
  eine Altersschlange, bei der die jüngste Person am einen und die älteste am anderen
  Ende steht. Finden Sie sich dann zu altershomogenen Kleingruppen zusammen und
  besprechen Sie, was Sie im Jugendalter politisch besonders geprägt hat.

Es dürfte sich zeigen, Gleichaltrige wurden durch die gleichen politischen Ereig-
nisse in der Jugend beeinflusst. Es zeigen sich aber Unterschiede in den politischen
Orientierungen, die u. a. mit politischen Orientierungen der Eltern, Erfahrungen
im Schulunterricht, Meinungen von *peers* und dem Aufwachsen in städtischem
oder ländlichem Umfeld zusammenhängen könnten.

Als Problematik im Hinblick auf Geschlecht sei das *doing gender* genannt.
Dieses Konzept geht vor allem auf Harold Garfinkel und Harvey Sacks zurück
(Keller 2012, S. 244). West/Zimmermann (1987, S. 140) nennen den zentralen
Grundgedanken: „gender is not simply an aspect of what one is, but more funda-
mentally, it is something that one *does*, and does recurrently, in interactions with
others [Hervorhebung im Original]." Zentral ist also auch hier die Interaktion. Die
Geschlechtszuordnung erfolgt in quasi jeder Interaktion und dies schon zu Be-
ginn (Müller 2003, S. 108, 110). Das *doing gender* durch Körpersprache, Kleidung,

---

8 Individualisierung meint, die individuellen Entscheidungsmöglichkeiten und -notwendig-
  keiten nehmen zu. Dies führt zu einem Mehr an Freiheit aber auch zu neuem Zwang zu
  Entscheidungen. Ein Beispiel ist das Zusammenspiel von Berufstätigkeit und Familien-
  phase, insbesondere für Frauen. Es ist möglich, zwischen beidem zu wählen, beides gleichzeitig zu praktizieren oder beides nacheinander zu durchleben. Unter Berücksichtigung
  der Rahmenbedingungen können und müssen hier individuelle Entscheidungen getroffen
  werden. Individualisierung ist in unterschiedlichen Milieus unterschiedlich stark ausge-
  prägt und kann mit Vereinzelung einhergehen (vgl. z. B. Beck 1986; Beck/Sopp 1997).

Auftreten u. ä. „must be finely fitted to situations". Es wird gegebenenfalls angepasst oder variiert (West/Zimmermann 1987, S. 135). Bei Unsicherheiten ist auch ein „overdoing" möglich (S. 134, mit Bezug auf Garfinkel 1967). Das Geschlecht kann situativ irrelevant gesetzt werden, so bei einem entsexualisierten Besuch von Gynäkolog*innen (Hirschauer 1994, zit. in Müller 2003, S. 113). Das Konzept des *doing gender* wurde auf andere Dimensionen übertragen, so als *doing class* oder *doing ethnicity*, aber auch als *doing school, doing teacher, doing student, doing lessons* (Bräu 2015, S. 24 f.). Die im Falle von Geschlecht vorliegende Omnipräsenz ist also bei anderen Formen des *doing* häufig nicht gegeben.

- Bilden Sie Paare und überlegen Sie sich jeweils eine Pantomime, in der die eine Person als überlegen und die andere als unterlegen präsentiert wird. Je nach zur Verfügung stehender Zeit können einzelne oder alle Pantomimen der Gesamtgruppe vorgestellt werden.

Als ein Beispiel für *doing gender* kann eine klassische Studie von Erving Goffman (1979) gelten. Goffman selbst spricht von *gender displays* (S. 3, 51). Er untersucht die Präsentation des Verhältnisses zwischen Männern und Frauen auf Werbe- und Pressefotos, und zwar insbesondere „their presumed *social* position relative to one another [Hervorhebung im Original]". Diese Darstellungen seien zwar geprägt von „standardization, exaggeration, and simplification", sie würden sich aber nicht prinzipiell unterscheiden von Präsentationen in Alltagsbegegnungen (S. 84). Herausgearbeitet werden u. a. folgende Muster: Der Mann erscheint zumeist als überlegen. Er ist häufig räumlich höher positioniert und wirkt beschützend. Die Frau wird eher kindlich und in spielerischer Haltung dargestellt. Sie erscheint zudem als sexuell verfügbar. Symmetrische Darstellungen zeigen sich bei einem Nebeneinanderstehen sowie beim Händehalten (S. 40–56). Goffmans Studie ist ein schönes Beispiel für die in dieser Einführung besonders berücksichtigte qualitative Sozialforschung. Es werden nicht vorab formulierte Hypothesen überprüft, sondern Kategorien und Typologien aus dem empirischen Material heraus entwickelt (vgl. dazu auch Willems 1997, S. 343 f. sowie Kap. 8.2.1 und 8.2.2).[9]

2.2 Gruppe und Rolle

Auch beim Thema Gruppe beginnen wir mit begrifflichen Klärungen.

- Bilden Sie zwei gordische Knoten. Sie tun dies, indem Sie sich in zwei Kreisen mit etwa sechs Personen aufstellen, die Hände in die Kreismitte strecken und mit jeder Hand

---

9   Burns (1992, zit. in Willems 1997, S. 344) betont Goffmans Virtuosität. Er habe „a quite exceptional talent for classifying his observations".

Gruppe ist ein Begriff, der von Soziolog*innen unterschiedlich verwendet wird. Hartfiel/Hillmann (1982, S. 279) nennen Kriterien, die in Definitionen von Gruppe vorkommen können:

1) *Größe:* Sie ist überschaubar und lässt *face-to-face*-Kontakte zu.
2) *Grenzen:* Diese sind klar und grenzen das Außen ab.
3) *Handeln:* Gemeinsames Handeln ist, zumindest indirekt, gegeben.
4) *Wir-Gefühl:* Die Teilnehmenden fühlen sich als Teil einer Gruppe.
5) *Ziele:* Die Gruppenmitglieder verfolgen gemeinsame Ziele.
6) *interne Struktur:* Innerhalb einer Gruppe gibt es unterschiedliche Statuspositionen und Rollenzuschreibungen.
7) *Dauer:* Eine Gruppe ist durch relativ langfristiges Überdauern gekennzeichnet.

Exemplarisch seien zwei Definitionen genannt:

1) Eine Gruppe ist „eine Anzahl von Personen, ‚die sich untereinander gut kennen und regelmäßig und häufig Kontakt miteinander haben', […] eine ‚relativ dauerhafte Gruppe, in der unmittelbare Interaktion eines Mitglieds mit jedem anderen möglich ist und in der Beziehungen durch Vertrautheit und Intimität gekennzeichnet sind' " (Schwonke 1980, zit. in Tegethoff 1999, S. 35).
2) „Eine Gruppe ist eine Ansammlung von Menschen, die fühlen oder wahrnehmen, daß sie eine Gruppe sind, die sich selbst als Angehörige einer Gruppe kategorisieren, und die konsensual in der gleichen Weise von anderen kategorisiert werden" (Mummenday 1985, zit. in Eckert u. a. 2000, S. 18).

- Welche der oben genannten Kriterien treffen für die beiden Definitionen jeweils zu?[10]

Kommen wir nun zu einzelnen Aspekten der Gruppe. Zunächst geht es um die Unterscheidung zwischen einer *in-group*, der jemand angehört, und einer *out-group*, als einer Gruppe, die dieser gegenübersteht. Umstritten ist, ob eine Gruppenbildung möglich ist, ohne andere auszuschließen. Mummendey (1985, zit. in

---

10   Von Interesse sind für uns Definitionen, die Interaktionen besonders berücksichtigen. So ist Gruppe nach Wiese (1933, zit. in Scheuch/Kutsch 1975, S. 61) die Verdichtung von Interaktionen. Wenn keine Interaktionen bestehen, aber Personen gemeinsame Merkmale teilen, kann von Quasi-Gruppen gesprochen werden (S. 64).

Tegethoff 1999, S. 58) verneint dies. Wingert (1996, zit. in Münkler/Ladwig 1997, S. 39) unterscheidet zwischen einem negatorischen Wir, das geprägt ist durch „tendenziell feindselige Entgegensetzung von einem anderen Kollektiv", und einem inkludierenden, negativistischen Wir, das den anderen einschließt, auch „wenn er in vieler Hinsicht anders ist". Diese Unterscheidung verlagert das Problem aber wohl nur auf eine andere Ebene. Werden Individuen einer Gesellschaft als zugehörig betrachtet, betrifft die Abgrenzung die zwischen Gesellschaften. In Dänemark entstand ein innovatives Projekt. Spielerisch wurde gezeigt, dass innerhalb einer Gesellschaft unterschiedlichste Gruppen gebildet werden können. So entstehen gemeinsam mit Mitgliedern von *out-groups* angesichts geteilter Merkmale *in-groups*. Dänemark als Ganzes ließe sich in diesem Spiel dann als negativistisches Wir fassen. Der Film zum Projekt fand große Verbreitung und das Vorgehen wurde für zahlreiche andere Kontexte adaptiert.

- Sehen Sie sich auf YouTube an: TV 2 Dänemark (2017): All That we share.

Eine weitere wichtige Unterscheidung ist die zwischen objektiver und subjektiver Gruppenzugehörigkeit. Gukenbiehl (1999a, S. 115) spricht im ersten Fall von Mitgliedschaft und im zweiten Fall von Zugehörigkeitsgefühl. Beides muss nicht zusammenfallen, insbesondere bei Gruppenwechseln, die bevorstehen oder gerade stattgefunden haben (vgl. S. 117).

- Beschreiben Sie objektive und subjektive Veränderungen beim Übergang in die Hochschule.

Als Bezugsgruppe werden Gruppen bezeichnet, mit denen Menschen sich vergleichen. Merton/Rossi (1965, S. 234) verweisen mit solchen *reference groups* auf „those processes of evaluation and selfappraisal in which the individual takes the values or standards of other individuals and groups as a comparative frame of reference". Einer Bezugsgruppe kann man selbst angehören oder auch nicht (S. 233). Vergleiche können nach oben oder nach unten erfolgen, so wenn sich eine/e Studierende*r einer Fachhochschule entweder mit Auszubildenden oder mit Studierenden an Universitäten vergleicht. Vergleiche nach unten sichern ein positives Selbstbild, Vergleiche nach oben ermöglichen Vorbilder, wenn Gruppenwechsel prinzipiell möglich sind.[11]

Kommen wir zu *Gruppenwechseln*. Hier ist zu unterscheiden zwischen freiwilligen Gruppenzugehörigkeiten und Gruppen, denen man unabhängig vom

---

11 Klatzmann (1956, zit. in Cot/Mounier 1974, S. 194) arbeitete in einer klassischen Studie zum Wahlverhalten in Paris heraus, dass Personen gleicher Berufsgruppe unterschiedlich wählten in Abhängigkeit davon, ob sie in einem bürgerlichen oder in einem Arbeiterbezirk lebten. Dies könnte auf Unterschiede in den Bezugsgruppen zurückgeführt werden.

eigenen Willen angehört. In dieser Hinsicht unterscheiden sich z. B. Sportverein und Grundschulklasse. Im Hinblick auf Gruppenwechsel ist zudem zu unterscheiden zwischen traditionellen und modernen Gesellschaften. In letzteren gehören die Mitglieder einer größeren Zahl von Gruppen an (vgl. Schwonke 1980, S. 46) und können diese leichter wechseln. In traditionellen Gesellschaften kann der Ausschluss aus der Gruppe härteste Sanktion sein (vgl. z. B. Elwert 1980).

- Der *rational-choice*-Ansatz geht davon aus, dass Gruppenwechsel durch Einzelpersonen auf einer individuellen Abwägung von Kosten und Nutzen beruhen (so z. B. Homans 1968, zit. in Schwonke 1980, S. 45). Veranschaulichen Sie dies am Beispiel eines Gruppenwechsels Ihrer Wahl.

Sie könnten auf drei Probleme gestoßen sein, die Schwonke (1980, S. 45 f.) benennt: Kosten und Nutzen sind oft schwer quantifizierbar. Subjekte gewichten unterschiedlich. Es gibt nicht nur egoistische Motive. Diese Bedenken gelten für den *rational-choice*-Ansatz generell.

Während Gruppe von Soziolog*innen unterschiedlich definiert wird, besteht beim Begriff der Rolle Einigkeit.

„Die Rolle ist ein Bündel von *Erwartungen*, die dem Inhaber eines sozialen Status (Position) entgegengebracht werden. Erwartungen sind Vorstellungen darüber, was ein Individuum in einer bestimmten Situation oder Position tun wird oder tun sollte" (Bango 1994, S. 68). „*Status* ist die Position einer Person im Vergleich zu anderen Personen im gesellschaftlichen System [Hervorhebungen im Original]" (S. 66).

Rollen können z. B. sein: Vater, Polizist*in, Nachbar*in. Wichtig ist, dass es nicht um individuelle Absichten oder Handlungen geht, sondern um Erwartungen, die von außen an die Individuen herangetragen werden (S. 67).

Es kann zu Konflikten kommen. Wenn diese innerhalb einer Rolle auftreten, wird von Intrarollenkonflikt gesprochen (S. 69). Will z. B. ein/e Lehrer*in ein neues Lehrbuch anschaffen, kann er/sie mit unterschiedlichen Erwartungen von Kolleg*innen, Schüler*innen, Eltern und Schulleitung konfrontiert sein. Konflikte zwischen unterschiedlichen Rollen werden Interrollenkonflikte genannt (a. a. O.). So kann es zu Schwierigkeiten kommen, wenn eine Person mit konfligierenden Erwartungen als Elternteil auf der einen und als Lebenspartner*in auf der anderen Seite umgehen muss. Wenn im Alltag das Gefühl besteht, dass einem Probleme über den Kopf wachsen, kann das Erkennen solcher Strukturen hilfreich sein.

Drei Autor*innen sind für das Konzept, das vor allem von Ralf Dahrendorf verbreitet wurde (Schäfers 2016, S. 36), besonders relevant.[12] Dahrendorf (2006) selbst unterscheidet klassisch Muss-, Soll- und Kann-Rollen, die sich durch eine abnehmende Verbindlichkeit (S. 45) und durch die Art und das Ausmaß von Sanktionen unterscheiden.[13] Muss-Erwartungen sind nur mit negativen Sanktionen verbunden, bei Soll-Erwartungen dominieren negative Sanktionen und Kann-Erwartungen bestehen vor allem aus positiven Sanktionen (S. 42–44). Für Dahrendorf ist Rolle die zentrale „Elementarkategorie" der Soziologie (S. 22 f.). Sie verbinde das Individuum mit der Gesamtgesellschaft: „Am Schnittpunkt des einzelnen und der Gesellschaft steht der *homo sociologicus* der Mensch als Träger sozial vorgeformter Rollen [Hervorhebung im Original]" (S. 24). Dahrendorf spricht von der „ärgerlichen Tatsache der Gesellschaft" und betont damit eher den Zwangscharakter, mit dem die Gesellschaft dem Individuum gegenübertritt (S. 40, 24), es handelt sich um einen Ansatz, den wir bei Durkheim wiederfinden werden.

Einen originellen Zugang zum Thema Rolle bietet Goffman. Er zeigt die Entwicklung von Rollendistanz auf am Beispiel der Nutzung eines Kinderkarussells auf einer Kirmes. Es wird deutlich, wie ein Kind schrittweise in die Übernahme der Reiterrolle hineinwächst und sich dann zunehmend von ihr distanziert (vgl. Goffman 1961, S. 105–110; Miebach 1991, S. 78).

- Gehen Sie auf eine Kirmes und beobachten Sie. Finden Sie etwas, das Sie für soziologisch relevant halten?

Dreitzel (1972, S. 167) schließlich entwickelt ein komplexes Rollen-Modell in Form einer Neun-Felder-Tafel. Zum einen unterscheidet er personen-, organisations- und situationsbezogene Rollen. Als Beispiele nennt er u. a. Eltern, Soldat*in und Gastgeber*in. Daneben kontrastiert er Gehorsam gegenüber Regeln, Bewältigung von Aufgaben und Stil der Wertrealisierung. Als Beispiele hierfür werden u. a. Verkehrsteilnehmer*innen, Arbeiter*innen und Politiker*innen genannt. Beide Dimensionen können in unterschiedlicher Weise kombiniert werden.

- Griese/Nikles/Rülcker (1977) haben eine reichhaltige Zusammenstellung von Texten zur Rolle vorgelegt. Rezipieren Sie einen theoretischen und einen literarischen Text und stellen Sie anderen Ihnen interessant erscheinende Aspekte vor.

---

12 (1987, S. 253–269) stellt vier zentrale Autor*innen zum Thema Rolle vor. Neben den hier genannten Autor*innen berücksichtigt er Parsons, den wichtigsten Vertreter der Systemtheorie.

13 zur Verbindlichkeit vgl. bereits Gross/Mason/Mc Eachern (1958), zit. In Dahrendorf (2006, S. 44).

2.3 Klasse, Schicht, Milieu

Im Folgenden geht es um die Sozialstruktur. Im Fokus ist dabei insbesondere die vertikale Differenzierung von Gesellschaft.

- Woran ist die Stellung eines Menschen in der sozialen Hierarchie unserer Gesellschaft zu erkennen?

Zu unterscheiden ist zwischen Ressourcen wie Einkommen, Vermögen und Bildung sowie Indikatoren wie Wohnform, Kleidung, Transportmittel.

- Bourdieu (2017) enthält Interviews mit Personen, die aus unterschiedlichen Gründen eher am Rande der Gesellschaft stehen. Das Innovative ist, dass zumeist nicht Sozialwissenschaftler*innen interviewten, sondern Personen, die sich selbst in einer ähnlichen sozialen Situation befinden. Lesen Sie zwei Interviews Ihrer Wahl und tauschen Sie sich mit anderen über Ihre Eindrücke aus.

Schon an diesem Einstieg wird deutlich, dass Sozialstruktur gesellschaftsspezifisch ist. Vergleichen Sie z. B. die heutige Situation in Deutschland mit der früheren Phase des Feudalismus. Damals war die Gesellschaft agrarisch geprägt. Wichtig war die Unterscheidung zwischen Königsfamilie, Adel, Geistlichen, Kaufleuten, Handwerker*innen, freien und unfreien Bäuer*innen. Eine soziale Mobilität zwischen diesen Positionen war kaum möglich. Entscheidend für die soziale Stellung war das Verhältnis zum Landbesitz (Mayer/Buckley 1976, S. 8 f.).

Zwei für die Sozialstruktur zentrale Kernbegriffe sind Klasse und Schicht. Sie werden auf unterschiedlichste Weise definiert und zum Teil synonym verwandt. Einigkeit besteht darin, dass die ökonomische Stellung ein zentraler Faktor ist. Eine Definition ist z. B.: „Klassen bestehen aus Kategorien von Personen und Familien, die sich aufgrund ähnlicher Berufs-, Einkommens- und Besitzverhältnisse in derselben Lebenslage befinden" (S. 9). Interessant ist hier, dass die sonst zumeist vernachlässigte unbezahlte Reproduktionsarbeit über die Berücksichtigung der Familie mit einbezogen ist.

Stratifikationsmodelle können mit Ossowski (1971) systematisiert werden. Er unterscheidet zwischen dichotomischen Ansätzen, bei denen sich zwei Schichten oder Klassen gegenüberstehen, und gradierenden Ansätzen, bei denen Schichten oder Klassen über ein gradierbares Kriterium voneinander abgegrenzt werden (S. 146). Es wird weiter differenziert. Beim gradierenden Ansatz können mehrere gradierbare Kriterien miteinander kombiniert werden (S. 76). Wenn mindestens drei Einheiten unterschieden werden, spricht Ossowski von einem funktionellen Ansatz. Über die Unterscheidung zwischen dichotomischen und gradierenden Ansätzen können verschiedenste Modelle zur Sozialstruktur eingeordnet werden.

Der klassische dichotomische Ansatz ist der marxistische. Bei diesem wird davon ausgegangen, dass sich in Klassengesellschaften jeweils zwei zentrale Akteursgruppen gegenüberstehen, die sich durch ihre Stellung zu den Produktionsmitteln unterscheiden. Aus den Kämpfen zwischen diesen entstehen – bei wachsender Entwicklung der Produktivkräfte – neue Gesellschaftsformationen. Die kapitalistische Gesellschaft ist gekennzeichnet durch den Gegensatz zwischen Kapitalist*innen und Proletarier*innen. Die Kapitalist*innen besitzen die Produktionsmittel und die Lohnarbeiter*innen verkaufen ihnen ihre Arbeitskraft (MEW 4, S. 459–493; Fetscher 1976, S. 225 f.). Dies lohnt sich für die Kapitalist*innen, weil sie einen Mehrwert erhalten. Dieser ergibt sich folgendermaßen: die Arbeitskraft ist eine Ware, die, wie andere Waren auch, einen Gebrauchswert hat: „Die Nützlichkeit eines Dinges macht es zum Gebrauchswert" (MEW 23, 50). Der Tauschwert einer Ware ergibt sich durch die Arbeitszeit, die nötig ist, um sie herzustellen (S. 53 f.). Für die Ware Arbeitskraft sind dies die Reproduktionskosten (S. 184 f.). Der/die Arbeiter*in arbeitet mehr als für seine Reproduktion nötig ist. Was er/sie zusätzlich erwirtschaftet, eignet sich der/die Kapitalist*in als Mehrwert an (S. 224). Zusammenfassend heißt es: „[…] der spezifische Gebrauchswert dieser Ware [Arbeitskraft ist], Quelle von Wert zu sein und von mehr Wert als sie selbst hat" (S. 208).

- Unterscheiden Sie zwischen der Ware Fahrrad und der Ware Arbeitskraft.

Die Unterteilung in zwei zentrale Schichten findet sich auch im sogenannten bürgerlichen Lager. Als Beispiel sei Bernstein (1987) genannt, der im Hinblick auf Sprachverwendung unterscheidet zwischen einem für Unterschicht typischen restringierten und einen für Mittelschicht typischen elaborierten Code. Es gibt auch dichotomische Gegenüberstellungen, die nicht zwei Schichten oder Klassen unterscheiden, sondern von einer Bipolarität ausgehen, die sich in je unterschiedlichen sozialen Kontexten unterschiedlich konkretisiert. So spricht Bourdieu (1982; 1983a) von Dominierenden und Dominierten und thematisiert über sie Abgrenzungs- und Distinktionsversuche in unterschiedlichen sozialen Kontexten.[14] Paulo Freire (1984) unterscheidet für verschiedenste soziale Kontexte zwischen Unterdrückern und Unterdrückten. Er vertritt die Auffassung, dass nur letztere den nötigen gesellschaftlichen Wandel durchsetzen können. Solche Begrifflichkeiten ermöglichen ein Ausgehen von den jeweiligen sozialen Daten, die Thematisierung von Machtverhältnissen sowie eine Offenheit gegenüber gesellschaftlichen Veränderungen. In jüngster Zeit wurde allerdings wiederholt eine generelle Skepsis gegenüber bipolaren Unterscheidungen geäußert.

Das Beispiel für einen gradierenden Ansatz ist weniger prominent als das zentrale Beispiel für den dichotomischen Ansatz. Ausgewählt wurde das sogenannte

---

14 zum Thema Distinktion vgl. bereits Veblen (2010) zur Theorie der feinen Leute.

Zwiebelmodell von Bolte aus den 60'er Jahren. Nach Bolte ähnelte die Sozialstruktur nicht mehr einer Pyramide, sondern einer Zwiebel. Hierzu kam es, weil die untere Mittelschicht stark angewachsen sei. Zuordnungskriterium ist bei ihm das Prestige. Bolte setzt keine klaren Grenzen zwischen Schichten an, sondern geht von graduellen Unterscheidungen und fließenden Übergängen aus (Hradil/Schiener 1999, S. 352 f.).

- Ein zentrales Kriterium für gradierende Ansätze ist das Verfügen über Geld. Recherchieren Sie zur Einkommens- und Vermögensverteilung in Deutschland. Halten Sie die deutlich werdende soziale Ungleichheit für angemessen? Warum?

Die Unterscheidungen von Ossowski (1971) ermöglichen es, unterschiedlichste Ansätze einzuordnen. Nehmen wir als Beispiel Erikson/Goldthorpe (1992, zit. in Hradil/Schiener 1999, S. 363–365). Diese grenzen Klassen ab, insbesondere über „Qualifikationsniveau der Tätigkeit, Teilhabe an Herrschaft und Stellung zu den Produktionsmitteln" (Mayer 1991, zit. a. a. O., S. 363). Es werden also mehrere Kriterien berücksichtigt und gradierbare und nicht gradierbare Aspekte einbezogen. Als Klassen unterscheiden sie: Dienstleistungsklasse, nicht manuelle Routinetätigkeiten, Kleinbürger*innen, Landwirt*innen, Facharbeiter*innen, an- und ungelernte Arbeiter*innen sowie Landarbeiter*innen (Erikson/Goldthorpe 1992, zit. a. a. O.). Es handelt sich also um einen funktionellen Ansatz, weil mehr als zwei Einheiten gebildet werden. Die Einheiten selbst werden nicht als graduell unterschiedlich, sondern als verschiedenartig und klar voneinander abgrenzbar gefasst (vgl. Groß 2015, S. 73).

Die bisherige Darstellung bezog sich vor allem auf durch den Arbeitsplatz geprägte ökonomische Ressourcen. Diese Einschränkung ist nicht zwingend. Berücksichtigt werden können auch andere materielle Bedingungen sowie die Ausgestaltung von Lebensstilen (vgl. z. B. Geißler 2014, S. 118). Hierzu nun einige Ausführungen.

Die materiellen Bedingungen fasst der Ansatz der Soziallagen recht breit als „typische Merkmalskonstellationen für vorteilhafte und nachteilige Lebensbedingungen" (a. a. O.). Ähnlich verwendet wird der Begriff der Lebenslage: „So mag beispielsweise die Lebenslage eines Menschen durch geringe Einkünfte, viel Freizeit, eine billige, gesundheitlich und ökologisch gut gelegene Wohnung, hohe Integration in die Gemeinde, schlechte Arbeitsbedingungen im Schichtdienst und geringe Qualifikation gekennzeichnet sein." (Hradil/Schiener 1999, S. 40). Deutlich wird hier die Vielfalt der relevanten Aspekte.

Unter Lebensstil wird *ein relativ stabiles, regelmäßig wiederkehrendes Muster der alltäglichen Lebensführung* [Hervorhebung im Original]" verstanden (Geißler 2014, S. 110). Vorläufer dieses Konzeptes finden sich bereits in der klassischen Literatur. So waren Theodor Geigers Ausführungen zu Schichtmentalitäten wegweisend (Groß 2015, S. 34). Geiger (1987, zit. a. a. O.) schreibt: „Die Mentalität ist ‚geistig-seelische Disposition, ist unmittelbare Prägung des Menschen durch seine soziale Lebenswelt und die von ihr ausstrahlenden, an ihr gemachten Lebenserfahrung' ". Auch Max Weber (1980, S. 535) spricht bereits im Zusammenhang mit Ständen von „der Zumutung einer spezifisch gearteten *Lebensführung* an jeden, der dem Kreise angehören will [Hervorhebung im Original]."

Gegenwärtig ist zu beobachten, dass sich Lebensstile ausdifferenzieren (vgl. Schulze 1992; Geißler 2014, S. 122). Umstritten ist allerdings, ob diese sich zunehmend von einer geteilten materiellen Basis lösen. Vorgestellt seien nun zwei Ansätze, die versuchen, Lebensstile und Ressourcenausstattung zueinander in Beziehung zu setzen.[15]

Beginnen wir mit Pierre Bourdieu. Er unterscheidet zwischen ökonomischem und kulturellem Kapital und versteht darunter – anders als Marx – Ressourcen (Krais 1989, S. 57).[16] Messbar ist beides über Zeit, und zwar als Arbeitszeit bzw. als Zeit, die nötig ist für den Erwerb von Bildungstiteln (Bourdieu 1983, S. 196 f.). Während ökonomisches Kapital in Geld verwandelbar und übertragbar ist, ist kulturelles Kapital verinnerlicht und mit den nicht persönlich übertragbaren Bildungstiteln verbunden (S. 185 f.). Ökonomisches und kulturelles Kapital müssen nicht zusammenfallen und sind nur begrenzt ineinander transformierbar (S. 195, 197). Den uns besonders interessierenden Zusammenhang zwischen Kapitalstruktur und Lebensstil verdeutlicht Bourdieu (1982a, S. 212 f.) über ein Koordinatensystem. Auf der Y-Achse ist das Kapitalvolumen abgebildet, auf der X-Achse die Kapitalstruktur, d. h. der relative Anteil von kulturellem und ökonomischem Kapital, wobei das Verhältnis im Nullpunkt ausgeglichen ist. In dem so gebildeten Raum werden nun unterschiedliche Berufsgruppen situiert. Ihnen werden dann typische soziale Praktiken wie Ernährungsgewohnheiten, Freizeitaktivitäten und Kunstgeschmack zugeordnet. In das Diagramm können vielfältigste Ergebnisse der Konsumforschung integriert werden. Bourdieus Übersicht ist schon etwas älter und bezieht sich auf Frankreich. Der Ansatz wurde inzwischen häufig übernommen und adaptiert (vgl. z. B. Eder 1989, S. 21, 33; Frerichs 2000, S. 48).

- Bourdieu betont die Bedeutung von Distinktion, als den Versuch, sich durch Lebensstilpraktiken nach unten abzugrenzen und zugleich nach oben aufzuschließen. Verdeutlichen Sie sich dadurch ergebende Dynamiken am Beispiel von Tennis und Golfspiel.[17]

---

15 zum Verhältnis zwischen Ressourcenausstattung und Lebensstil vgl. auch Geißler (2014, S. 122) und Vester/Gardemin (2001, S. 259 sowie S. 227 f. mit Bezug auf Hradil 1987).

16 Soziales Kapital, das sich auf Beziehungen stützt, wäre zu ergänzen (Bourdieu 1983, S. 185).

17 Für das Beispiel Tennis (und Golf) sei auch verwiesen auf Bourdieu (1989, S. 404 f.).

Ein zweites – weniger gesellschaftskritisch ausgerichtetes – Modell ist der Anfang der 80'er Jahre vom SINUS-Institut für Markt- und Sozialforschung entwickelte Ansatz der SINUS-Milieus. Unterschieden werden hier vertikal drei Ebenen der sozialen Lage und horizontal Grundorientierungen, die von Tradition, über Modernisierung/Individualisierung bis zu Neuorientierung reichen. Die einzelnen Milieus werden in dem sich so ergebenden Raum platziert und überschneiden sich. Da sie der Form nach Kartoffeln ähneln, wird das Modell auch Kartoffelmodell genannt. Der Ansatz wurde bereits auf 18 Länder übertragen (Zwengel 2018, S. 60–62). Die SINUS-Milieus und den Zugang von Bourdieu zu verbinden, versuchte Vester. Von Bourdieu übernahm er dabei insbesondere das Habituskonzept[18] (Geißler 2014, S. 117; Vester 1997, S. 114; Vester/Gardemin 2001, S. 247).

> • Die SINUS-Milieus wurden in einer Untersuchung aus dem Jahre 2006–2008 auf die migrantische Bevölkerung in Deutschland angewendet. Die Ergebnisse ähnelten denen der Gesamtbevölkerung deutlich. Das religiös verwurzelte Milieu umfasste nur 7 % (vgl. Zwengel 2018, S. 61 f.). Inwiefern verändern diese Ergebnisse Ihren Blick auf Zu- und Eingewanderte?

2.4 Werte, Normen, Einstellungen

Beginnen wir mit Definitionen der drei Begriffe. Werte sind „allgemeine und grundlegende Orientierungsstandards" (Gensicke/Neumaier 2014, S. 610). Sie beziehen sich nach Kluckhohn (1962, zit. a. a. O.) auf „the desirable". Es handelt sich um „einen Maßstab, der das Handeln lenkt" (Amann 1987, S. 353). Werte können sich auf Gesellschaften als Ganzes oder auf Teile von ihnen beziehen (Gensicke/Neumaier 2014, S. 610). Veränderlich sind ihre Verbreitung (Friedrichs 1999, S. 270) und ihre Inhalte (Klages 1998, S. 705). Eine Norm dagegen ist „eine Verhaltenserwartung, die mit einer (positiven oder negativen) Sanktion verbunden ist" (Friedrichs 1999, S. 270). Nichteinhaltung ist also möglich, aber mit Nachteilen verbunden (Lucke 2014, S. 339). Normen können legal und/oder legitim sein (Friedrichs 1999, S. 278). Sie können mit Werten begründet werden (Friedrichs 1999, S. 270). Einstellungen schließlich werden unterschiedlich definiert. Im Folgenden werden sie als situationsbezogen gefasst. Hierzu passt Gensicke/Neumaier (2014, S. 610): „Bei jeder Entscheidungssituation und Beurteilung im lebensweltlichen Alltag sind fortlaufend Einzelbewertungen durch die Akteure erforderlich". Etwas schematisch, aber hilfreich, können die Begriffe Werte, Normen und Einstellungen nach ihrem Allgemeinheitsgrad unterschieden und aufeinander bezogen werden. Werte sind Grundorientierungen, die umgesetzt werden in Regeln und diese werden situationsspezifisch konkretisiert. Ein

---

18 zum Habitus vgl. Kap. 2.5.

Beispiel: Jemand ist konservativ, präferiert rechte Parteien und wählt bei einer Bundestagswahl die CDU.

- Auf folgende Normverstöße, die in der Allbus-Umfrage von 1990 berücksichtigt wurden, bezieht sich Friedrichs (1999, S. 272f.): wilde Müllkippe, Vergewaltigung in der Ehe, Schwarzfahren, Kaufhausdiebstahl und Steuerbetrug. Zeigen Sie Unterschiede und Gemeinsamkeiten dieser Beispiele auf.

Bleiben wir auf der Beispielebene und schauen wir uns das Thema Familie im Hinblick auf Werte, Normen und Einstellungen etwas genauer an.

- Überlegen Sie sich zu zweit, welche Werte Sie in der Kindererziehung für wichtig halten.

Wie sind Sie mit Meinungsverschiedenheiten umgegangen? Wenn Eltern unterschiedliche Erziehungsvorstellungen haben, kann dies für Kinder auch von Vorteil sein. Es relativiert die Autorität. Erziehungsziele haben sich in der Bundesrepublik vor allem durch die 68'er Bewegung stark verändert. Während zwischen 1951 und 1995 die Häufigkeit der Nennung von Ordnungsliebe und Fleiß als Erziehungsziele etwa gleichblieb, nahmen ab Ende der 60'er Jahre die Ziele Gehorsamkeit und Unterordnung deutlich ab und die Ziele Selbstständigkeit und freier Wille deutlich zu (Klages 1998, S. 702). Interessant sind auch Unterschiede zwischen Erziehungszielen in den alten und in den neuen Bundesländern. 1993 wurden im Osten beispielsweise Umweltbewusstsein und Politikinteresse seltener und Sparsamkeit und Bescheidenheit häufiger als Erziehungsziele genannt als in der alten Bundesrepublik (S. 705).[19] Es ist davon auszugehen, dass die DDR-Vergangenheit und die Wendeerfahrung zunehmend weniger nachwirken und dass sich Unterschiede auch durch geteilte Strukturen sowie durch Ost-West- und West-Ost-Migration angleichen.

Normen prägen Ihren Alltag, nicht nur, aber auch in der Familie. In einer Einführung in die Soziologie wird folgende Übung empfohlen:

- „An welchen Normen orientiere ich mich eigentlich? Um das herauszufinden, schreiben Sie am besten einige Sätze auf, die mit ‚Ich muß…' bzw. mit ‚Ich darf nicht…' beginnen: und zwar mindestens je 5 für folgende Bereiche: 1. Partnerschaft und Familie […] 2. Arbeit [und Studium, ergänzt von A. Z.] […] 3. Eine Situation, die im Moment besonders wichtig ist […]" (Dechmann/Ryffel 1983, S. 30).

---

19 Das Stabdiagramm zu diesen Ergebnissen ist nach der Häufigkeit des Vorkommens in den alten Bundesländern sortiert (Klages 1998, S. 705). Hier zeigt sich, dass schon die Anordnung der statistischen Werte verdeutlichen kann, welcher Bezugsrahmen dominant gesetzt wird.

Kommen wir für das Beispiel Familie zu den als situationsspezifisch gefassten Einstellungen:

- Verteilen Sie sich im Raum. Wer den mitgebrachten Wasserball fängt, nennt eine Konfliktsituation im Familienleben, die eine Entscheidung verlangt. Wer für die vorgeschlagene Lösung ist, stellt sich in die linke Raumhälfte, wer dagegen ist, in die rechte. Wer mag, begründet die Entscheidung durch Nennung seiner Einstellung. Inzwischen wird der Ball weitergeworfen. Wer ihn fängt, nennt eine andere Entscheidungssituation aus dem Themenbereich Familie. Wenn niemandem mehr etwas einfällt, ist das Spiel beendet.

Im Alltagsleben müssen wir Handlungsentscheidungen treffen. Dafür ist eine positive oder negative Bewertung von Alternativen nötig. Die Soziologie als Wissenschaft ist von solchem Handlungsdruck befreit. Sie kann aber Ergebnisse liefern, die für Alltagsentscheidungen nützlich sind. Umgekehrt kann das Alltagsgeschehen auf die Wissenschaft zurückwirken, denn hier können Themen und Probleme identifiziert werden, deren wissenschaftliche Durchdringung nützlich erscheint.

Konkretisieren wir die vorgenommene Unterscheidung noch einmal über ein Beispiel:

- Überlegen Sie, bezogen auf die weltweite Corona-Pandemie, welche Werte abgewogen werden müssen, welche Normen sinnvoll erscheinen und welche Einstellungen problematisch sein könnten.[20]

Kommen wir nun zu einem theoretischen Ansatz, bei dem Werte und Normen im Zentrum stehen. Talcott Parsons gilt als der zentrale Autor der Systemtheorie. Er geht von Systemen aus, die sich intern differenzieren und mit ihrer Umwelt in Austausch stehen (Abels 2019, S. 369). Dabei unterscheidet Parsons grundlegend zwischen sozialem, kulturellem, Persönlichkeitssystem und Verhaltensorganismus. Das kulturelle System sei das zentrale, denn hier werden Werte und Normen festgelegt, die dann über das soziale System institutionalisiert und über das Persönlichkeitssystem internalisiert werden (Wallner/Pohler-Funke 1977, S. 14). Das soziale System selbst wird in vier Subsysteme untergliedert. Etwas vereinfacht lässt sich sagen: Das ökonomische System dient der *adaption* und operiert über Geld. Das politische System verfolgt das Ziel des *goal-attainment* und bedient sich der Macht. Das Gemeinwesen bezieht sich auf *integration* und operiert über Einfluss. Das soziokulturelle System schließlich zielt ab auf *latent-pattern-maintenance-and-conflict-regulation* und damit auf Systemerhaltung.

---

20 Zwei Sammelbände aus dem transcript-Verlag bieten eine interessante Vielfalt von Perspektiven auf das Thema Corona (Volkmer/Werner 2020; Kortmann/Schulze 2020).

Die vier so unterschiedenen Funktionen sind auf alle Systeme anwendbar (Abels 2019, S. 99 f.; Baecker 2014, S. 530 f.; Gukenbiehl/Scherr 2010, S. 324).

Der wichtigste Vertreter der Systemtheorie in Deutschland ist Niklas Luhmann.[21] Es gibt wichtige Unterschiede zu Parsons. Luhmann setzt kein kulturelles System als „gesellschaftsübergreifendes, gemeinsames Wertsystem" an (Treibel 2006, S. 32). Während bei Parsons die Handlung zentral ist, ist es bei Luhmann die Kommunikation (Baecker 2014, S. 533). Beide Autoren betrachten Strukturen und Funktionen, doch bei Parsons stehen die Strukturen und bei Luhmann die Funktionen im Vordergrund.[22]

- Kontrastieren Sie *rational-choice*-Theorie (Kap. 2.2) und Systemtheorie (Kap. 2.4).

Manchmal werden Sie auf drei Begriffe stoßen, die dem Thema Normen nahestehen: Brauch, Sitte und Recht. Scheuch/Kutsch (1975, S. 241–249, mit Bezug auf Sumner 1927) unterscheiden diese folgendermaßen: Brauch ist etwas, das gewohnheitsmäßig getan wird und für das der/die Handelnde keine Begründung abgeben könnte (z. B. Heiratszeremonie). Sitte dagegen sind Verhaltensregelmäßigkeiten, die auf Nachfrage begründet werden können (z. B. Altersabstand bei Paaren). Recht schließlich wird von einer zentralen Instanz explizit gesetzt (z. B. Scheidungsrecht).[23]

- Schreiben Sie einen kurzen Text zu einem der beiden folgenden Statements: 1) Verinnerlichte Werte und Normen können eine Kontrolle von außen ersetzen. 2) Werte und Normen unterliegen gesellschaftlichem Wandel.

2.5 Sozialisation und Habitus

Werte und Normen werden erlernt, in Kindheit und Jugend, aber auch noch im Erwachsenenalter. Schrittweise wächst das Individuum in die Gesellschaft hinein. Zwei Begriffe sind für dieses Hineinwachsen zentral. Erziehung betrifft das gezielte Einwirken spezifischer Instanzen. Hartfiel/Hillmann (1982, S. 182) nennen Erziehung: „die gezielte Beeinflussung der Person zum Zweck der Vermittlung

---

21 Luhmann äußert sich auch zu der uns besonders interessierenden Interaktion. Akteure können ihre Handlungen recht frei wählen. Sie wissen, dass dies die anderen Akteure auch können, und müssen das in ihren Handlungen berücksichtigen, was nur begrenzt gelingen kann, weil die Handlungen des Interaktionspartners nur begrenzt vorhersehbar sind. Luhmann spricht in diesem Zusammenhang von doppelter Kontingenz (Hedtke 2014, S. 81 f. mit Bezug auf Luhmann 2002).

22 für einen Vergleich zwischen Luhmann und Habermas, deren Auseinandersetzung zentrale Debatten in Deutschland prägte, vgl. von Hentig (1975, S. 133–137).

23 zu den drei genannten Begriffen vgl. auch Weber (1980, S. 15–18).

bzw. Ergänzung von Kenntnissen, Wertorientierungen, Verhaltensweisen und Fertigkeiten." Sozialisation dagegen bezeichnet breiter und insgesamt „den Vorgang, daß einzelne in ihre Gesellschaft hineinwachsen, mit ihren Symbolen und Regeln vertraut werden und lernen, ihre Handlungen daran auszurichten" (Busch 1984, S. 528).[24] Je nach Lebensphase ist zu unterscheiden zwischen primärer, sekundärer und tertiärer Sozialisation. Dabei wird unter primäre Sozialisation die Phase bis zur Einschulung verstanden. Im hohen Lebensalter kann es zu einem relativ starken Rückzug aus der Gesellschaft kommen. Manche sprechen von einer hiermit verbundenen Desozialisation (Prahl/Schroeter 1996, S. 119–124). Bei Sozialisation handelt es sich um einen Prozess, der für die ganze Lebenszeit relevant ist, denn Sozialisation ist „menschliche Subjektwerdung und Persönlichkeitsentwicklung in ständiger Wechselwirkung von *Umwelt* [Hervorhebung im Original] und Person" (Hurrelmann 2014, S. 445). Zentrale Sozialisationsinstanzen sind Familie, Gleichaltrigengruppe, Erziehungseinrichtung, Schule und sozialpädagogische Institution (S. 449). Diese Aufzählung verweist vor allem auf Erziehung. Sozialisation wird breiter gefasst. Sie schließt beispielsweise auch Prägung durch die Medien ein. Sozialisation hat einen für die Gesellschaft insgesamt typischen und einen spezifischeren Anteil (Geulen 2007, S. 148). So kann sich Sozialisation unterscheiden je nach Klasse, Schicht, Milieu, Geschlecht, Generation, Region. Sozialisation kann verstanden werden als erzwungen, als selbstverständlich erscheinend oder als ausgehandelt (S. 147).

• Finden Sie sich in Dreiergruppen zusammen und erzählen Sie sich von Ihrer Sozialisation. Achten Sie besonders auf Unterschiede und auf Gemeinsamkeiten.

Drei Studien zur Sozialisation seien exemplarisch genannt. Klassisch ist Piaget (1981). Er vertritt die Position, dass die kindliche Moralentwicklung nicht durch moralische Vorgaben der Eltern, sondern durch das gemeinsame Spiel von Kindern gefördert wird. Er verdeutlicht dies am Beispiel des Murmelspiels. Hier entwickeln Kinder gemeinsam Regeln, die dann für alle Mitspielenden gelten. In einer aktuelleren Studie kontrastiert Keller (2011) Sozialisation in der frühen Kindheit bei Mittelschichtsfamilien im Berliner Stadtteil Prenzlauer Berg und bei Angehörigen eines Stammes in einem Dorf im ländlichen Afrika. Es wird

---

24 Scheuch/Kutsch (1975) nennen einzelne ältere, zum Teil sicher überholte, aber dennoch interessante Forschungsergebnisse aus dem Bereich Erziehung und Sozialisation: Kinder, die in höheren Stockwerken wohnen, zeigen häufiger Verhaltensstörungen (S. 198). Frauen, die einen höheren sozialen Status haben als ihr Lebenspartner, werden diesem zugeordnet und sind im Hinblick auf ihre Kinder besonders ehrgeizig, um den früheren höheren Status wiederherzustellen (S. 197). Späte Sauberkeitserziehung führt zu einem ausgeglichenen Temperament, aber auch zu Anpassungsstörungen in der Schule. In höherem Alter mit Kuscheltieren oder gemeinsam mit einem Elternteil einzuschlafen, führt zu geringerer Autonomie und zu Anpassungsschwierigkeiten in der Familie (S. 180).

deutlich, dass sich die elterliche Aufmerksamkeit auf unterschiedliche Entwicklungsbereiche konzentrieren kann, z. B. stärker auf Sprache oder stärker auf motorische Entwicklung. Auch scheinbar kleine Unterschiede wie Festhalten von Fingern oder in die Luft werfen des Kindes bei Begegnung mit Fremden haben wesentliche Auswirkungen. Wilpert (1980) schließlich untersucht Sozialisation im Kontext von Migration. Sie zeigt auf, dass die Entwicklung einer Basispersönlichkeit besser gelingt, wenn die Primärsozialisation in einem gesellschaftlichen Kontext erfolgt – sei es Herkunftsgesellschaft, Aufnahmegesellschaft oder ethnisch *Community* in der Aufnahmegesellschaft – und ein Wechsel des sozialen Kontextes erst anschließend erfolgt. Die Anwendung dieses Modells ist bei zunehmender Heterogenität der Gesellschaft schwierig.

- Piaget (1983, S. 32–38) unterscheidet zwischen Assimilation als Übernahme von neuen Elementen in bestehende Strukturen und Akkommodation als durch neue Elemente notwendig gewordene Veränderung von Strukturen. Sein klassisches Beispiel ist das Kind, das nach Wasser greift. Weil die Wasserentnahme so nicht gelingt, erlernt es das Schöpfen. Ist dieses Modell auf soziales Lernen anwendbar?

Kommen wir zum zweiten Kernbegriff des Kapitels, dem von Bourdieu geprägten „Habitus". Bourdieu (1989, S. 408) spricht von erworbenen Dispositionseigenschaften. Gemeint ist eine „inkorporierte, gleichsam haltungsmäßige Disposition [...] eines aktiv handelnden Akteurs" (Ders. 1997, S. 62). Der Habitus prägt soziale Praktiken der Akteure in unterschiedlichsten gesellschaftlichen Feldern: „Der Habitus ist ein System von allgemeinen und für alle Lebensbereiche gleichermaßen gültigen Dispositionen, die das Handeln, das Denken, Fühlen, Wahrnehmen eines Individuums bestimmen und organisieren." (Krais 1989, S. 50). Der Habitus wird insbesondere in der Kindheit erworben und ist dann recht stabil. Er ist verinnerlicht und wird nur in Sondersituationen bewusst. Er wird strategisch eingesetzt, um die Position im sozialen Raum zu halten oder zu verbessern (S. 51–54). Der Habitusbegriff wird insbesondere auf klassen- bzw. schichtbezogene Prägungen bezogen (S. 51, 58).

Bourdieu wendet sein Habituskonzept auch auf sprachliches Handeln an. Der *habitus linguistique* ist Teil des Habitus. Entscheidender Bezugspunkt ist hier die Sprache der Dominierenden in formellen Situationen. Zu dieser *langue légitime* bestehen unterschiedliche, von sozialen Distanzen abhängige sprachliche Distanzen, die *écarts distinctifs* (Bourdieu 1982). Diese sind auch, aber nicht nur klassen- und schichtabhängig. So nennt Bourdieu als zentrale Dimensionen: soziale Herkunft, soziale Position, im Hinblick auf den Arbeitsplatz Kommunikation vor allem zwischen Gleichgestellen oder in Kontexten mit starker hierarchischer Distanz, eine städtische oder ländliche Herkunft, und zwar in erster oder zweiter Generation, das Geschlecht, die Generationenzugehörigkeit sowie die ethnische Herkunft (Ders. 1983a, S. 10 f.). Neu eingeführt hat Bourdieu in dem genannten

Aufsatz das Konzept der *marchés francs*. Dort kommunizieren Dominierte informell untereinander. Die *langue légitime* dient hier nicht als Bezugspunkt.

> • Soziale Mobilität kann dazu führen, dass der mit der Ausgangsposition verbundene soziale Habitus nicht mehr zur neuen Position passt. Auch bei Anpassungsleistungen bleiben zumeist Spuren des Ausgangshabitus bestehen (vgl. Ders. 1982a, S. 187 f.). Beobachten Sie Ihre soziale Umgebung und achten Sie auf Spuren sozialer Mobilität im Bereich der Sprache. Es kann sich auch um räumliche Mobilität handeln.

Sozialisation und Habitus haben vieles gemeinsam. Zum einen können beide als gesellschaftliche Prägungen verstanden werden. Daneben sind sie nicht statisch. Dies zeigte sich bereits in der oben genannten Definition von Sozialisation durch Hurrelmann. Ähnliches gilt für den Habitus. So heißt es bei Krais (1989, S. 53), dass dieser „sich beständig umstrukturiert, modifiziert, erweitert". Außerdem sind Sozialisation und Habitus als Prozesse zu verstehen, die unter aktiver Beteiligung des Individuums geschehen. Auch dies wurde bereits in der genannten Definition von Sozialisation durch Hurrelmann deutlich. Ähnlich ist Bourdieu (1997, S. 62) zu verstehen, der schreibt, er „wollte [...] die ‚schöpferischen' aktiven, inventiven Seiten des Habitus [...] herausstellen".

Diskutieren Sie gemeinsam die drei folgenden Fragen:

> • Wie groß sind die Handlungsspielräume innerhalb des von Sozialisation und Habitus vorgegebenen Rahmens? Inwieweit ist eine Distanzierung von biografischen Prägungen möglich?[25] Wie ist das Verhältnis zwischen Gestaltungsspielräumen und sozialem Wandel zu konzipieren?[26]

2.6 Identität und Stigma

Es können soziologische Begriffe kontrastiert werden, die verschieden definiert werden. Zum einen gibt es Begriffe mit einheitlicher Definition, wie z. B. Rolle. Daneben stehen Begriffe, für die unterschiedliche Definitionen verwendet werden. Als Beispiel sei Gruppe genannt. Und schließlich gibt es Begriffe, die nur aus einem spezifischen theoretischen Kontext heraus zu verstehen sind. Ein Beispiel für Letzteres ist Identität, ein Begriff, der nun genauer betrachtet werden soll. Zunächst einmal kann unterschieden werden zwischen Identitätskonzeptionen, die gesellschaftsübergreifend und universell angelegt sind (z. B. Mead),

---

25 Dechmann/Ryffel (1983, S. 30) fragen konkret und passend: „Wie kann ich die ungeliebten Normen wieder loswerden?".
26 zu diesen Fragen vgl. auch recht konkret Geulen (2007, S. 156).

und solchen, die für spezifische Gesellschaften und einzelne historische Phasen unterscheiden (z. B. Hybridität). Angelehnt an Krappmann (1978, S. 84) ist daneben zu unterscheiden zwischen theoretischen Ansätzen, die Identität als etwas Festes verstehen, das in spezifischen Lebensphasen erworben wird, und solchen, die Identität als etwas Fluides, sich situativ Konkretisierendes und lebenslang Änderndes fassen. Es gibt Definitionen von Identität, die beide Aspekte miteinander kombinieren, so z. B. Keupp (u. a. 2008, S. 215). Hier werden beide Ansätze zunächst getrennt betrachtet und anhand jeweils eines Beispiels erläutert, um zu verdeutlichen, wie unterschiedlich die beiden Zugänge sind.

Erikson bindet die Entwicklung von Identität an bestimmte Lebensphasen. Er erstellt ein psychologisch orientiertes Modell der Persönlichkeitsentwicklung im Lebensverlauf. Für die einzelnen, über das Lebensalter abgegrenzten Phasen sind unterschiedliche psychosexuelle Entwicklungsstufen, zentrale Bezugspersonen, grundlegende Handlungsorientierungen und Vorstellungen von der Sozialordnung typisch (Erikson 1973, S. 214 f.). Für jede Entwicklungsstufe ist ein Grundkonflikt entscheidend. Das mit ihm angesprochene Thema wird auch auf anderen Entwicklungsstufen in je spezifischer Weise bearbeitet, bleibt dort aber eher im Hintergrund. Die zentralen Grundprobleme bis zur Adoleszenz sind: Urvertrauen vs. Misstrauen im Säuglingsalter, Autonomie vs. Scham und Zweifel im Kleinkindalter, Initiative vs. Schuldgefühl im Spielalter, Werksinn vs. Minderwertigkeitsgefühl im Schulalter sowie Identität vs. Identitätsdiffusion während der Adoleszenz (S. 150 f.).

In der Adoleszenz wird die Geschlechtsreife erreicht und die kognitive Entwicklung (weitgehend) abgeschlossen. Bevor die Aufgaben der Erwachsenenwelt bewältigt werden müssen, kommt es zu einem sogenannten psychosozialen Moratorium (S. 137). Bei einer gesunden Entwicklung findet in dieser Zeit eine Identitätskrise statt. Typisch ist für die Jugendlichen: „talking things over endlessly, [...] confessing what one feels like and what the other seems like, and [...] discussing plans, wishes, and expectations" (Ders. 1980, S. 101). In der Adoleszenzkrise müssen drei Aufgaben bewältigt werden. Es gilt, berufliche Orientierung zu finden, Paarbildung vorzubereiten und ein von dem der Eltern abweichendes, eigenes Weltbild zu entwickeln im Sinne einer „loyalty (the German *Treue*) to a cause of whatever ideological denomination [Hervorhebung im Original]" (Ders. 1982, S. 60). Mit dem Ende der Adoleszenzphase sollte die Identitätsbildung abgeschlossen sein (Ders. 1973, S. 139). Etwas schematisch ausgedrückt sind drei Muster der Identitätsentwicklung möglich. Bei einem *identity achievement* wird eine Krise durchlaufen und es werden alle drei Aufgaben bewältigt. Bei *foreclosure* werden zwar die Aufgaben bewältigt, doch es kommt nicht zu einer Krise. Die vollzogene Entwicklung ist deshalb instabil. Bei einer Identitätsdiffusion schließlich verharrt der/die Jugendliche in einer Krisensituation, ohne dass die Bewältigung der Aufgaben gelingt.[27]

Kritisiert wird am Modell von Erikson, dass von einer „fortschreitenden und abschließbaren" Entwicklung ausgegangen werde (Keupp u. a. 2008, S. 30). Auch werde eine nicht unbedingt gegebene Passgenauigkeit von individueller Entwicklung und gesellschaftlicher Realität angesetzt (S. 29). Abweichende Entwicklungen würden pathologisiert statt nach ihrem innovativen Potential zu fragen (vgl. ähnlich Schmieder 1984, S. 232 f.). Das Modell sei aus der Situation besser gestellter Jugendlicher Anfang der 50'er und 60'er Jahre in den USA entwickelt worden und beanspruche zu Unrecht allgemeine Gültigkeit (Keupp u. a. 2008, S. 33). Erikson (1973, S. 137) selbst relativiert: Es „ergeben sich für den einzelnen und die verschiedenen Gesellschaften große Unterschiede in Bezug auf Dauer, Intensität und Ritualisierung der Adoleszenz."

Ein prominentes Beispiel für Identitätsbildung als lebenslanger Prozess ist der Ansatz von Erving Goffman. Seine Vorstellungen lassen sich insbesondere aus Goffman (1963) ableiten und werden bei Krappmann (1978) griffig zusammengefasst.[28] Goffman geht davon aus, dass Identität immer wieder neu in Interaktionen ausgehandelt werden müsse. Dabei unterscheidet er zwischen sozialer Identität als der Erwartung, normativen, gesellschaftlichen Vorgaben zu entsprechen, und persönlicher Identität als der Erwartung, Einzigartigkeit zu realisieren.[29] Das heißt: „Im Falle der ‚social identity' wird verlangt, sich den allgemeinen Erwartungen unterzuordnen, im Fall der ‚personal identity' dagegen, sich von allen anderen zu unterscheiden." (S. 78). Ich-Identität wird erreicht, wenn es gelingt, ein Gleichgewicht zwischen persönlicher und sozialer Identität herzustellen. Anschaulich ist dabei die Rede von balancierender Identität (S. 5, 208) im Sinne einer Waage. Die beiden unterschiedlichen Identitätsaspekte sind nur begrenzt realisierbar. Bei einer vollständigen Unterordnung unter die Erwartungen anderer wäre eine individuelle Entfaltung nicht möglich. Bei vollständiger Realisierung von Einzigartigkeit könnte es nicht zu sozialem Austausch mit anderen kommen (S. 80). Goffman spricht deshalb von Phantom-Normalität. Habermas ergänzte später den Begriff der Phantom-Einzigartigkeit (S. 208).

Kritik am Ansatz von Goffman ähnelt zum einen der Kritik an Erikson. Es werde eine nicht zutreffende Allgemeingültigkeit angenommen (vgl. z. B. Feldmann 2006, S. 315). Zudem werde ein harmonisches Verhältnis zwischen Individuum und Gesellschaft angesetzt (Keupp u. a. 2008, S. 216). Spezifischer ist die Kritik an Goffmans Begriff der sozialen Identität. Sie bestehe faktisch aus unterschiedlichen, oft nicht kompatiblen Erwartungen (Krappmann 1978, S. 74 f.,

---

27   siehe ähnlich Zwengel (2004, S. 102, 106).

28   Verwiesen sei auch auf Krappmann (2004).

29   Goffman (1963, S. 74) definiert personal identity als „positive marks or identity pegs, and the unique combination of life history items that comes to be attached to the individual".

80, 208 f.). So finden zentrale Aushandlungsprozesse eben nicht nur zwischen persönlicher und sozialer, sondern vor allem innerhalb des Bereiches der sozialen Identität statt. Goffmans Ansatz zur Identität ist recht allumfassend. Identität scheint hier für jede Interaktionssituation relevant. Wird diese Sichtweise geteilt, überrascht es nicht, dass Abels (2006) Identität als einen Kernbegriff ansetzt und die unterschiedlichsten Ansätze und Ergebnisse der Soziologie auf ihn bezieht.

Ein neueres Konzept betont fehlende Einheitlichkeit.[30] Die hybride Identität wurde von Park (2002) im Zusammenhang mit dem Fremden eingeführt. Ein kultureller Hybride ist demnach „ein Mensch, der intensiv am kulturellen Leben und an den Traditionen der zwei unterschiedlichen Völker teilhat" (S. 68). Er/sie ist „zu einem Leben in zwei Welten verdammt", wobei er/sie zugleich „zu keiner von beiden jemals wirklich gehöre [...]" (S. 70). Positiv gewendet bedeutet dies, dass das Individuum in vielen Situationen zwischen Mustern aus beiden kulturellen Welten wählen kann.[31] Diese Konzeption hat Folgen. Hall (1994, zit. in Keupp u. a. 2008, S. 30) schreibt angesichts von hybrider Identität: „daß jede gesicherte oder essentialistische Konzeption der Identität [...] der Vergangenheit angehört". Bhabha (1997, zit. in Yıldız 2010, S. 324) übernimmt den Begriff, grenzt sich aber von der bei Park vorgenommenen Zweiteilung ab. Hybridität sei ein ständiger Prozess „der Kreuzung und Vermischung [, der] nicht [...] auf zwei Ursprungselemente zurückgeführt werden" könne.

Umstritten ist, auf welche Akteure sich hybride Identität bezieht. Park fokussierte auf Immigranten. Hybridität sei typisch für eine Eingliederungsphase, die sehr lange andauern könne. Ähnlich aber zeitlich befristeter komme sie auch bei anderen Akteuren vor (Park 2002, S. 70).[32] Im Umfeld von Bhabha wird hybride Identität herrschaftskritisch auf postkoloniale Zusammenhänge bezogen (vgl. Nick 2003, S. 137–141). Andere Autor*innen halten hybride Identitäten für ein Phänomen postmoderner Gesellschaften (vgl. z. B. Keupp u. a. 2008, S. 30).

Kritik am Ansatz der hybriden Identitäten bezieht sich zum einen darauf, dass Park zwei Bezugssysteme ansetzt (siehe oben). Mehrere Bezugssysteme könnten relevant sein und diese sind in sich nicht unbedingt homogen. Wenn Einheit und Stabilität fehlen, stellt sich die Frage, ob der Identitätsbegriff überhaupt noch angemessen ist.[33] Positiv zu bewerten ist am Begriff der hybriden Identität eine Offenheit für das Entstehen von Neuem.

---

30 zum Folgenden vgl. auch Zwengel (2018, S. 99).

31 hierzu vgl. z. B. Leyendecker (2012, S. 161).

32 „Es gibt zweifellos Übergangsperioden und Krisen im Leben der meisten von uns, die denen vergleichbar sind, welche der Immigrant erlebt [...]", aber beim Immigranten werde „die Krisenzeit nahezu permanent" (Park 2002, S. 70).

33 Mein eigener Ansatz ist, für Identität eine synchrone und eine diachrone Ebene zu unterscheiden. Identitätsbildung verlangt synchron Einheitlichkeit zu schaffen trotz disparater Anforderungen in unterschiedlichen Lebensbereichen und sie verlangt diachron

Angesichts der für diese Einführung vorgesehenen Schwerpunktbildung im Bereich Interaktion, interpretatives Paradigma und qualitative Sozialforschung liegt es nahe, den Ansatz von Goffman zu vertiefen, und zwar durch Einführung des Stigmabegriffs.[34] Stigma entstehen, wenn die angenommene *virtual social identity* und die tatsächliche *actual social identity* nicht zusammenfallen und für den/die Betroffene*n gilt: he/she is „possessing an attribute that makes him [/her] different from others in the category of persons available for him to be, and of a less desirable kind" (Goffman 1963, S. 12). Dieses „attribute" ist „deeply discrediting" (S. 13). Goffman unterscheidet drei Stigmata: „abominations of the body", „blemishes of individual character" und „the tribal stigma of race, nation, and religion" (S. 14).[35] So fasst er Phänomene, die sonst häufig getrennt betrachtet werden, als gleichartig. Wichtig scheint mir, dass Stigmatisierte selbst die zugrunde liegenden Normen teilen können (Peters 2009, S. 64) und dass Stigmatisierung ausstrahlt auf zunächst nicht betroffene Lebensbereiche (Kürşat-Ahlers 2002, S. 50; Mirande 1978, S. 386).

Goffman (1963) unterscheidet zwischen Diskreditierbaren und Diskreditierten. Im ersten Fall könnte das Stigma aufgedeckt werden. Im zweiten Fall ist es offensichtlich oder bekannt: „the stigmatized individual [does] assume his differentness is known about already or is evident on the spot" (S. 14). Wenn Diskreditierbare vermeiden wollen, dass ihr Stigma bekannt wird, können sie auf spezifische Formen des Informationsmanagements zurückgreifen. Sie können Anzeichen ablegen oder verdecken (z. B. Namensänderung). Sie können täuschen oder umdeuten (z. B. Sonnenbrille einer Sehbehinderten). Sie können Begegnungen reduzieren oder den sozialen Kontext wechseln (z. B. Ortswechsel nach Psychiatrieaufenthalt). Sie können einige Wenige ins Vertrauen ziehen oder Kontakte zu ähnlich Stigmatisierten pflegen (z. B. *queere* Community-Bildung) (vgl. S. 113–124). Diskreditierte haben spezifische Möglichkeiten. Sie können ein Stigma leugnen, umwerten oder relativieren. Sie können das Stigma irrelevant setzen, ausgleichend auf eigene Vorteile verweisen oder gegenstigmatisieren.[36]

Kontinuität herzustellen und so eine Verbindung zu schaffen zwischen Vergangenheit, Gegenwart und Zukunft.

34 zum Folgenden vgl. auch Zwengel (2012, S. 290 f.).

35 Mirande (1978, S. 384–386) vergleicht die drei unterschiedenen Arten von Stigma. Haour-Knipe (1993) zeigt am Beispiel von Aids, dass alle drei zusammenfallen können. Kusow (2004, S. 182) thematisiert Ausdifferenzierungen innerhalb ethnischer Stigmatisierung.

36 Weber (1984, S. 145) nennt als Gegenstrategien Stigmatisierter mit Bezug auf Goffman Verteidigung, Täuschung und Abwehr.

- Konkretisieren Sie Handlungsmöglichkeiten eines/einer Diskreditierten oder Diskreditierbaren für ein Stigma Ihrer Wahl. Kann es für eine diskreditierbare Person sinnvoll sein, das Stigma selbst aufzudecken?

Goffman (S. 155) zeigt auf, dass prinzipiell jeder stigmatisierbar ist: „stigma management is a general feature of society, a process occuring wherever there are identity norms." Was aber als Stigma gefasst wird, unterliegt gesellschaftlichem Wandel (S. 45). Goffman selbst thematisiert diesen Prozess weniger. Er fokussiert vor allem den Umgang mit Stigmata im Alltag und insbesondere in konkreten Interaktionssituationen.[37] Manche meinen, unsere Gesellschaft sei permissiver und toleranter geworden. Andere sehen nur einen Wechsel der stigmatisierten Gruppen (z. B. von Homosexuellen hin zu Muslimen) (vgl. von Kardorff 2009, S. 142, 144).

- Recherchieren Sie zu sozialen Veränderungen, die zu einer zunehmenden Entstigmatisierung von Homosexualität geführt haben. Zeigen Sie auf, in welchen Bereichen nach wie vor Ausgrenzung und Abwertung bestehen.

2.7 Umverteilung und Anerkennung

Ein wichtiges Motiv, sich mit Soziologie zu beschäftigen, kann sein, sich mit sozialen Ungerechtigkeiten und unangemessener sozialer Ungleichheit auseinanderzusetzen, um besser einschätzen zu können, welche gesellschaftlichen Veränderungen nötig wären und wie diese gefördert werden könnten. Ein solches Thema wäre z. B. der Klimawandel. Hier geht es aber um soziologische Phänomene im engeren Sinne. Für soziale Ungleichheit kann unterschieden werden zwischen Verteilungsgerechtigkeit, die sich auf das Verfügen über Ressourcen wie Wohlstand und Wissen bezieht, und relationaler Ungleichheit, die soziale Vernetzung und soziale Hierarchie betrifft (Dahrendorf 1967, zit. in Kreckel 1983, S. 190). Verteilungsungleichheit ist meritokratisch begründbar: Wer mehr leistet, solle auch mehr Ressourcen erhalten. Ob dieses Kriterium sinnvoll ist und ob es in unserer Gesellschaft umgesetzt wird, ist umstritten. Viele Autor*innen halten sie für einen wichtigen Bezugspunkt (vgl. z. B. Groß 2015). Soziale Ungleichheit kann nach Therborn (2010, S. 68) durch ungleiche Förderung, durch Ausschlüsse, durch Über- und Unterordnungen sowie durch Ausbeutung entstehen. Gesellschaftlicher Wandel ist nach Fraser (2003, S. 102) möglich als Affirmation oder als Transformation. Im ersten Fall gehe es um die Aufhebung von „unfaire[n] Wirkungen gesellschaftlicher Strukturen", im zweiten Fall gehe

---

37 Diese Einschätzung findet sich auch bei Kusow (2004, S. 180), bezogen auf Goffman insgesamt.

es um die Veränderung dieser Strukturen selbst. Wichtige Konzepte für gesellschaftskritisch orientierten sozialen Wandel sind Aufhebung von Entfremdung, Emanzipation und *empowerment*. Als Ziel genannt wird Gerechtigkeit, die zu erreichen sei über partizipatorische Parität (S. 101; Fraser/Honneth 2003, S. 9). Diese Autor*innen unterscheiden zwischen distributiver Gerechtigkeit, die zu erreichen sei durch Umverteilung und Gerechtigkeit im Hinblick auf Identität und Differenz, die Anerkennung verlange (S. 7).[38] Diese zentrale Unterscheidung zwischen Umverteilung und Anerkennung strukturiert die folgende Darstellung.

- Welchen sozialen Wandel halten Sie für erstrebenswert? Schreiben Sie einen kurzen Text und berücksichtigen Sie dabei die eingeführten Begriffe.

Beginnen wir mit dem Thema Umverteilung am Beispiel von Sozialleistungen. Wenn es darum geht, welche Sozialleistungen finanziert werden sollen, können unterschiedliche Entscheidungen getroffen werden, und zwar auf fünf Ebenen (Witterstätter 2000).

1) *Personal- versus Solidarprinzip:* Betont werden entweder individuelle Verantwortung oder aber gesellschaftliche Solidarität (S. 34). Ein Beispiel hierfür wären die individuelle Altersvorsorge der meisten Selbstständigen und die gesetzliche Altersversicherung für Lohnabhängige.
2) *Subsidiarität vs. Etatismus:* Es unterstützt die jeweils kleinste, nähere Einheit oder aber der Staat (S. 36). So können beispielsweise Einkommen anderer Mitglieder der Bedarfsgemeinschaft bei der Berechnung von Sozialleistungen berücksichtigt werden.
3) *Äquivalenz- vs. Bedarfsprinzip:* Leistungen hängen ab von Vorleistungen wie gezahlten Beiträgen oder aber vom Bedarf (S. 38). So kann beispielsweise die Höhe der Unterstützung für Arbeitslose abhängig gemacht werden von der Höhe des vorhergehenden Einkommens; Hartz IV dagegen berücksichtigt einen für alle gleich angesetzten Grundbedarf.
4) *Kausalitäts- vs. Finalprinzip:* Kriterium zur Einstufung ist der Entstehungsgrund des Bedarfsfalls oder aber die zu seiner Behebung nötige Leistung (S. 40). So ist ein Unfall spezifisch versichert, wenn er bei der Arbeit bzw. auf dem Weg zur Arbeit stattfand.
5) *Budgetierung vs. Vollversorgung:* Für die Leistungen wird eine finanzielle Maximalgrenze angesetzt oder es werden alle nötigen Leistungen finanziert

---

38 Bauman (2001, zit. in Verschueren 2006, S. 157) unerscheidet ähnlich und beobachtet eine deutliche Verschiebung: „ ,the collapse of collective restribution claims (and more generally, the replaceemnt of the criteria of social justice by those of respect for difference reduced to cultural distinction.' [...] [P]olitics of recognition has come to replace a policy of restribution".

(S. 42). Ein Beispiel hierfür sind Deckelungen von Abrechnungsmöglichkeiten für Ärzt*innen.[39]

- Ein/e Bedürftige*r nimmt keine Sozialleistungen in Anspruch, weil er/sie niemandem auf der Tasche liegen möchte. Erklären Sie ihm/ihr seine/ihre Ansprüche unter Bezugnahme auf die genannten Prinzipien.

Viele kollektive Kämpfe, die auf gesellschaftliche Veränderungen abzielten, waren Verteilungskämpfe. So waren zahlreiche Forderungen der Arbeiterbewegung verteilungsbezogen (vgl. z. B. Abendroth 1978). Bezogen auf den globalen Süden thematisierte André Gunder mit seiner Dependenztheorie die Entwicklung des Zentrums durch die Ausbeutung der Peripherie. Heute werden vom postkolonialen Ansatz Auswirkungen der Kolonialisierung ins Zentrum gerückt. Im Hinblick auf Verteilungsgerechtigkeit können ungleiche Verteilung von Ressourcen innerhalb von Ländern des globalen Nordens, Verteilungsnachteile des globalen Südens gegenüber dem globalen Norden sowie die Verteilungsungerechtigkeiten innerhalb des globalen Südens problematisiert werden.

- 2013 fand eine Volksabstimmung in der Schweiz statt. Vorgeschlagen wurde, dass innerhalb eines Betriebes niemand in einem Jahr weniger verdienen dürfe als der/die dort am besten bezahlte Beschäftigte innerhalb eines Monats erhalte. Ist eine solche Vorgabe aus Ihrer Sicht sinnvoll?

Kommen wir zur Anerkennung. Hierunter kann soziale Wertschätzung für ein Individuum gefasst werden (vgl. z. B. Zimmermann 2015, S. 78, und Balzer 2014, S. 101, jeweils mit Bezug auf Honneth). Sie kann sich auf den Menschen an sich, auf die von ihm erbrachten Leistungen oder auf ihre Identität beziehen (Correll 2016, S. 101, 107 f., 116). Mit Letzterem in Zusammenhang stehen können „Kämpfe um Religion, Nationalität und Geschlecht" (Fraser/Honneth 2003, S. 7). Zu berücksichtigen ist, dass sich identitätsrelevante Differenzlinien überschneiden können (S. 8) und dass es dadurch zu individuell unterschiedlichen Positionierungen kommt.[40]

Zentraler Autor zum Thema Anerkennung ist in Deutschland Axel Honneth. Er habilitierte zur Anerkennung (Honneth 1998) und legte wiederholt Veröffentlichungen zu diesem Thema vor (z. B. Fraser/Honneth 2003; Honneth u. a. 2013). Laut Honneth fokussiert Anerkennung auf Einzigartigkeit (vgl. Balzer 2014, S. 105). Sie setzt eine Wertegemeinschaft voraus (Honneth 1998, S. 198). Honneth grenzt soziale Wertschätzung von emotionaler Zuwendung und von kognitiver

---

39 zur Sozialpolitik insgesamt vgl. das schon etwas ältere Standardwerk Bäcker u. a. (2010).
40 Diese Vorstellung ist zentral für das Konzept der Intersektionalität (vgl. dazu z. B. Zwengel 2018, S. 97–99).

Achtung ab. Gelingt soziale Wertschätzung, entsteht Selbstschätzung, wird sie verweigert, erfährt das Individuum Entwürdigungen und Beleidigungen (S. 211).

Geht es um Anerkennung im kulturell-ethnischen Bereich, ist Taylor (1997) einschlägig. Er entwickelte das Konzept aus dem Kontext von Multikulturalismus in Kanada heraus. Anders als in Deutschland dominiert in Kanada die Frage des Zusammenlebens von Anglophonen und Frankophonen. Die sozioökonomische Ungleichheit zwischen diesen ist geringer als die, die in Deutschland zwischen Alteingesessenen und Arbeitsmigrant*innen aus den Anwerbeländern bestand. Doch der kanadische Kontext ist nicht nur spezifisch. Auch in Westeuropa ist eine Zunahme ethnokultureller Mobilisierungen zu beobachten (Kitschelt 2001, S. 426). So spricht Berking (2001, S. 201) von einer Abnahme kultureller Einheitlichkeit innerhalb von Staaten und hält es für eine nicht unplausible Einschätzung, dass „wir es zunehmend mit einer beliebig erweiterbaren Zahl von Miniethnien zu tun haben, die ihre kulturelle Identität über die Ethnisierung sozialer Konflikte entwerfen".[41] Bei diesen Konflikten geht es um eine Entprivatisierung und um eine Aufwertung von Differenzen (vgl. auch Fraser 2003, S. 101). Beispiele sind Migrant*innen der zweiten und dritten Generation, die eine Anerkennung der Lebensleistung ihrer Eltern und Großeltern fordern, die als Arbeitsmigrant*innen aus den Anwerbeländern nach Deutschland kamen, oder ethnische und religiöse Minderheiten, die Rechte einfordern, die ihnen die Pflege ethnokultureller Besonderheiten ermöglichen.

Umverteilung und Anerkennung können miteinander zusammenhängen. Benachteiligungen bei der Ressourcenausstattung und kulturelle Marginalisierung sind oft auf das engste miteinander verwoben (S. 85 f., 88). So können sich Personen, die Anerkennung erhalten, als gleichrangig erfahren und darauf aufbauend verbesserte Ressourcenausstattung einfordern. Damit es zu innergesellschaftlichen Kämpfen kommt, ist eine kollektive Selbstzuordnung nötig. Dies ist bei individuell erfahrener Anerkennung nicht unbedingt gegeben. El-Mafaalani (2018) verdeutlicht den möglichen Zusammenhang zwischen Anerkennung und Forderung nach Umverteilung am Beispiel der Integration von Migrant*innen. Diese haben Anerkennung erfahren und sitzen nun gleichberechtigt mit „am Tisch" (S. 101). Durch die neue Gleichrangigkeit komme es zu Forderungen nach Gleichheit beim Ressourcenzugang. Diese neu entstehenden Konflikte seien Ausdruck, ja Ergebnis verbesserter Integration.

- Nachteile beim Ressourcenzugang und kulturelle Marginalisierung können zusammenfallen, sie müssen es aber nicht. Nennen Sie Beispiele.

---

[41] Verwiesen sei auch auf Vertovec (2007) zu *super-diversity*.

3. Exemplarische Vertiefung: Soziologie der Kleingruppe

3.1 Gruppenbildung und Gruppendynamik

Die Kleingruppe wurde aus mehreren Gründen als Vertiefungsgebiet gewählt. Studierende, die sich für Soziologie interessieren, haben häufig eigene Erfahrungen mit Kleingruppen im Bereich der Jugendarbeit – nicht selten in Leitungsfunktion –, sei es im Sport, bei der Feuerwehr, bei einer Religionsgemeinschaft, in NGOs oder in der internationalen Jugendarbeit. Außerdem handelt es sich um ein Thema, das jeder aus seinem Alltag kennt. Neben solchen Vorerfahrungen ist die Struktur des Gegenstandes selbst relevant. Zum einen sind Kleingruppen ein sehr konkretes, wenig abstraktes Thema. Daneben stehen sie in direktem Zusammenhang mit einem der Leitbegriffe dieser Einführung, der Interaktion.

- *Peer groups* sind Gruppen von Gleichrangigen, zumeist Gleichaltrigen. Welche persönlichen Erfahrungen haben Sie selbst mit *peer groups* im Jugendalter gemacht? Schreiben Sie einen Text. Es darf ruhig privat werden. Ihre Ausführungen wird keine andere Person lesen.

Zu Phasen der Gruppenbildung sollen zwei Ansätze vergleichend vorgestellt werden. Klassisch ist der Zugang von Tuckman (1965). Er unterscheidet vier Phasen – später ergänzt durch eine fünfte Phase der Gruppenauflösung *adjourning* – und stellt für diese jeweils „group structure" und „task activity" vor (S. 387–390). Die wichtigsten Elemente der Phasen werden zusammengefasst und gelabelt:

1) In der ersten Phase, dem *forming*, geht es um Orientierung, erstes Testen und den Beginn des Aufbaus von Beziehungen.
2) Die nächste Phase, *storming*, ist geprägt von „conflict and polarization", und zwar bezogen auf die Gruppenstruktur und auf die zu bewältigende Aufgabe.
3) Dann kommt es zum *norming*, einer Phase, in der sich das Zusammengehörigkeitsgefühl und neue Standards entwickeln.
4) Während des *performing* schließlich wird die Gruppenstruktur erfolgreich zur Bewältigung der Aufgabe genutzt (S. 396).

Ein anderes Modell stammt aus der Sozialen Arbeit. Garland/Jones/Kolodny (1971, zit. in Schmidt-Grunert 1997, S. 185–189) unterscheiden fünf Phasen, die wie Treppenstufen aufeinander aufbauen und zumeist durch Spannungsverhältnisse geprägt sind.

1) Typisch für die erste Stufe „Voranschluss und Orientierung" ist ein „sich Beschnuppern" (S. 185).
2) In der zweiten Phase geht es um Machtkampf und Kontrolle. In der Gruppe wird um Einfluss gerungen (S. 186).
3) Die dritte Phase ist geprägt von Vertraulichkeit und Intimität. Wichtig ist hier das Wissen um den jeweiligen Platz der einzelnen Individuen innerhalb der Gruppe.
4) In der vierten Phase der Differenzierung besteht ein starkes Wir-Gefühl (S. 188).
5) Für die fünfte Phase der Trennung und Ablösung schließlich gilt: „die Gruppenerfahrung ist abgeschlossen" (S. 189).

- Stellen Sie sich vor, Sie leiten eine Jugendgruppe, die eine Paddeltour in Südfrankreich unternimmt. Die Hälfte der Jugendlichen kommt aus Familien mit Zu- oder Einwanderungsgeschichte, die andere Hälfte ist rechtsextrem eingestellt. Was könnte in welchen Phasen der Gruppenbildung passieren? Sie dürfen auch Humor entwickeln.[42]

Vergleichen wir die beiden vorgestellten Ansätze aus der Literatur. Es zeigt sich, dass ersterer stärker aufgabenbezogen und letzterer stärker beziehungsbezogen angelegt ist. Dieses Ergebnis kann auf Watzlawick/Beavin/Jackson (1982) bezogen werden, die für jede Kommunikation zwischen Beziehungs- und Inhaltsaspekt unterscheiden, die jeweils unterschiedlich starkes Gewicht erhalten können (vgl. auch Clausen 2015, S. 386). Gemeinsam ist den beiden vorgestellten Ansätzen, dass Konflikte in der Anfangsphase nicht als beunruhigend, sondern als normal und nützlich eingestuft werden. Gemeinsam ist ihnen zudem, dass ein Zurückspringen in frühere Phasen als Möglichkeit einbezogen wird. Dies kann z. B. bei Eintritt neuer Gruppenmitglieder der Fall sein.

Kritik an den hier exemplarisch vorgestellten Phasenmodellen wird auf mehreren Ebenen geäußert. Es gebe weder universelle Phasen noch universelle Reihenfolgen (S. 409 mit Bezug auf Arrow u. a. 2005; vgl. auch Tegthoff 1999, S. 63). Diese Kritik wird nur begrenzt relativiert durch die Möglichkeit des Zurückspringens auf frühere Stufen. Nötig sei es, unterschiedliche Arten von

---

42 Eine Möglichkeit, kontrahierende Gruppen zusammenzuführen, ist Bildung eines gemeinsamen Gegners. So könnte die Leitung „vergessen" haben, für Getränke zu sorgen. Zu Gruppenbildungen in einem Ferienlager vgl. auch die klassische Studie von Sherif/Sherif (1953, zit. in Girgensohn-Marchand 1999, S. 75 f.).

Gruppen und je spezifische Kontexte zu unterscheiden (Clausen 2015, S. 409). Hier ist einzuräumen, dass Tuckman (1965, S. 391–395) sehr wohl unterscheidet zwischen Trainingsgruppen, natürlichen Gruppen und Gruppenexperimenten. Außerdem wird kritisiert, durch ein Phasenmodell könne die Beobachtung von Gruppenprozessen zu stark vorstrukturiert werden (vgl. Clausen 2015, S. 409). Problematisch sei schließlich, dass die Phasenmodelle ein Aufsteigen, eine positive Weiterentwicklung suggerieren. Dies sei keinesfalls zwingend gegeben.

Gruppenprozesse sind nicht nur linear zu betrachten. Es gibt Aspekte, die zu unterschiedlichsten Zeiten des Gruppengeschehens relevant sein können. So setzt z. B. Amann (2004, S. 33) ein sogenanntes gruppendynamisches Raummodell an. Er spricht von Raummodell, weil er die drei zentralen Aspekte räumlich anordnet. Für die X-Achse wird Intimität, für die Y-Achse Zugehörigkeit und für die zwischen ihnen liegende, am Nullpunkt beginnende Diagonale schließlich Macht angesetzt (Ders. 2015, S. 438). Antons (2004, S. 309) definiert die drei Grundbegriffe: Bei Zugehörigkeit liegt der Fokus auf Zusammenhalt und klaren Außengrenzen. Bei Macht geht es um Steuerung des Gruppengeschehens und um Auseinandersetzung mit Machtunterschieden. Bei Intimität schließlich stehen die Enge der Beziehungen und die persönliche Nähe im Vordergrund. Charakteristisch für alle drei Dimensionen sind Gegensätze, die von Nylen (o. J., zit. in Amann 2004, S. 33) formuliert wurden: drinnen vs. draußen, oben vs. unten und nah vs. fern. Von Zugehörigkeit, Macht und Intimität auszugehen, kann eine differenzierte und flexible Betrachtung des Gruppengeschehens ermöglichen.

Für Gruppendynamik besonders zentral scheint mir der Umgang mit Konflikten. Vielleicht besteht keine Einigkeit über die Gruppenziele, vielleicht fokussieren die einen stärker auf affektive und andere eher auf instrumentelle Beziehungen, vielleicht gibt es Streit über die Führungsrolle, vielleicht suchen einige eher Komplementarität und andere eher Ähnlichkeit im Verhältnis zu anderen Gruppenmitgliedern. Konopka (2000, S. 81 f.) nennt sechs Verfahren, mit Konflikten in Gruppen umzugehen: Möglich sind Rückzug eines Teils der Gruppe, Unterwerfung einzelner Mitglieder, Dominanz der Mehrheit, freiwilliges Sich-Fügen der Minderheit, Kompromiss sowie Integration, verstanden als ergebnisoffene Problemdiskussion. Das letztgenannte Verfahren kann in Beziehung gesetzt werden zum Ideal des herrschaftsfreien Diskurses bei Habermas (1981). Habermas kontrastiert strategisches, auf Interessensvertretung bezogenes Handeln und das von ihm präferierte kommunikative Handeln, bei dem die Auseinandersetzung im Diskurs stattfindet und das bessere Argument zählt.

- Vor der Mehrheit der Gruppenteilnehmer*innen agiert eine Teilgruppe: Sie nimmt zunächst ein Seil und praktiziert Tauziehen. Danach bildet sie einen gordischen Knoten (vgl. Kap. 2.2) und versucht, diesen zu lösen. Diskutieren Sie anschließend in der Gesamtgruppe die Unterschiede zwischen beiden Phasen im Hinblick auf Art des Konfliktes und Lösungsstrategie. Welchen Zugang präferieren Sie?

Eine Möglichkeit, die Beziehungen innerhalb von Gruppen darzustellen, ist das sogenannte Soziogramm (vgl. z. B. Höhn/Seidel 1976). Es ist Teil der Soziometrie, die auf Moreno zurückgeht. Im Zentrum dieses Ansatzes steht die Unterscheidung zwischen Anziehung und Abstoßung. So wird „das Geflecht von Annahmen und Ablehnungen" erhoben (Konopka 2000, S. 72). Dies geschieht, indem einer Gruppe Fragen vorgelegt werden, die jedes Gruppenmitglied im Hinblick auf alle anderen Gruppenmitglieder beantworten muss. Präferiert werden dabei eher konkrete, situationsbezogene Fragen (Höhn/Seidel 1976, S. 16), also nicht „Wen magst du besonders gern?", sondern eher: „Wen würdest du gern zu deinem Geburtstag einladen?". Die Ergebnisse der Befragung werden in eine Matrix übertragen, die jedes Gruppenmitglied zu jedem anderen in Beziehung setzt. Auf der Grundlage dieser Daten wird ein Schaubild erstellt, das Soziogramm. Die einzelnen Personen werden als Knoten angesetzt und die zwischen ihnen bestehenden Orientierungen durch Linien dargestellt. Die Linien können unterschiedlich gestaltet werden, um positive oder negative sowie einseitige oder wechselseitige Wahlen zu verdeutlichen.

Soziogramme können in vielerlei Hinsicht soziologisch interessant sein. Sie zeigen Positionierungen in der Gruppe, wie Führungspersonen, Abgelehnte und Isolierte (Moreno 1996, zit. in Schmidt-Grunert 1997, S. 142 f.). Deutlich werden kann das Ausmaß von Kontakten zu Personen außerhalb der Gruppe. Es ist möglich, dass Positionierungen mit spezifischen sozialen Merkmalen einhergehen. So können sich Unterschiede zeigen in der Vernetzung von Mädchen und von Jungen (Button 1976, zit. a. a. O., S. 136). Gruppenbildungen innerhalb von Schulklassen können sozioökonomische Spaltungen abbilden (Hauer 1971, zit. in Höhn/Seidel 1976, S. 40). Soziogramme können eingesetzt werden, um soziale Veränderungen vorzubereiten, wie eine neue Sitzordnung in einer Schulklasse oder die Zusammensetzung von Arbeitsgruppen.[43] Um die Gruppeneinteilung neuer Mitglieder eines Mädchenheimes ging es in Morenos (1954, zit. a. a. O., S. 16) klassischem Hudson-Experiment. Die Gruppeneinteilung wurde in einer Weise vorgenommen, die mit den erhobenen Wahlen von Gruppensprecherinnen, Hausmüttern und den Neuen selbst korrespondierte. Dies verbesserte das soziale Klima. Es ist nicht immer sinnvoll, das Ergebnis des Soziogramms den Gruppenmitglieder*innen selbst vorzulegen. Das Soziogramm kann aber ein wichtiges Hilfsmittel für Gruppenleiter*innen sein.

Das Thema Netzwerk schließt direkt an das Thema Soziogramm an,[44] denn mit Netzwerk wird „a series of points and interconnected lines" bezeichnet (Boissevain 1974, S. 24), wobei als Punkte nicht nur Individuen in Frage kommen. Im

---

43 Im Kontext von Pandemien könnten Soziogramme in Schulklassen helfen, die Bildung von Teilgruppen für Wechselunterricht vorzubereiten. Dabei könnte ein Kriterium sein, dass möglichst wenig Kontakte zwischen den Gruppen bestehen oder dass Außenkontakte innerhalb einer Gruppe möglichst einheitlich ausfallen.

44 zum Folgenden vgl. auch Zwengel (2004, S. 184–187).

Gegensatz zu Gruppen haben Netzwerke zumeist keine klaren Außengrenzen. Einige grundlegende Begriffe seien genannt. Egozentrische Netzwerke sind Netzwerke eines einzelnen Akteurs. Netzwerkdichte bezeichnet „the degree to which members of a person's network, independently of him, are in touch with each other" (Ders. 1987, S. 165). Cluster verweisen auf relativ enge Beziehungen. Sie werden verstanden als „a compartment of a network which has a relatively low ratio of external relations as compared to internal relation" (Ders. 1974, S. 43). Von *second order network* wird gesprochen, wenn ein Kontakt zwischen A und C nur über B erfolgen kann. Beziehungen werden uniplex genannt, wenn sie sich auf eine Ebene beziehen und multiplex, wenn mehrere Ebenen betroffen sind (Ders. 1987, S. 165).

- Nennen Sie für jeden der zu Netzwerken eingeführten Begriffe ein Beispiel.

Die Netzwerkforschung unterschiedet drei Zugänge, den *exchange-network approach*, der von den Transaktionen ausgeht, den *role-relation approach*, der an den zwischen den Akteuren bestehenden Rollen ansetzt, und den *affective-network approach*, der sich auf die emotionalen Beziehungen bezieht (Van Sondern u. a. 1990, S. 101). Gesucht wird zum einen nach allgemeinen Regelmäßigkeiten. So zeigt sich, je multiplexer eine Beziehung ist, desto wahrscheinlicher ist sie eng und dauerhaft. Je schwächer die Bindung zwischen Akteuren, desto eher wird Reziprozität erwartet (Wellman/Carrington/Hall 1988, S. 165, 175). Gefragt wird zudem nach Netzwerken in spezifischen Kontexten. So zeigt sich, dass berufsbezogene Netzwerke oft von anderen Netzwerken separiert sind (a. a. O.). Innerhalb von Institutionen bestehen enge Beziehungen nicht nur zwischen Mitgliedern mit gemeinsamen Aufgaben, sondern auch zwischen Mitgliedern mit ähnlichen sozialen Merkmalen. Der wohl berühmteste Beitrag zur Netzwerkforschung ist Granovetters (2010) „the strengh of weak ties". Granovetter zeigte auf, dass für den Zugang zu Informationen lockere Beziehungen zu vielen sinnvoller sind als enge Beziehungen zu wenigen. Dies leuchtet für das Beispiel Wohnungssuche unmittelbar ein. Nach Schäfers (2016a, S. 168f.) ist gegenwärtig eine Tendenz weg von Kleingruppen hin zu Netzwerken zu beobachten. Dies hänge auch mit dem Internet zusammen. Programmatisch spricht Castells (2002) von Netzwerkgesellschaft.

- Jemand nimmt ein Wollknäul in die Hand und sagt, was er/sie gern tut. Wer das Gleiche mag, fängt das Knäul auf und bleibt mit der ersten Person durch einen Faden verbunden. Die zweite Person sagt nun selbst etwas, das sie gern tut und wirft das Knäul weiter. Das Spiel ist beendet, wenn alle Anwesenden mindestens eine Faden-Verbindung zu einem anderen Gruppenmitglied haben.

3.2 Führungsstile und Partizipation

Grundlegend zu Führungsstilen sind die Arbeiten von Lewin und seinen Mitarbeitern Lippitt und White aus den 1940'er Jahren. Sie untersuchten am Beispiel von Jugendgruppen wie sich ein verändertes Führungsverhalten auf die anderen Gruppenmitglieder auswirkt (Geißler/Hege 1997, S. 186 f.). Zentrales Kriterium zur Abgrenzung von Führungsstilen war dabei „das Ausmaß der Entscheidungsbeteiligung, das den Unterstellten zugestanden wird" (Neuberger 2002, zit. in Clausen 2015, S. 385). Beim autoritären Führungsstil bestimmt der/die Gruppenleiter*in die Aktivitäten, beim Laissez-faire-Führungsstil greift der/die Leiter*in möglichst wenig ein und beim demokratischen Führungsstil entscheiden der/die Gruppenleiter*in und die anderen Gruppenmitglieder gemeinsam (vgl. Hartfiel/Hillmann 1982, S. 229). Lewin favorisierte den demokratischen Führungsstil.

Detailliert werden von Lewin und seinen Mitarbeitern typische Merkmale des Führungsstils und seiner Auswirkungen auf die anderen Gruppenmitglieder benannt. Jeweils drei seien exemplarisch erwähnt. Ein autoritärer Führungsstil sei unnahbar, anordnend und überaktiv und führe zu Gefügigkeit, Widerspenstigkeit oder Überheblichkeit. Ein Laissez-faire-Führungsstil sei typischerweise unsicher, ziellos und indifferent und führe bei den anderen Gruppenmitgliedern zu Uninteressiertheit, Isolation und Gereiztheit. Der demokratische Führungsstil schließlich sei eingehend, partnerschaftlich und ermutigend. Er führe zu ausgeglichenem, arbeitsamem und kameradschaftlichem Verhalten (Geißler/Hege 1997, S. 186 f., mit Bezug auf Tausch/Tausch 1963 und auf Walz 1960). Auch wenn die Unterscheidung zwischen autorativem und partizipativem Führungsstil immer wieder aufgegriffen wurde, steht der Ansatz in der Kritik. Er gilt als „relativ plakative und schematische Differenzierung" (S. 187), welche die Vielfalt der den Gruppenprozess bestimmenden Faktoren nicht berücksichtige (Clausen 2015, S. 414). Wichtig erscheint mir, dass die Wahl eines Führungsstils auch von der Persönlichkeit des/der Leitenden sowie vom jeweiligen Kontext abhängig ist.

> • Führungsstile sind nicht nur relevant für Jugendgruppen, sondern auch für Familien. Welcher der drei unterschiedlichen Führungsstile dominierte in der Familie, in der Sie aufgewachsen sind? Nennen sie konkrete Beispiele.

Wenn ein demokratischer Führungsstil favorisiert wird, sollten sich die Empfehlungen für die Gestaltung von Gruppenprozessen nicht nur an die Gruppenleiter*innen, sondern an alle Gruppenmitglieder richten (Geißler/Hege 1997, S. 189 f.). Diese zwei unterschiedlichen Ansatzpunkte können durch Beispiele aus der sozialpädagogischen Arbeit verdeutlicht werden. Kelber (1987, zit. a. a. O. 189) richtet sich mit ihren sechs pädagogischen Grundsätzen an die Gruppenleitung: 1) „Individualisieren", 2) „Mit der Stärke arbeiten", 3) „Anfangen, wo die Gruppe steht", 4) „Raum für Entscheidungen geben und Grenzen positiv nutzen", 5) „Zusammenarbeit mehr pflegen als Einzelwettbewerb" und 6) „Sich überflüssig machen". Geißler (1975, zit. a. a. O., S. 190) dagegen stellt fünf Prinzipien für die Gruppenarbeit auf, die für alle Gruppenmitglieder relevant sind: 1) Das Prinzip der Partizipation betrifft die „weitgehende Mitbestimmung aller […] Beteiligten", 2) Revisionsbedürftigkeit verweist auf die „Möglichkeit zur Überprüfung und zur Veränderung von Entscheidungen". 3) und 4) Die Prinzipien Konkretisierungsbedürftigkeit und Situationsbezogenheit bedeuten, dass die konkrete Situation und ihre Dynamik zu berücksichtigen sind, und 5) das Prinzip der Integration von Inhalt und Beziehung schließlich verlangt eine gleichzeitige Berücksichtigung der Sache und der Subjekte. Gerade wenn das Gruppengeschehen von den Gruppenmitgliedern gemeinsam ausgehandelt werden soll, erhält die Interaktion besondere Bedeutung.[45]

- Wie kann Vertrauen zwischen den Gruppenmitgliedern gefördert werden?

Neben dem klassischen Ansatz von Lewin gibt es zahlreiche Modelle zur Unterscheidung von Führungsstilen. Viele von ihnen wurden im Zusammenhang mit Beziehungen in Betrieben entwickelt (vgl. z. B. Meyer 2000). Einige Modelle sollen kurz vorgestellt und eingeschätzt werden. Das Team-Management-Rad von McCann/Margerison (1989, zit. in Clausen 2015, S. 407) setzt auf einem äußeren Rad in vier Himmelsrichtungen die Grundtypen Ratgeber*in, Kontrolleur*in, Organisator*in und Entdecker*in an. Uhrzeigerartig werden dann im inneren Kreis verschiedene Realisierungsformen genannt wie kreativer Innovator, sorgfältiger Überwacher, systematischer Umsetzer und auswählender Entwickler. Dieses Modell betrifft die instrumentellen Beziehungen. Affektive Aspekte werden nicht berücksichtigt. Mintzberg (o. J., zit. a. a. O., S. 406) unterscheidet als Führungsrollen 1) intrapersonale Rollen, und zwar Repräsentator*in, Führer*in und Vernetzer*in, 2) Informationsrollen, die als Beobachter*in, Verteiler*in von Informationen oder Sprecher*in realisierbar sind, sowie 3) Entscheidungsrollen, die ausgeführt werden können als Unternehmer*in, Störungsregler*in, Ressourcenverteiler*in oder Verhandler*in. Dieses Modell hat den Vorteil, dass es auch chronologisch gefasst werden kann. Auf die Etablierung von Beziehungen folgt Information. Auf die Information folgt Entscheidungsfindung. Neuberger (2002, zit. a. a. O., S. 391) systematisiert Rollendilemmata der Führung.

---

45 Zur gleichberechtigten Einbeziehung aller Gruppenmitglieder passen auch einige der anthropologischen Grundannahmen des Führungsparadigmas der Selbstverantwortung von Kampmeier (2001, S. 127): „Jeder Mensch hat einen freien Willen und die Fähigkeit zur Selbstbestimmung und Selbstverantwortung." „Der Mensch hat die Fähigkeit zur Reflexivität und zur kritischen (Selbst-)Reflexion seiner Handlungen und Erfahrungen." „Der Mensch ist ein offenes Lernwesen." „Menschliche Selbstbestimmung ist ein offener Lernprozeß."

Dabei handelt es sich jeweils um Spannungsverhältnisse zwischen zwei Polen wie Gleichbehandlung aller vs. Eingehen auf den Einzelfall, Konkurrenz vs. Kooperation, Aktivierung vs. Zurückhaltung und Zielorientierung vs. Verfahrensorientierung. Dieser Ansatz scheint für eine Analyse von Konflikten besonders geeignet. Die GLOBE-Dimensionen effizienter Führung schließlich führen zur Formulierung von Ansprüchen: charismatisch, teamorientiert, partizipativ, humanorientiert, autonomieorientiert und defensiv (N. N. o. J., zit. a. a. O., S. 389). Dieser Ansatz kann helfen, Defizite eigenen Führungsverhaltens zu erkennen.

Neben der Führungsrolle gibt es andere Positionierungen in Gruppen. Schindler (1957, zit. in Amann 2015, S. 430 f.) entwickelte hierzu ein Modell. Er unterscheidet zwischen der Alpha-Position, die die leitende Person der Gruppe innehat (S. 430), der Beta-Position, die ein*e Expert*in besetzt, der/die sich durch „sein Werk, sein Wissen, seine Leistung" auszeichnet, der Gamma-Position, die dem eher unauffälligen Gruppenmitglied entspricht und ihm „anonyme Mitgliedschaft, das Eintauchen in die das Persönliche verdeckende Kollektivität" ermöglicht, sowie der Omega-Position, die durch den/die Außenseiter*in in der Gruppe besetzt wird. Dieser erfährt Ablehnung insbesondere von den Vertreter*innen der Gamma-Position. Von besonderem Interesse ist, dass über Beta und Omega out-groups innerhalb der Gruppe repräsentiert sein können (S. 431). Alle unterschiedenen Positionen werden als funktional für ein gelingendes Gruppengeschehen betrachtet.

Der/die Außenseiter*in hat es besonders schwer. Er/sie wird abgelehnt oder nicht beachtet. Ursachen dafür können u. a. in der Person selbst, in der Gruppenatmosphäre oder in Verstößen gegen Gruppennormen liegen. Außenseiter*innen können sich um positivere Kontakte bemühen. Sie können aber auch versuchen, die Gruppe zu verlassen. Dies ist in freiwillig gewählten Gruppen zumeist leichter möglich (Konopka 2000, S. 73–75).

- Wie lassen sich Außenseiter*innen einbinden? Entstehen sie in Gruppen immer wieder neu?

Die Soziale Arbeit unterscheidet zwischen Gemeinwesenarbeit, sozialer Gruppenarbeit und Einzelfallhilfe. Mit der Gruppenarbeit sollen individuelle und/oder kollektive Ziele erreicht werden (vgl. z. B. Schmidt-Grunert 1997, S. 6; Geißler/ Hege 1997, S. 171). Doch nicht immer fühlen sich alle Teilnehmenden wohl und nicht immer werden die angestrebten Ziele erreicht. Dennoch möchte ich mit einem emphatischen Gruppenverständnis enden, das nach Tegethoff (1999, S. 35) typisch für die 1970'er Jahre war: Die Gruppe trägt dich.

- Es wird eine Schlange gebildet, in der jeweils zwei Personen nebeneinanderstehen. Eine Person wird hochgehoben und gestützt von den Armen der Stehenden über die Schlange hinweg getragen (Fluegelman/Tembeck 1980, S. 155).

3.3 Primär- versus Sekundärgruppen und formelle versus informelle Gruppen

- Welche Gemeinsamkeiten und welche Unterschiede bestehen zwischen einer Familie und einem Betrieb?

Der zentrale Begriff der Primärgruppe geht zurück auf Cooly (1909). Primärgruppen sind „characterized by intimate face-to-face association and cooperation" (S. 27). Es entsteht ein soziales Ganzes: „it involves the sort of sympathy and mutual identification for which ‚we' is a natural expression" (S. 23). Heute wird *face-to-face*-Kontakt zum Teil durch medial vermittelte Kontakte ersetzt. Zu berücksichtigen ist auch, dass ein Wir-Gefühl auch bei anders gearteten Gruppen bestehen kann. Cooly/Angell/Carr (1933, zit. in Schäfers 1999, S. 100) definieren Primärgruppen über fünf Merkmale: „1. Face-to-face Assoziation. 2. Unspezialisiertheit der Assoziation. 3. Relative Dauer. 4. Geringe Zahl der beteiligten Personen. 5. Relative Intimität unter den Beteiligten." Hervorzuheben ist die Unspezialisiertheit der Assoziation. Die Mitglieder der Primärgruppe werden nicht auf bestimmte Rollen beschränkt, sondern in ihrer Gesamtheit wahrgenommen (S. 99).[46] Typisch für Primärgruppen scheinen also Wechselseitigkeit, emotional geprägte Bindungen und eine gewisse Dauerhaftigkeit. Nach Cooley (1909, S. 24) sind Primärgruppen quasi universell, und zwar in Form von „the family, the play-group of children, and the neighborhood or community group of elders".[47] Daneben gebe es gesellschaftsspezifische Primärgruppen (S. 26). Es komme zu Verschiebungen. In modernen, urbanen Kontexten gehe die Bedeutung der Nachbarschaft zurück (S. 25). Auch sei eine gewisse Verlagerung von der Herkunftsfamilie hin zu selbst gewählten Sozialbeziehungen wie Freundschaft zu beobachten (vgl. Tegethoff 1999, S. 205).

Primärgruppen sind im doppelten Sinne primär. Sie sind die ersten und sie sind die wichtigsten Gruppen: „they give the individual his earliest and completest experience of social unity" (Cooley 1909, S. 26 f.). Primärgruppen sind zentral für Primärsozialisation, bleiben aber lebenslang relevant (Tegethoff 1999, S. 34 f. mit Bezug auf Faris 1932 und Dunphy 1972). Aus den Primärgruppen heraus können komplexere Gruppen und Institutionen entstehen. Cooley (1909) spricht hier etwas bildlich von „springs of life" (S. 27) und „outgrowth" (S. 31). In den

---

46   Andere Autor*innen verwenden den Rollenbegriff auch für Primärgruppen. So spricht Dunphy (1972, zit. in Schäfers 1999, S. 101) für diese von einem „*set* rudimentärer, funktional differenzierter Rollen [übersetzt von Schäfers, Hervorhebung im Original]". Schütz (2002) setzt sich kritisch von Cooley ab (S. 97–99), formuliert aber ähnlich wie dieser: „dass die Partner in einer primären Beziehung einander als einzigartige Persönlichkeiten in lebendiger Gegenwart erfahren" (S. 100).

47   *Community group* übersetzt Schäfers (1999, S. 98) mit Dorfgemeinde.

Primärgruppen selbst werden gesellschaftlich zentrale Normen und Werte wie Vorstellungen von Liebe, Freiheit und Gerechtigkeit erworben (S. 53–50), die später auf größere soziale Einheiten und auf die Gesellschaft als Ganzes übertragen werden können (S. 51–57). Inwieweit eine für eine solche Übertragung nötige Gleichartigkeit der sozialen Bezüge besteht, bleibt aber umstritten (vgl. z. B. Tegethoff 1999, S. 36, mit Bezug auf Claessens 1980 und Nolte 1994).

- Bereitet das Aufwachsen in einer Familie auf ein Leben in größeren gesellschaftlichen Zusammenhängen vor?

Der Gegenbegriff zu Primärgruppe ist der der Sekundärgruppe. Es bestehen „zwischen ihren Mitgliedern vorwiegend sachlich-rationale, auf die Erreichung eines gemeinsamen Ziels hin ausgerichtete Beziehungen" (Preyer 2012, S. 104). Typisch ist also eine zweckgerichtete, instrumentelle Orientierung. Beispiele wären ein Betrieb, eine Gewerkschaft, eine Partei.

Der Gesamtzusammenhang wird in einer Definition von Primärgruppen deutlich:

> *„Primärgruppen sind jene Kleingruppen, denen Menschen zur Vermittlung primärer Sozialkontakte und zur Herausbildung ihres (sozialen) Ich angehören; sie bieten über die Phase der primären Sozialisation und Integration hinaus eine kontinuierliche Möglichkeit der Identitäts-Behauptung, der intimen und spontanen Sozialbeziehungen und der Entlastung von den Anforderungen sekundärer Gruppen* [Hervorhebung im Original]" (Schäfers (1999, S. 101).

- Vergleichen Sie eine Teamsitzung und eine Kaffeepause innerhalb einer Behörde.

Der Gegenüberstellung von Primär- und Sekundärgruppen ähnlich ist die Unterscheidung zwischen formellen und informellen Gruppen. Formelle Gruppen sind „die zweckrational von der Organisationsplanung und Betriebsführung her vorgesehenen (und geplanten) Gruppenbildungen". Informelle Gruppen hingegen kristallisieren „sich im Rahmen der Organisation aufgrund persönlicher Präferenzen und nicht vom Betrieb vorgegebener Bedingungen heraus" (Amann 1987, S. 152). Die Unterscheidung bezieht sich nicht nur, aber vor allem auf Betriebe.

Entstanden ist die Unterscheidung zwischen formellen und informellen Gruppen im Rahmen der sogenannten Hawthorne Studien, die 1927–1932 in den Hawthorne-Werken der Western Electronic Gesellschaft in Chicago durchgeführt wurden und die als ein grundlegender Beitrag zur sogenannten Human-Relation-Schule der Arbeitssoziologie gelten (Kern 1999, S. 195–211). Beim sogenannten *Bank Wiring Room*-Experiment mussten Arbeiter*innen durch Drahtverbindungen elektronische Kontakte herstellen. Der gezahlte Akkordlohn orientierte sich an der Einzel- und an der Gruppenleistung. Bezugspunkt für die Arbeiter*innen aber waren nicht die Vorgaben von Vorgesetzten, sondern eine sich unter den Arbeitern*innen selbst herausbildende Gruppennorm, die unter den betrieblichen Vorgaben lag und deren Einhaltung von ihnen sanktioniert wurde (S. 202–205). Roethlisberger/Dickson (1975, zit. in Kern 1999, S. 204) fassten die Beobachtung theoretischer: „Es war augenscheinlich, daß es eine Gruppennorm gab, auf die hin das Verhalten der verschiedenen Individuen reguliert wurde". „Die Männer hatten spontan und ganz unbewußt eine verwickelte soziale Organisation um ihre gemeinsamen Wertvorstellungen und Gefühle herum geschaffen". Die Deutung führte zur Begriffsbildung. Die Idee der informellen Gruppe war geboren. Roethlisberger/Dickson (1939, zit. in Gukenbiehl 1999, S. 82) grenzten die informelle Gruppe dann ab von der formalen Organisation, gefasst als: „the patterns of human interrelations, as defined by the systems, rules, policies and regulations of the company".

Die Gegenüberstellung von formeller und informeller Gruppe wurde weiterentwickelt. Gukenbiehl unterscheidet – mit Bezug auf Irle (1963), Etzioni (1967) und Ziegler (1969) – zwischen formeller und informeller Organisation. Erstere ist rational („das Ergebnis zweckrationaler Planung"), geplant („eine Umschreibung des Sollzustandes") (S. 83), zweckorientiert („auf den oder die Organisationszwecke" ausgerichtet) und hat formelle Normen (im Sinne von „festgelegten Regelungen und Vorschriften personen- und situationsübergreifender Art)". Die informelle Organisation hingegen ist spontan (entsteht „zwischen den Organisationsmitgliedern, die in unmittelbarem Kontakt zueinander stehen"), real („Umschreibung tatsächlicher (Ist-)Zustände"), personenbezogen („orientiert an persönlichen Bedürfnissen und Erfahrungen der Gruppenmitglieder") und verfügt über informelle Normen (Existenz von „wandelbaren persönlichen Abmachungen und eingelebten Gewohnheiten") (S. 84).

Weitere strukturelle Unterschiede können ergänzt werden. Während die Mitglieder der formellen Organisation prinzipiell austauschbar sind (Büschges/Abraham 1997, S. 114, gestützt auf Kieser 1995), sind bei der informellen Gruppe die persönlichen Merkmale der Mitglieder entscheidend. Während formelle Gruppen über formalisierte Wege des Zugangs und der Beendigung von Mitgliedschaft verfügen (Preyer 2012, S. 115) und im Allgemeinen nicht frei gewählt sind, sind informelle Gruppen durch fehlende formelle Mitgliedschaftsvoraussetzungen und Freiwilligkeit gekennzeichnet. Bei Begegnungen in informellen Gruppen gibt es keine vorstrukturierten Abläufe. Themen ohne Bezug zur formellen Organisation sind möglich. Eine recht freie Artikulation von Gefühlen ist zentral. Während die Beziehungen zwischen Personen in formellen Gruppen eher hierarchisch und/oder komplementär strukturiert sind, finden sich gemäß Dechmann/Ryffel (1983, S. 90) in informellen Gruppen häufig Personen mit geteilten sozialen Merkmalen zusammen.

Informelle Gruppen können dazu dienen, sich den Zumutungen formeller Strukturen zu entziehen und diese zu unterlaufen. Dies wurde bereits am Beispiel des Akkordlohns deutlich. Informelle Gruppen können aber auch als notwendig für das Funktionieren formeller Organisationen betrachtet werden (Gukenbiehl 1999, S. 83; Preyer 2012, S. 115). Sie dienen der Entspannung und haben damit eine wichtige psychische Entlastungsfunktion. In ihnen werden die Personen nicht mehr auf ihre Rolle in der formellen Organisation reduziert. Zugleich können auf der formellen Ebene bestehende Stressfaktoren und Probleme bearbeitet werden. So werden auch Koalitionen und Themen für die formelle Gruppe vorbereitet. Die häufig als nebensächlich eingeordnete informelle Ebene ist für ein Funktionieren formeller Organisationen essentiell.[48]

- Was passiert, wenn es innerhalb von Organisationen kein ausgeglichenes Verhältnis zwischen formellen und informellen Gruppen gibt?

Primärgruppen haben viel mit informellen Gruppen und Sekundärgruppen viel mit formellen Gruppen gemeinsam. Die Unterscheidung von Neidhardt (1983, zit. in Gukenbiehl 1999, S. 83) zwischen Dominanz sachlich-instrumenteller und Dominanz persönlich-emotionaler Orientierungen trifft nicht nur auf die von ihm gegenübergestellten formellen und informellen Gruppen zu, sondern auch auf die Unterscheidung zwischen Sekundär- und Primärgruppen. Gukenbiehl selbst stellt eine lose Verbindung zwischen beiden Ebenen her, indem er schreibt, formell verbinde sich eher mit Sekundärgruppe und informell verbinde sich eher mit Primärgruppe (S. 93). Das Spezifische der informellen Gruppen ist, dass sie innerhalb von formellen Gruppen entstehen. Bereits Cooley (1909, S. 26) schrieb über nicht universelle Primärgruppen: Viele von ihnen würden gebildet „at school and college" oder von Personen „brought together […] by their occupations". Damit nimmt er eine Unterscheidung vorweg, die später mit dem Begriff der informellen Gruppe aufgegriffen wird.

- Recherchieren Sie zu einer Kleingruppe Ihrer Wahl. Versuchen Sie, diese möglichst umfassend zu beschreiben. Verwenden Sie dabei die in Kapitel 3 eingeführten Unterscheidungen und Begrifflichkeiten.

---

48 Die Begriffsverwendungen im Bereich formelle/informelle Gruppen sind unterschiedlich. Manche Autor*innen sprechen nicht von Gruppen, sondern von Strukturbildung (Gukenbiehl 1999, S. 93). Andere beziehen Gruppe nur auf die informelle, nicht aber auf die formelle Ebene (S. 83).

4. Klassische Autoren

Die Darstellung klassischer Autoren beginnt jeweils mit einem Zitat aus dem Werk. So bekommen Sie einen ersten Eindruck vom Schreibstil und von für den/die Autor*in zentralen Themen. Dieser Einstieg soll zudem zum eigenen Lesen wichtiger Originaltexte ermuntern.

4.1 Karl Marx

„Die wesentliche Bedingung für die Existenz und für die Herrschaft der Bourgeosieklasse ist die Anhäufung des Reichtums in den Händen von Privaten, die Bildung und Vermehrung des Kapitals; die Bedingung des Kapitals ist die Lohnarbeit. Die Lohnarbeit beruht ausschließlich auf der Konkurrenz der Arbeiter unter sich. Der Fortschritt der Industrie, dessen willenloser und widerstandsloser Träger die Bourgeoisie ist, setzt an die Stelle der Isolierung der Arbeiter durch die Konkurrenz ihre revolutionäre Vereinigung durch die Assoziation. Mit der Entwicklung der großen Industrie wird also unter den Füßen der Bourgeoisie die Grundlage selbst hinweggezogen, worauf sie produziert und die Produkte sich aneignet. Sie produziert vor allem ihren eigenen Totengräber. Ihr Untergang und der Sieg des Proletariats sind gleich unvermeidlich" (MEW 4, S. 473 f.).

- Einschlägig für Marx sind insbesondere „Das Manifest der kommunistischen Partei" (S. 459–493), „Das Kapital, Band 1" (MEW 23) sowie die gut strukturierte Zusammenstellung einschlägiger Textpassagen – unter anderem aus „Die Deutsche Ideologie" – in Fetscher (1962; 1976; 1977). Lesen Sie!

Karl Marx wurde 1818 in Trier geboren und starb 1883 in London. Er arbeitete eng mit Friedrich Engels zusammen, der ihn auch finanziell unterstützte.[49] Marx eignete sich viel historisches Wissen über die Entstehung und Entwicklung des Kapitalismus an. Er stand zudem mit Vertreter*innen der Arbeiterbewegung seiner Zeit in Kontakt. Beides floss in seine Vorstellungen von der gesellschaftlichen Entwicklungsdynamik ein. Philosophisch war für ihn die Auseinandersetzung

---

49 Im Folgenden geht es um die Vermittlung von Grundgedanken. Deshalb werden Unterschiede zwischen den Vorstellungen von Marx und denen von Engels nicht berücksichtigt. Es wird auch nicht unterschieden zwischen Schriften, die Marx alleine schrieb, und solchen, die er gemeinsam mit Engels verfasste.

mit Hegel wichtig. Seine Vorstellungen von einer idealen Gesellschaft wurden durch die Begegnung mit Proudhon beeinflusst (vgl. Lieber 1980, S. 271).

In seinem Frühwerk beschäftigte sich Marx mit Entfremdung. Marx geht davon aus, dass Arbeit die zentrale Ausdrucksform des Menschen ist. So heißt es: „Das produktive Leben ist [...] das Gattungsleben" (Marx MEGA I/3, zit. in Fetscher 1962, S. 117), „die freie bewußte Tätigkeit ist der Gattungscharakter des Menschen' " (S. 118). Als Idealvorstellung formuliert er: „Meine *Arbeit* wäre *freie Lebensäußerung*, daher *Genuß* des *Lebens* [alle Hervorhebungen in diesem Absatz im Original]" (S. 121). Dieses Genießen bezieht sich auf mehrere Aspekte. Die Arbeitstätigkeit selbst würde als „individuelle *Lebensäußerung* genossen" (S. 120). Das Ergebnis der Arbeit würde als „*gegenständliche[s], sinnlich anschaubare[s]*" Produkt „individuelle Freude" hervorrufen. Die Konsumption des Produktes durch andere sowie darauf bezogene positive Bewertungen würden als Wertschätzung erfahren: Es heißt: „In deinem Genuß oder deinem Gebrauch meines Produktes hätte ich unmittelbar den Genuß, [...]" und so würde ich genießen, *„in deinem Denken wie in deiner Liebe mich bestätigt zu wissen"*. Derart gefasste Arbeit ermöglicht es, „mein *menschliches*, mein *Gemeinwesen bestätigt und verwirklicht zu haben"* (S. 121). Der Gesamtprozess würde also positiv als Vergesellschaftung erfahren. Im Kapitalismus aber ist Arbeit entfremdet (S. 120), und zwar aus drei Gründen:[50] Der Arbeiter ist nicht im Besitz der Produktionsmittel, mit denen er arbeitet. Eine ausgeprägte Arbeitsteilung ermöglicht keinen ganzheitlichen Zugriff auf das Produkt der Arbeit. Weil der Arbeiter seine Arbeitskraft an den Kapitalisten verkaufen muss, erlebt er Fremdbestimmung im Arbeitsprozess und verfügt auch nicht über das Produkt seiner Arbeit (vgl. Israel 1985, S. 66).

- Ist Arbeit aus Ihrer Sicht der gesellschaftliche Kernbegriff?

Zur Strukturierung der ökonomischen Prozesse führt Marx die Begriffe Produktionsmittel, Produktivkräfte und Produktionsverhältnisse ein, die vor allem für „Das Kapital" relevant sind.[51] Produktionsmittel umfassen Rohstoffe, Werkzeug, Maschinen und Gebäude. Produktivkräfte bezeichnen Produktionsmittel und Menschen. Produktionsverhältnisse erfassen insbesondere die Verteilung des Besitzes an Produktionsmitteln. Die Produktivkräfte entwickeln sich durch technische Neuerungen und durchzunehmende Qualifizierung der Menschen weiter. Die Produktionsverhältnisse bestimmen die grundlegende Struktur der jeweiligen Gesellschaftsformation (Haffner 1974, S. 99–103). Kommentierend ist zu sagen, Marx geht von einem gesellschaftlichen Fortschritt aus, und zwar sowohl im Hinblick auf die Entwicklung der Produktivkräfte als auch bezogen auf die Aufeinanderfolge unterschiedlicher Gesellschaftstypen.

---

50 siehe auch Kap. 2.3.
51 zu ihrer zentralen Bedeutung vgl. auch Dahrendorf/Henning 2012, S. 63.

- Marx geht von einer zunehmenden Entwicklung der Produktivkräfte aus. Gibt es dabei Grenzen?

Marx unterscheidet – insbesondere im „Vorwort zur Kritik der politischen Ökonomie" – verschiedene historische Phasen. Die meisten von ihnen seien geprägt durch die Auseinandersetzung zwischen zwei zentralen Gruppen von Akteuren, von Klassen. Es entsteht eine Abfolge, geprägt durch einen je spezifischen Gegensatz zwischen unterdrückender und unterdrückter Klasse (MEW 4, S. 473). Die erste Phase, die archaische Gesellschaft, ist klassenlos. Die darauffolgende Sklavenhaltergesellschaft ist geprägt durch den Gegensatz zwischen Freien und Sklaven. Es folge der durch den Gegensatz zwischen Leibeigenen und Feudalherren bestimmte Feudalismus. Im Kapitalismus stehen dann Kapitalisten und Proletarier einander gegenüber. Perspektivisch wird Sozialismus erwartet, der geprägt sei durch die Diktatur des Proletariats und übergehe in den Kommunismus als klassenlose Gesellschaft. Während im Sozialismus die Verteilung des gesellschaftlichen Reichtums gemäß der Leistung erfolge, richte sie sich im Kommunismus nach den Bedürfnissen (z. B. Kiss 1972, zit. in Amann 1987, S. 281–284). Dass die Entwicklung durch Fortschritt geprägt sei, zeige sich an der Stellung der unterdrückten Klassen. Die Sklaven mussten ihre ganze Person verkaufen, bei den Proletariern beschränkt sich der Verkauf auf die Arbeitskraft. Sklaven konnte man verkaufen, Leibeigene dagegen nicht. Leibeigene hatten ihre Position häufig ein Leben lang inne, der Proletarier hingegen kann seinen Arbeitsvertrag kündigen (Wallerstein 2010, S. 198). Kritisiert wird an dem Ansatz u. a., dass Konflikte innerhalb von Klassen vernachlässigt würden (Groß 2015, S. 55, gestützt auf Parkin), dass nur jeweils zwei Klassen Berücksichtigung fänden und dass eine Verschärfung der Klassengegensätze empirisch nicht zu beobachten sei (Wallerstein 2010, S. 194). Die beiden erstgenannten Aspekte werden meiner Einschätzung nach von Marx angesprochen, aber argumentativ weniger stark berücksichtigt. Kritisiert wird am Ansatz zudem, dass er von einer zwingenden Entwicklungsnotwendigkeit ausgehe (S. 386) und dass er einen Endpunkt der Entwicklung angebe (Dahrendorf/Henning 2012, S. 60). Marx Vorhersagen haben sich nur begrenzt bestätigt. Der Staatssozialismus nahm eine ganz andere Form an als der von Marx erdachte Sozialismus. Außerdem kam es zu einer von Marx nicht erwarteten Rückkehr zum Kapitalismus (Groß 2015, S. 23).

- Marx orientiert sich bei seiner Vorstellung von einer idealen Gesellschaft an der Pariser Kommune von 1871 (Fetscher 1977, S. 263). Informieren Sie sich über diese und entwickeln Sie eigene Vorstellungen von einer idealen Gesellschaft.

Zentral für die Übergänge zwischen den unterschiedlichen historischen Phasen sind kollektive Kämpfe. Marx nahm an, dass es zu Phasenwechseln durch revolutionäre Umbrüche komme. Dies trifft allerdings nur auf einige Übergänge zu.

Verwiesen sei auf die Industrielle Revolution in England, die bürgerliche Revolution in Frankreich (Dahrendorf/Henning 2012, S. 64 f.) sowie später die einen Sozialismus einleitende Revolution in Russland. Die gesellschaftliche Dynamik entsteht nach Marx dadurch, dass sich die unterdrückte Klasse einer historischen Phase aus ihrer Abhängigkeit befreien will. Dabei geht es nicht um subjektiven Willen, sondern um eine quasi naturgesetzmäßige Notwendigkeit. So steht z. B. für das Proletariat fest, „was es ist, und was es diesem Sein gemäß geschichtlich zu tun gezwungen sein wird" (MEGA I/3, zit. in Dahrendorf/Henning 2012, S. 66). Damit eine Klasse handlungsfähig wird, muss sie nicht nur eine objektive „Klasse für sich" sein, sondern sich auch subjektiv als „Klasse an sich" erfahren (Wallerstein 2010, S. 193). Marx und Engels formulieren in „Das Ende der Philosophie" (zit. in Fetscher 1976, S. 230) für das Proletariat: „Die Herrschaft des Kapitals hat für diese Masse eine *gemeinsame Situation, gemeinsame Interessen* geschaffen"; „findet sich diese Masse zusammen, *konstituiert sie sich als Klasse für sich selbst* [Hervorhebungen im Original]". Es geht um das Bewusstwerden der eigenen Situation, das notwendig ist, um sich zu organisieren und sich gegen die Verhältnisse aufzulehnen. Für das Proletariat wird z. B. im Manifest der kommunistischen Partei gezeigt, um welche Forderungen es dabei geht und wie aus kleineren Kämpfen schrittweise größere werden (MEW 4, S. 470). An das Konzept der Klasse für sich lässt sich anknüpfen. Es handelt sich um einen Bewusstwerdungsprozess, der, gerade wenn man sich für das interpretative Paradigma interessiert, ein wichtiger Untersuchungsgegenstand ist.[52]

* Die Unterscheidung zwischen *Klasse an sich* und *Klasse für sich* ist auf andere kollektive Kämpfe übertragbar. Recherchieren Sie zu Bewusstwerdung und Selbstorganisation eines benachteiligten Kollektivs Ihrer Wahl.

Wie ist die Gesamtgesellschaft strukturiert? Marx geht davon aus, dass die ökonomische Grundstruktur das zentrale, sie prägende Element sei: „Die Gesamtheit dieser Produktionsverhältnisse bildet die ökonomische Struktur der Gesellschaft, die reale Basis, worauf sich ein juristischer und politischer Überbau erhebt, und welcher bestimmte gesellschaftliche Bewusstseinsformen entsprechen." Griffig heißt es: „Es ist nicht das Bewußtsein der Menschen, dass ihr Sein, sondern umgekehrt ihr gesellschaftliches Sein, das ihr Bewußtsein bestimmt" (Marx 1859, zit. in Fetscher 1962, S. 154). Anschaulich wird konkretisiert: „Auf den verschiedenen Formen des Eigentums, auf den sozialen Existenzbedingungen erhebt sich ein ganzer *Überbau* verschiedener und eigentümlich gestalteter *Empfindungen, Illusionen, Denkweisen und Lebensanschauungen* [Hervorhebung

---

52   Eder (1989, S. 32 f.) unterscheidet nützlich zwischen der Wahrnehmung sozialer Ungleichheit, der Erfahrung sozialer Ungleichheit und der Konsistenz des Wissens über soziale Ungleichheit.

im Original]" (S. 159). Der Überbau kann unterschiedlich gestaltet sein. Er kann den ökonomischen Verhältnissen entsprechen, so wenn in Zeiten, in denen das Individuum beginnt, seine Arbeitskraft zu verkaufen, Individuen in Philosophie und Belletristik eine zunehmend wichtige Rolle spielen. Der Überbau kann die ökonomischen Verhältnisse verschleiern, so wenn der Glaube an ein besseres Jenseits Proletarier*innen vom Klassenkampf abhält („Religion als das Opium des Volkes").[53] Er kann aber auch emanzipatorisches Potential entfalten, als Beispiel sei das Theaterstück „Die Hochzeit des Figaro" von Beaumarchais kurz vor der französischen Revolution genannt. Marx Vorstellung vom Primat der Ökonomie wirkte schulbildend. Sie kontrastiert mit anderen Ansätzen wie beispielsweise dem von Parsons, welcher der Kultur das Primat zuspricht und der von einer relativen Unabhängigkeit der unterschiedlichen gesellschaftlichen Systeme voneinander ausgeht.

Manche Einschätzungen zu Marx wurden bereits bei der Vorstellung einzelner seiner Argumentationen berücksichtigt. Einige wichtige Kritikpunkte seien hier zusammengefasst. Beginnen wir mit den ökonomischen Verhältnissen. Marx fokussiere zu stark auf Besitz von Produktionsmitteln. Verfügung und Kontrolle über diese, z. B. durch Manager*innen, sei relevanter (Giddens 1999, S. 280). Entlohnung nur auf Arbeitszeit zu beziehen sei verkürzend. Proletarier*innen würden nicht nur das zwingend zur Reproduktion Notwendige erhalten und sie würden auch nicht verelenden. Die Vielfalt von Einkommensverhältnissen und Arbeitsbedingungen werde theoretisch nicht ausreichend berücksichtigt (Groß 2015, S. 23 f.). Die Bedeutung der Industriearbeiter*innen habe zudem im Laufe des Kapitalismus abgenommen. Die Ausbeutung des globalen Südens werde kaum thematisiert. Problematisiert wird auch das Erfassen gesellschaftlicher Dynamik. Es gebe unterschiedlichste relevante gesellschaftliche Gruppierungen neben den je zwei als antagonistisch angesetzten, zentralen Klassen (Feldmann 2006, S. 41 f.). Zudem werde von einer zwingend notwendigen Entwicklung und von einem Ende der Geschichte ausgegangen (siehe oben). Fokussiert wird schließlich das Menschenbild. Kritisiert wird hier, dass Bedürfnisse als den sozialen Verhältnissen vorgängig betrachtet würden (Marcuse 1938, zit. in Fetscher 1977, S. 460–465). Man könnte hier ergänzen, die Gestaltungsspielräume von Akteuren werden durch die Zuschreibung historisch notwendiger Aufgaben unterschätzt. Das im Frühwerk im Zusammenhang mit Entfremdung entwickelte Menschenbild wird später nicht wieder aufgegriffen.

Marx war ungemein einflussreich. Seine Vorstellungen prägten die Arbeiterbewegung, beeinflussten die Entwicklung in Osteuropa, den Eurokommunismus und die Befreiungsbewegungen im globalen Süden. Er wirkte aber auch innerhalb der Soziologie (vgl. Dahrendorf/Henning 2012, S. 70 f., 78, 82). So bezogen sich emanzipationsorientierte Ansätze auf ihn, wie die Frankfurter Schule um Adorno

---

53 Lenin sprach später von Opium für das Volk.

und Horkheimer und die Cultural Studies in Birmingham (S. 83). Unterschiedlichste Konflikttheorien ließen sich von Marx inspirieren (Pries 2019, S. 207–211; Feldmann 2006, S. 40 f.). Viele Autor*innen griffen die Idee vom Primat der ökonomischen Entwicklung auf.

- In Fetscher (1962; 1976; 1977) sind klassische Texte unterschiedlichster marxistisch orientierter Autor*innen zusammengestellt. Verschaffen Sie sich einen Überblick und vertiefen Sie exemplarisch. Vergleichen Sie dann die Ergebnisse Ihrer Lektüre mit den Ergebnissen anderer.

4.2 Max Weber

Beginnen wir wieder mit einem Text zur Einstimmung.

„§ 5. Die rein bureaukratische, also: die bureaukratisch-monokratische aktenmäßige Verwaltung ist nach allen Erfahrungen die an Präzision, Stetigkeit, Disziplin, Straffheit und Verläßlichkeit, also: Berechenbarkeit für den Herrn wie für die Interessenten, Intensität und Extensität der Leistung, formal universeller Anwendbarkeit auf alle Aufgaben, rein *technisch* zum Höchstmaß der Leistung vervollkommenbare, in all diesen Bedeutungen: formal *rationalste*, Form der Herrschaftsausübung. Die Entwicklung ‚moderner‘ Verbandsformen auf *allen* Gebieten (Staat, Kirche, Heer, Partei, Wirtschaftsbetrieb, Interessentenverband, Verein, Stiftung und was immer es sei) ist schlechthin identisch mit Entwicklung und stetiger Zunahme der *bureaukratischen* Verwaltung: ihre Entstehung ist z. B. die Keimzelle des modernen okzidentalen Staats [Hervorhebungen im Original]“. (Weber 1980, S. 128)

- Zur Lektüre seien empfohlen Weber (1980; 2006) und Kaesler (2002).

Max Weber lebte von 1864–1920. Zeitweise war er psychisch erkrankt. Weber hatte mehrere Professuren inne und war zudem Mitbegründer der Deutschen Gesellschaft für Soziologie (Bernsdorf 1980, S. 485, vgl. detaillierter Kaesler 2002, S. 743–767). Als Autor verfasste er zum einen historisch orientierte Schriften, die Entwicklungen, z. B. im Bereich der Religion, nachzeichneten und deuteten. Daneben legte er theoretische Systematisierungen vor, die nicht nur den Gegenstand der Soziologie eingrenzten, sondern auch deren weitere Entwicklung entscheidend prägten (vgl. Weiß 1992, S. 167).

Weber fasst Soziologie als „eine Wissenschaft, welche soziales Handeln deutend verstehen und dadurch in seinem Ablauf und seinen Wirkungen ursächlich erklären will“ (Weber 1980, S. 1, vgl. bereits Kap. 1.1). In dieser Definition sind wesentliche Grundbegriffe enthalten. Handeln wird von Weber dadurch von Verhalten abgegrenzt, dass ersteres mit einem „subjektiv *gemeinte[n]* Sinn“ verknüpft sei (a. a. O.). So wäre ein Beispiel, sich zu Schminken, im Gegensatz zum Knabbern an Fingernägeln.[54] Handeln wird dadurch zu sozialem Handeln, dass es in „seinem von dem oder den Handelnden gemeinten Sinn nach auf das Verhalten *anderer* bezogen wird und daran in seinem Ablauf orientiert ist" (a. a. O.). Als Beispiel für ersteres nennt Weber ein gleichzeitiges Aufspannen von Regenschirmen (S. 11). Klassisches Beispiel für letzteres ist das gemeinsame Anheben eines Baumstammes. Weitere Begriffe schließen an die genannten Unterscheidungen an: Eine soziale Beziehung ist „ein seinem Sinngehalt nach aufeinander gegenseitig *eingestelltes* und dadurch orientiertes Sichverhalten mehrerer" (S. 13). Ein Beispiel hierfür wäre eine Eltern-Kind-Beziehung. Für das (soziale) Handeln unterscheidet Weber vier Realisierungsformen,

- das zweckrationale, bei dem es um Mittel und ihren Bezug auf „rational, als Erfolg erstrebte und abgewogene *Zwecke*" geht,
- das wertrationale, das ausgeht vom „unbedingten *Eigenwert* eines bestimmten Sichverhaltens […] unabhängig vom Erfolg",
- das affektuelle, das geprägt ist „durch aktuelle Affekte und Gefühlslagen",
- sowie das traditionale, das bestimmt ist „durch eingelebte Gewohnheit" [Hervorhebungen in diesem Absatz im Original] (S. 12).

- Nennen Sie je ein Beispiel für zweckrationales, wertrationales, affektuelles und traditionales soziales Handeln. Sie können auch Mischformen berücksichtigen.

Die genannten Grundgedanken haben weitreichende Implikationen. Zum einen geht es um den Begriff der Handlung. Gesellschaft wird nicht ausgehend vom gesellschaftlichen Ganzen, von Organisationen oder von Interaktionen aus betrachtet. Ansatzpunkt ist das handelnde Individuum. Von ihm ausgehend bilden sich Aggregationen, in denen kollektives Handeln nur als Zusammenspiel individueller Handlungen existiert (vgl. Pries 2019, S. 108, mit Bezug auf Schmid/ Schweikard 2009).[55] Der Handlungsbegriff von Weber ist sehr breit. Er schließt Nichthandeln ein, so heißt es: „Soziales Handeln (einschließlich des Unterlassens oder Duldens)" (Weber 1980, S. 11). Durch diese Breite sei es nicht mehr ermöglicht, Handeln von Nichthandeln abzugrenzen, kritisiert Weiß (1992, S. 82).

---

54 Das Tun von Kindern wird oft in Abhängigkeit davon bewertet, ob sie etwas „mit Absicht" getan haben.

55 Weber (1980) formuliert eindrücklich: „Handeln im Sinne sinnhaft verständlicher Orientierung des eigenen Verhaltens gibt es für uns stets nur als Verhalten von einer oder mehreren *einzelnen* Personen" (S. 6). „Auch eine sozialistische Wirtschaft müßte soziologisch genauso ‚individualistisch', d. h.: aus dem *Handeln der Einzelnen* – der Typen von ‚Funktionären', die in ihr auftreten, – heraus deutend *verstanden* werden [Hervorhebungen im Original]" (S. 9).

Zweiter zentraler Aspekt ist der subjektiv gemeinte Sinn. Ein Sinn muss nicht bewusst sein, er ist aber prinzipiell versprachlichbar (vgl. ähnlich S. 83). Sinn ist nur begrenzt von außen zugänglich (S. 66). Identisches Handeln kann mit unterschiedlichem Sinn verknüpft sein (Kluge 1999, S. 67).[56] Eine wichtige Unterscheidung ist die zwischen Sinn in der alltäglichen Lebenswelt und Sinn auf der Ebene wissenschaftlicher Deutung. Der Gedanke ist bereits bei Weber (1980, S. 1) angelegt und wird von Alfred Schütz aufgegriffen. Er ist zentral für die sogenannte Wissenssoziologie.

Dritter wegweisender Aspekt ist die Unterscheidung von vier Realisierungsformen des sozialen Handelns. Besonderer Fokus liegt auf dem rationalen Handeln. Weber geht davon aus, dass es zunehmend verbreitet ist und besonders gut umgesetzt wird in der Bürokratie. Rationales Handeln ist auch deshalb wichtig, weil es als Vergleichsmaßstab dient, zu dem das tatsächliche soziale Handeln in Beziehung gesetzt werden kann (S. 2 f.). Folgeautor*innen sehen dies anders oder ähnlich. Der *rational-choice*-Ansatz fasst, anders als Weber, rationales Handeln nicht als eine Form des sozialen Handelns, sondern als das soziale Handeln schlechthin (Hill 2002, S. 56). Norbert Elias (1989; 1989a) vertritt, ähnlich wie Weber, die Auffassung, dass es im Laufe des Zivilisationsprozesses zu einer Abnahme affektiven Handelns komme. Die Unterscheidung der vier Realisierungsformen sozialen Handelns ist auch methodisch von Interesse. Sie kann als klassisches Beispiel für die Bildung von Idealtypen gelten. Weber (1980, S. 9) schreibt: „Die Soziologie bildet [...] *Typen*-Begriffe und sucht *generelle* Regeln des Geschehens, im Gegensatz zur Geschichte". Für die Typenbildung werden alle Realisierungsformen systematisiert. Kein Typ existiert in Reinform. Mischformen sind möglich. Weber spricht von Idealtypen, weil sie so in der Empirie nicht vorkommen (S. 9 f.). Eine gute Typologie ist die vorgestellte Unterscheidung der vier Formen sozialen Handelns deshalb, weil sie alle Fälle einschließt. Es gibt kein soziales Handeln, das nicht mindestens einem der vier Typen zuzuordnen ist. Wäre dies der Fall, wäre die entwickelte Typologie unzureichend. Die Bildung von Idealtypen ist ein in der qualitativen Sozialforschung verbreiteter Zugang. Wir werden deshalb in Kap. 8.2.1 auf sie zurückkommen.

Neben Webers eher systematischen Arbeiten stehen seine eher historisch orientierten Untersuchungen. Seine berühmteste Studie in diesem Feld ist „Die protestantische Ethik und der Geist des Kapitalismus" (Weber 2006).[57] Sie bezieht sich auf den Protestantismus im Allgemeinen und auf den Calvinismus im

---

56 auf den subjektiv gemeinten Sinn stellt Schütz (1974, zit. in Amann 1987, S. 194) wichtige Fragen: „1. Was bedeutet die Aussage, der Handelnde verbinde mit seinem Handeln einen Sinn? 2. In welcher Weise ist das alter ego dem Ich als ein Sinnhaftes vorgegeben? 3. In welcher Weise versteht das Ich fremdes Verhalten, a) überhaupt, b) nach dem subjektiv gemeinten Sinn des sich so Verhaltenden?". Es handelt sich um Grundfragen, die auch auf das interpretative Paradigma insgesamt bezogen werden können.

57 als gute Zusammenfassung vgl. auch Weber (1980, S. 717–719).

Besonderen. Der grundlegende Gedankengang ist der folgende: Die Calvinisten gingen davon aus, dass vorherbestimmt sei, ob jemand nach dem Tode in den Himmel komme oder nicht. Dieses stehe laut Prädestinationslehre „[…] durch Gottes ebenso unerforschlichen wie unabänderlichen Ratschluß von Ewigkeit her fest." Die Gläubigen suchten aber nach einem Indikator, denn die Ungewissheit war nur schwer zu ertragen. Sie fanden ihn in der Annahme, „daß Gott seine Arbeit sichtbar segne" (Weber 1980, S. 718), darin, dass „der Erfolg der Arbeit das sicherste Symptom ihrer Gottwohlgefälligkeit" sei. Dies bezog sich auf Berufstätigkeit, auf Kapitalakkumulation und auf einen rational-asketischen Lebensstil (S. 719). Abgelehnt wurden Muße und Genuss sowie eine Orientierung auf eigenen Ruhm (Weber 2006, S. 149, 168). Arbeit galt als „von Gott vorgeschriebener Selbstzweck des Lebens" (S. 153). Typisch war die folgende Grundhaltung: „sich ‚der Arbeit gegenüber verpflichtet' zu fühlen […] oft vereint mit strenger Wirtschaftlichkeit, die mit dem Verdienst und seiner Höhe überhaupt rechnet und mit einer nüchternen Selbstbeherrschung und Mäßigkeit, welche die Leistungsfähigkeit ungemein steigert" (S. 48 f.). Diese Haltung nun, und das ist der Clou der Argumentation, förderte ein den Kapitalismus begünstigendes Handeln: „die Einheit des religiösen Postulats mit dem für den Kapitalismus günstigen Lebensstil ist erreicht" (Weber 1980, S. 719). Dieser Lebensstil löste sich schließlich von der Religion. Es kam zu einem „seines religiös-ethischen Sinnes entkleidete[n] Erwerbsstreben" (Weber 1920, zit. in Hedtke 2014, S. 236).

Webers Darstellung ist von großer Tragweite. Sie zeigt, dass sich die Kultur auf die Ökonomie auswirken kann, und sie verdeutlicht, dass bei einer Verinnerlichung von Arbeitseifer auf äußere Kontrolle zur Produktionssteigerung weitgehend verzichtet werden kann. Die Argumentation ist innovativ, weil sie mit der klassischen Sicht auf Religion als ein durch die Aufklärung zurückgedrängtes Phänomen kontrastiert (Weiß 1992, S. 135). Problematisiert wird, dass mit der protestantischen Ethik nur einer von zahlreichen für zunehmende Rationalisierung verantwortlichen Aspekten erfasst werde (S. 133) und dass eine Gleichzeitigkeit der beschriebenen Grundhaltung und der Entwicklung des Kapitalismus nichts über Ursache-Wirkungs-Beziehungen aussage (Oesterdiekhoff 2001, S. 510).

- In einer kurzen Erzählung von Heinrich Böll (1963) spricht ein Tourist mit einem Fischer, der, nachdem er gefischt hat, am Ufer döst. Der Tourist fragt ihn, warum er nicht erneut Fischen gehe. Je mehr er fische, desto erfolgreicher werde er. Wozu? Dann könne er gemütlich in der Sonne liegen. Der Fischer antwortet, das könne er auch jetzt schon. Der Tourist ist ein wenig neidisch auf die Lebenseinstellung. Entwickeln Sie ausgehend von dieser anekdotischen Darstellung eine Typologie für mögliche Motive zum Arbeiten.

Weber hat seine systematischen und seine historischen Studien in Ausführungen zur Bürokratie als Form rationaler Herrschaft zusammengeführt (vgl. Kaesler 2012, S. 214). Es handelt sich um eine Art der Verwaltung, die sich in den unterschiedlichsten Organisationen ausbreite. Bürokratie ist durch zahlreiche Merkmale charakterisiert (Weber 1980, S. 125–127): Es besteht eine Amtshierarchie. Mitarbeiter*innen haben klar abgegrenzte Zuständigkeitsbereiche und sind prinzipiell austauschbar. Die Stellung wird nicht vererbt. Meist sind die Mitarbeiter*innen vertraglich gebundene Beamte. Diese sind fachlich qualifiziert und verstehen ihre Tätigkeit als Beruf. Berufung oder Beschwerde über ihr Handeln sind möglich. Innerhalb der Institution sind Beschaffungs- und Verwaltungsmittel separiert. Alle Verwaltungsprozesse werden schriftlich dokumentiert.[58]

Wie ist eine zunehmende Verbreitung von Bürokratie zu bewerten? Webers eigene Einschätzung bleibt ambivalent. Positive Aspekte wie „Präzision, Stetigkeit, Disziplin, Straffheit und Verläßlichkeit, also Berechenbarkeit" wurden bereits im Zitat am Kapitelanfang genannt. Problematisch dagegen sind u. a. „ ‚Entmenschlichung', ‚Versachlichung', ‚Verunpersönlichung', ‚Entseelung' " (Weber 1922, zit. in Kaesler 2012, S. 217). Der Umgang mit Einzelfällen wird unterschiedlich eingeschätzt. Zum einen ermöglicht die Bürokratie „Entscheidungen nach einheitlichen Kriterien" (Giddens 1999, S. 329), zum anderen kann sie den Besonderheiten des Einzelfalls nicht immer gerecht werden (Pries 2019, S. 219). Kritisiert wird an Weber, dass er die informellen Strukturen in Organisationen nicht ausreichend berücksichtigt habe (Giddens 1999, S. 328 f.). Schließlich wird gefragt, ob Bürokratisierung wirklich eine zwingende, universelle und unumkehrbare Entwicklung sei. So heißt es bei Kaesler (2012, S. 216 f.), die Entwicklung sei „keineswegs […] unilinear, gesetzmäßig". Es gebe auch gegenläufige Tendenzen.

- Weber spricht bildlich von einem stahlharten Gehäuse (Weber 1920, zit. in Hedtke 2014, S. 236) und bezieht dies auch auf die bürokratische Organisationsform. Welche Vor- und welche Nachteile hat Bürokratie? Wird sie weiter zunehmen?

In der Gesamtschau zeigt sich bei Weber ein gewisser Gegensatz zwischen Gewichtung des individuellen Handelns einerseits und dem Wirken vorgegebener Strukturen wie der Bürokratie andererseits. Die dargestellten Strukturen können auf das Individuum zurückwirken (vgl. Treiber 2007, S. 60). Max Webers Arbeiten hatten einen großen Einfluss auf die Soziologie. Seine Entwicklung einer Handlungstheorie prägte die allgemeine Soziologie entscheidend und auch in speziellen Soziologien wie der Religions-, der Kultur- und der Organisationssoziologie zeigen sich wichtige Einflüsse.

---

58 verwiesen sei auf Pries (2019, S. 216) mit anschaulichem Zitat und überzeugender Systematisierung.

4.3 Emile Durkheim

„Grundpfeiler dieser Gemeinschaft ist die Existenz einer bestimmten Zahl von Dogmen und Praktiken, die allen Gläubigen gemeinsam, traditionell geworden und damit verpflichtend sind. Je zahlreicher und stärker diese Kollektiverscheinungen sind, desto geschlossener ist die religiöse Gemeinschaft in sich. Umso mehr hat sie Schutzfunktion. Die Einzelheiten der Dogmen und Praktiken sind sekundär. Das Wesentliche ist ihre Eignung, einem kollektiven Dasein genügend Inhalt zu geben. Und weil die protestantische Kirche nicht denselben Grad von Konsistenz hat wie die anderen, hat sie auf den Selbstmord auch nicht die gleiche mäßigende Wirkung" (Durkheim 1983a, S. 184 f.).

- Als Lektüre erscheinen geeignet Durkheim (1970; 1983).

Emile Durkheim wurde 1858 geboren und starb 1917 in Paris. Er hatte Professuren für Sozialwissenschaften/Soziologie und Pädagogik in Bordeaux und an der Sorbonne in Paris inne. Durkheim gründete die Zeitschrift „L'Année Sociologique", die in seiner Tradition fortgeführt wurde (Maus/Krämer 1980, S. 105 f.). Er arbeitete u. a. mit Marcel Mauss und Maurice Halbwachs zusammen. Sein Hauptwerk wurde erst recht spät ins Deutsche übersetzt (Bogusz/Delitz 2013, S. 15, 18). Eine schöne Zusammenfassung seiner wesentlichsten Veröffentlichungen findet sich in König (1970).

Grundlegende Gedanken zur Soziologie formulierte Durkheim (1970) in „Die Regeln der soziologischen Methode". Wir sahen bereits, dass er soziale Tatsachen auf soziale Tatsachen zurückführen will. Was genau aber sind diese *faits sociaux*? In Durkheims eigenen Worten:

„Hier liegt also eine Klasse von Tatbeständen von sehr speziellem Charakter vor: sie bestehen in besonderen Arten des Handelns, Denkens und Fühlens, die außerhalb der Einzelnen stehen und mit zwingender Kraft ausgestattet sind, kraft deren sie sich ihnen aufdrängen" (S. 107).

Das Soziale hat also etwas Einschränkendes. Es übt einen Zwang aus. Es ist dem Individuum äußerlich. Die Ursachen sozialer Tatbestände können nach Durkheim nur in anderen sozialen Tatbeständen und *„nicht in den Zuständen des individuellen Bewußtseins gesucht werden* [Hervorhebung im Original]" (S. 193). Beispiele für soziale Tatsachen sind Arbeitsteilung oder Schulpflicht. Institutionen kommen bei Durkheim eine besondere Bedeutung zu (Gukenbiehl 2016, S. 175). Materialisierungen wie das Recht sind eine präferierte Untersuchungsebene (z.B. Durkheim 1988, S. 184). Recht spiegelt menschliches Handeln aber nicht direkt wider und verändert sich auch langsamer als dieses. Methodisch geht Durkheim unterschiedlich vor. Zum einen untersucht er ethnographisch traditionelle, segmentäre Gesellschaften, so in Studien zu den Arunta in Australien, um durch eine Kontrastierung das Spezifische moderner Gesellschaften herauszuarbeiten (Bogusz/Delitz 2013, S. 23–25). Zum anderen arbeitet er statistisch. Dabei unterscheidet er zwischen Ursache und Funktion (Durkheim 1970, S. 181). Ursachen werden über statistische Korrelationen erfasst. Dabei gelte: *„Zu derselben Wirkung gehört stets dieselbe Ursache* [Hervorhebung im Original]" (S. 208), eine nicht unstrittige Position. Ist die Ursache geklärt, sei es Aufgabe des Soziologen, die Funktion zu bestimmen. Die Suche nach statistischen Regelmäßigkeiten wurde zu der zentralen Methode der Soziologie. Sie ist bei Durkheim angelegt (vgl. Bogusz/Delitz 2013, S. 17).

- Nennen Sie eine Sie interessierende, soziologische Fragestellung, die mit Hilfe einer statistischen Untersuchung zu beantworten wäre.

Ein Beispiel für das von Durkheim vorgeschlagene Verfahren zur soziologischen Nutzung von Statistiken ist seine Studie zum Selbstmord. Zunächst müsse sich der Forschende von Voreinstellungen lösen und eine vom Alltagsverständnis abzugrenzende Definition des Begriffes – in diesem Fall des Selbstmordes – entwickeln (Durkheim 1983a, S. 24–29).

„Man nennt Selbstmord jeden Todesfall, der direkt oder indirekt auf eine Handlung oder Unterlassung zurückzuführen ist, die vom Opfer selbst begangen wurde, wobei er das Ergebnis seines Verhaltens im Voraus kannte [Hervorhebung im Original]" (S. 27).

- Welche Motive für Selbstmord könnte es geben?

Durkheim selbst fragt für ein so individuelles Phänomen wie Selbstmord nicht nach individuellen Gründen (Bogusz/Delitz 2013, S. 12). Er stellt fest, dass die Selbstmordrate, also die Anzahl der Selbstmorde bezogen auf die Bevölkerungszahl, relativ stabil ist und sogar regelmäßiger verläuft als die Sterberate (Durkheim 1983a, S. 32 f.). Wenn es also gesellschaftsspezifische Häufigkeiten für Selbstmorde gebe, müsse es auch gesellschaftsbezogene Ursachen hierfür geben. Durkheim betrachtet detailliert Häufigkeitsverteilungen von Selbstmorden. Er führt keine eigenen Erhebungen durch, sondern nutzt vorliegende Statistiken und überprüft anhand dieser, ob Selbstmordraten korrelieren mit Faktoren wie Geschlecht, Alter, Familienstand, Nachwuchs. Besonders interessant erscheint ihm das Ergebnis, dass Selbstmorde in protestantisch geprägten Gesellschaften häufiger sind als in katholisch geprägten Gesellschaften (S. 162). Er versucht intervenierende Variablen auszuschließen, indem er protestantisch und katholisch geprägte Gegenden innerhalb eines Landes vergleicht und indem er berücksichtigt, ob die jeweilige Konfession in einer Minderheits- oder einer Mehrheitsposition ist (S. 163–166).

Die größere Häufigkeit von Selbstmorden in protestantisch geprägten sozialen Kontexten wird innovativ gedeutet. Sie sei nicht auf spezifische Glaubensinhalte, sondern auf eine geringere Ausprägung von geteilten Überzeugungen und Praktiken zurückzuführen (vgl. Eingangszitat des Kapitels).[59] Besteht eine stärkere kollektive Einbindung, schützt dies vor Selbstmord. Wenn Religion soziale Einbindung nur noch begrenzt sichert, stellt sich die Frage, ob andere soziale Einheiten die Bindungsfunktion übernehmen können. Durkheim setzt auf die Berufsgruppen. Sie seien hierfür besonders geeignet, weil sie den Alltag sehr weitgehend prägen, weil sie mit ähnlichen Interessen verknüpft sind und weil sie mit Verbandsbildungen einhergehen (S. 449 f.).

Für den Selbstmord unterscheidet Durkheim drei Typen. Kriterium ist auch hier die soziale Einbettung (S. 332).[60]

- Der *egoistische Selbstmord* ist Ausdruck einer „überspitzten Vereinzelung" (S. 324). Typisch ist eine „Lockerung des sozialen Gefühles" (S. 326). Der Täter hat sich „von der Gesellschaft losgelöst" (S. 332).
- Der *altruistische Selbstmord* dagegen ist geprägt von einem „ruhigen Gefühl erfüllter Pflicht" oder von „mystischer Begeisterung" (S. 339). Dabei ist häufig ein „religiöser, moralischer oder politischer Glaube" zentral (S. 328).
- Der dritte Typ schließlich, der *anomische Selbstmord*, wird charakterisiert durch „Handlungen, die keiner Norm unterliegen" (S. 329), und ein „Gefühlsleben", das „überreizt und gestört" ist. Zentral ist: „die gesellschaftlichen Bindungen [sind] gestört" (S. 331). Es bestehe eine soziale Desorganisation, die unterschiedliche Ursachen haben könne, z. B.: einen plötzlichen sozialen Wandel, sei es in positiver oder in negativer Richtung (S. 278 f.). Durkheim fasst Anomie generell als fehlende soziale Bindungskraft: Sie „entsteht […] dadurch, daß es an bestimmten Stellen innerhalb der Gesellschaft an Kollektivkräften fehlt, das heißt an Gruppen, die zur Regelung des Lebens in der Gesellschaft geschaffen sind" (S. 454).

Ein monokausaler Ansatz zur Erklärung von Selbstmord wird zu Recht kritisiert, aber die vorgestellte Typologie ist von übergeordnetem Interesse, weil Durkheim hier den Begriff der Anomie einführt.

- Inwiefern führte die Ende 2019 ausgebrochene Corona-Pandemie zu anomischen Zuständen?

---

59 siehe ähnlich auch Müller (2012, S. 176): Der spezifische Umgang mit Religion „legt den Protestanten einen Weg zu Gott ohne Vermittlung der Kirche nahe."
60 Manche Aspekte könnten allerdings auch als individuelle Motive verstanden werden.

Kommen wir zu einer weiteren wichtigen Veröffentlichung von Durkheim. In seiner Dissertation „Über soziale Arbeitsteilung" (Durkheim 1988) kontrastiert er segmentäre und funktional differenzierte Gesellschaften. Erstere, wie z. B. Jäger und Sammler oder die antike Polis (König 1970, S. 31), seien geprägt durch eine mechanische Solidarität. Dieser bildliche Ausdruck verweist darauf, dass die einzelnen Segmente der Gesellschaft gleichartig und auf einfache, gleichsam mechanische Weise miteinander verbunden sind. Demgegenüber stehe die organische Solidarität der moderneren Gesellschaft. Ebenfalls bildlich gesprochen sind hier die Teile wie in einem komplexen biologischen Organismus zum einen sehr unterschiedlich und recht autonom und zum anderen auf das Funktionieren des Ganzen ausgerichtet und von diesem abhängig (Durkheim 1988, S. 182 f.). Diese bildlichen Vergleiche sind nicht neu. Bereits Herbert Spencer sprach von organischer Solidarität (S. 10 f.).

• Macht es Sinn, eine moderne Gesellschaft mit einem biologischen Organismus zu vergleichen?

Für den Übergang zwischen den zwei unterschiedlichen Gesellschaftsformen ist vor allem die Arbeitsteilung zentral. Über sie wurde zur Zeit von Durkheim viel diskutiert (Müller 2012, S. 171). Die Arbeitsteilung führe zu einer Ausdifferenzierung von Berufen und zeige sich auch außerhalb der Arbeitswelt (Durkheim 1988, S. 183). Der soziale Wandel werde außerdem hervorgerufen durch Bevölkerungswachstum, Urbanisierung und Ausbau der Infrastruktur (Müller 2012, S. 173). In beiden Gesellschaftsformen dominieren unterschiedliche Moralvorstellungen sowie Rechtsformen, gefasst als die „sichtbarsten externen Indikatoren der Moral" (Lukes/Prabhat 2013, S. 156). So ist das Recht in der segmentären Gesellschaft repressiv. Ziel ist es, den/die Täter*in zu bestrafen. Die Strafen sind diffus. Typische Verbrechen sind Sakrileg, Blasphemie und Königsmord. In funktional differenzierten Gesellschaften dagegen ist das Recht restitutiv. Ziel ist die Wiederherstellung der Ordnung. Strafen werden durch klar definierte Institutionen ausgesprochen. Verbrechen richten sich gegen Personen. Beispiele sind Vertrags-, Verwaltungs- und Zivilrechet (Durkheim 1988, S. 5–11; Lukes/Prabhat 2013, S. 155 f., 168, auch mit Bezug auf Joas 2004). Durch den gesellschaftlichen Wandel ändere sich das Kollektivbewusstsein sowie sein Anteil am menschlichen Bewusstsein. In segmentären Gesellschaften decke das kollektive Bewusstsein quasi das ganze Bewusstsein ab. In modernen Gesellschaften dagegen seien der Anteil der individuellen Elemente größer und die kollektiven Elemente stärker auf gesellschaftliche Teilgruppen bezogen (Durkheim 1988, S. 181–183). Später änderte Durkheim seine Auffassung: Der Anteil des Kollektivbewusstseins bleibe gleich. Es würden sich nur seine Inhalte ändern (Lukes/Prabhat 2013, S. 158).

Zu fragen ist, ob es zu dem angegebenen sozialen Wandel kommt und wie diese Entwicklung ggf. zu bewerten ist. Durkheim selbst nahm die Dichotomie von mechanischer und organischer Solidarität in seinem weiteren Werk nicht wieder auf (S. 157). Eine Kontrastierung von traditionellen und modernen Gesellschaften wird heute recht grundsätzlich problematisiert.[61] Dennoch, Durkheims Betonung der Arbeitsteilung und seine Einschätzung dieser bleiben zentral: Die Entwicklung führe zu höherer Freiheit und mehr Möglichkeiten individueller Ausgestaltung auf der einen und zu erhöhter Abhängigkeit voneinander auf der anderen Seite (Durkheim 1988, S. 183). Durkheims Unterscheidung von Bewusstseinsinhalten bietet zudem Anknüpfungspunkte für die Individualisierungstheorie.[62]

Versuchen wir eine Würdigung Durkheims und seines Einflusses auf die Soziologie insgesamt.

1) Durkheim ging nicht vom Individuum aus, sondern vom gesellschaftlichen Ganzen und den in ihm bestehenden Institutionen (Maus/Krämer 1980, S. 106). Diese neben der Handlungstheorie bestehende Perspektive ist grundlegend und wurde z. B. von der Systemtheorie aufgegriffen (vgl. Müller 2012, S. 182).

2) Durkheim (1970, S. 107) sprach im Hinblick auf soziale Tatsachen von einer „zwingende[n] Kraft", mit der sich diese den Individuen „aufdrängen". Das wurde von manchen Soziologen positiv hervorgehoben, so von Theodor W. Adorno (Bogusz/Delitz 2013, S. 19). Andere Autor*innen, wie beispielsweise Giddens (1984, S. 198), stellen den Ermöglichungscharakter sozialer Strukturen stärker in den Vordergrund.

3) Bei Durkheim wird die große Bedeutung sozialer Einbindung deutlich. Kollektives Bewusstsein und kollektive Praktiken sind für ein funktionierendes Zusammenleben essentiell. Dies kann als Verweis auf die besondere Relevanz der Soziologie insgesamt gewertet werden.

Viele von Durkheims Ausführungen gelten inzwischen als selbstverständlich. Oft werden Weiterentwicklungen rezipiert, ohne sie auf den Durkheim'schen Ursprung zurückzuführen. Insbesondere in Frankreich beeinflusste Durkheim die Sozialwissenschaften stark. Theoretiker wie Lévi-Strauss, Foucault und Bourdieu

---

61 Zentrale Kritikpunkte sind: Die Entwicklung verläuft nicht linear und es gibt fließende Übergänge. Der Wandel findet nicht in allen betroffenen Bereichen gleichzeitig statt. Traditionelle Gesellschaften enthalten auch Elemente von modernen Gesellschaften und umgekehrt. Der Fortschrittsgedanke ist problematisch. Es gibt Pfadunterschiede, also verschiedene Entwicklungsverläufe in unterschiedlichen Gesellschaften (vgl. auch Treibel 1999, S. 14 f. mit Bezug auf Lepsius 1977).

62 Weitere Würdigungen dieser Studie seien genannt. Nach Gurvitch (1938, zit. in König 1970, S. 30) beeinflusste Durkheims Vorstellung von einem Kollektivbewusstsein die Soziologie entscheidend. Aus Sicht von Parsons (1949, zit. a. a. O., S. 33–35) war es originell, das Einhalten von Verträgen nicht durch einen „soziologischen ‚Atomismus' " zu erklären, sondern auf kollektiv Geteiltes zu verweisen, dessen Berücksichtigung notwendig ist für die Einhaltung von Verträgen.

bezogen sich auf ihn (Müller 2012, S. 180 f.). Aktuelle empirische Studien, die sich theoretisch in der Tradition von Durkheim verorten, gibt es zu so unterschiedlichen Themen wie Gleichstellung von Homosexuellen, Folter in Abu Ghraib und Äußerungen des Bundespräsidenten zum Krieg in Afghanistan (Bogusz/Delitz 2013, S. 33).

4.4 Georg Simmel

„Es gibt vielleicht keine seelische Erscheinung, die so unbedingt der Großstadt vorbehalten wäre, wie die Blasiertheit. Sie ist zunächst die Folge jener rasch wechselnden und in ihren Gegensätzen eng zusammengedrängten Nervenreize, aus denen uns auch die Steigerung der großstädtischen Intellektualität hervorzugehen schien […]. Wie ein maßloses Genußleben blasiert macht, weil es die Nerven so lange zu ihren stärksten Reaktionen aufregt, bis sie schließlich überhaupt keine Reaktion mehr hergeben – so zwingen ihnen auch harmlosere Eindrücke durch die Raschheit und Gegensätzlichkeit ihres Wechsels so gewaltsame Antworten ab, […] daß sie ihre letzte Kraftreserve hergeben […]. Die so entstehende Unfähigkeit, auf neue Reize mit der ihnen angemessenen Energie zu reagieren, ist eben jene Blasiertheit […]“ (Simmel 1995i, S. 121).

- Zur Lektüre sei die Essaysammlung Dahme/Rammstedt (1995) empfohlen. Thematisch strukturiert und aktuell ist Müller (u. a. 2018).

Simmel wurde 1858 in Berlin geboren und starb 1918 in Straßburg. Seine Eltern waren Juden, die zum Christentum konvertierten. Simmel war Mitbegründer der Deutschen Gesellschaft für Soziologie. Er war aber nicht nur Soziologe, sondern auch Philosoph. Seine akademische Karriere war von mehreren Misserfolgen geprägt. Sie endete aber schließlich mit einer Stelle als Ordinarius an der Universität in Straßburg (Nedelmann 1999, S. 127–129, 180). Simmels Arbeiten wurden in den USA schon früh, in Deutschland aber erst eher spät rezipiert (S. 144 f., 149).

Einige soziologische Arbeiten Simmels werden formale Soziologie genannt, weil sie unterschiedliche formale Aspekte zum Ausgangspunkt nehmen und weil sie die Unterscheidung zwischen Form und Inhalt einführen. Simmel nennt als zentrale formale Dimensionen Zeit, Raum und Zahl (Dahme/Rammstedt 1995, S. 30). Für Zeit wird unterschieden zwischen Nacheinander/Nebeneinander, Tempo und Rhythmus (Nedelmann 1999, S. 140). Die zeitliche Ebene wird von Simmel recht wenig untersucht (Dahme/Rammstedt 1995, S. 30). Dem Raum dagegen widmet er einen eigenen Aufsatz (Simmel 1995i). Simmel zeigt, dass manche „Vorgänge sich eben nur unter ganz bestimmten Raumbedingungen verwirklichen können“ (S. 222). Es geht um so unterschiedliche Aspekte wie Räumlichkeit des Staates (S. 223), soziale Nähe bei räumlicher Distanz (S. 239) und Bedeutung von Nachbarschaft je nach räumlichem Kontext (S. 235). Im Hinblick auf die Zahl entwickelte Simmel einen innovativen Gedanken. Es bestehe eine Spezifik von Gruppen, die entstehen, sobald sich mindestens drei Individuen zusammenfinden (Simmel 1995k; 1995f., S. 259): Es „pflegen [...] drei sogleich drei Parteien – zu je zweien – zu bilden". Dem Dritten kommt dabei eine besondere Funktion zu. Er kann zwischen den beiden anderen vermitteln, er kann von Streit unter diesen profitieren und er kann selbst Konflikte zwischen den beiden anderen auslö- sen (Amann 1987, S. 150; Freund 1976, S. 93–96). Dieselbe Möglichkeit besteht bei größeren Gruppen. So kommt Simmel zu dem verblüffenden Ergebnis, dass Dreizahl und eine beliebig große Mehrzahl mehr gemeinsam haben als Dyade und Dreizahl (S. 91). Am Ansatz kritisiert wird, dass das Konfliktpotential des Dritten stärker gewichtet werde als seine ebenfalls möglichen vermittelnden und versöhnenden Einflüsse (S. 97).[63]

- Überlegen Sie sich ein soziales Phänomen, für das die Zahl ein wichtiges Merkmal ist.

Der zweite zentrale Aspekt der formalen Soziologie ist die Unterscheidung zwi- schen Form und Inhalt. Unter Inhalt versteht Simmel „Trieb, Interesse, Zweck, Neigung, psychische Zuständlichkeit und Bewegung" (Simmel 1908, zit. in Amann 1987, S. 147), also die psychologische Ebene. Form dagegen ist das Insti- tutionelle, das Soziale, wie beispielsweise eine Familie oder ein Betrieb (S. 148). Zwischen beiden können unterschiedliche Beziehungen bestehen. So ist möglich, dass verschiedene Inhalte einer Form zugeordnet werden, wie z.B. die Inhalte Liebe und Streben nach Sicherheit der Form Ehe oder dass einem Inhalt unter- schiedliche Formen entsprechen, so beispielsweise dem Inhalt Gewinnstreben die Formen Betriebe oder Monopolbildung (vgl. auch Nedelmann 1999, S. 134, 136). Simmel bezieht den bei ihm zentralen Begriff der Wechselwirkungen auch auf das Verhältnis zwischen Form und Inhalt, eine Unterscheidung, durch die er zugleich eine Abgrenzung zwischen Soziologie und Psychologie vornimmt (vgl. auch Dahme/Rammstedt 1995, S. 21, 23).

Interessanter als Simmels Unterscheidungen im Bereich der formalen So- ziologie scheinen mir seine Ausführungen zur modernen Gesellschaft. Zentral ist hier zum einen – wie bereits bei Durkheim – die Arbeitsteilung, gefasst als „Zerlegung und Spezialisation der seelischen wie der sachlichen Erscheinun- gen" (Simmel 1995g, S. 128). Simmel ergänzt aber Geldwirtschaft und Urbani- sierung als wichtige Elemente moderner Gesellschaften. Beginnen wir mit der

---

63 Simmel (1995a) selbst grenzte sich von einer verengt positiven Sicht auf das Soziale ab. Er wandte sich gegen eine Reduzierung der Dynamik von Gruppenprozessen auf prosoziale Aspekte. Negative Aspekte seien ebenfalls präsent und ebenso wichtig (S. 173). Als ein Beispiel nennt er die Konkurrenz um die Gunst des Dritten (S. 176).

Geldwirtschaft. Durch das Geld ist kein Passungsverhältnis mehr nötig zwischen gewünschten Produkten und Dienstleistungen auf der Seite von Anbietenden und Nachfragenden. Mit dem für ein Produkt oder eine Dienstleistung erhaltenen Geld können beliebige andere Produkte oder Dienstleistungen erworben werden. Dies führt einerseits zu größerer Unabhängigkeit vom einzelnen Tauschpartner, andererseits aber zu größerer Abhängigkeit von Tauschpartner*innen insgesamt, denn das Geld selbst ist nicht konsumierbar. Durch Geldwirtschaft steigen die Zahl der Austauschpartner*innen und die Zahl der erreichbaren Objekte (Simmel 1995h, S. 83, 88 f.). Dabei kann die Interaktion mit dem/der Tauschpartner*in auf eine einmalige Transaktion und auf den bloßen Austausch von Ware gegen Geld beschränkt werden. Dadurch verschwindet die Persönlichkeit hinter der Transaktion. Die Tauschbeziehung sei gekennzeichnet durch „ihre Anonymität, die Gleichgültigkeit gegen ihre Individualität" (S. 83). Geldwirtschaft führe zur Entwicklung spezifischer psychischer Dispositionen. Da alles in Geldeinheiten umgerechnet werden müsse, werden „Exaktheit, Schärfe, Genauigkeit" wichtig (S. 91). Weil die Häufigkeit der Geld involvierenden Transaktionen zunimmt, sind Tempo und Rhythmus von Bedeutung (S. 92). Da alles in Geld umgerechnet wird, verlieren die Objekte ihre spezifische Qualität. Als Folge „muß die feine Empfindlichkeit für die spezifischen und individuellen Reize der Dinge sich mehr und mehr zurückbilden" (S. 86). Typisch ist ein ständiges Streben nach Geld. Dieses führt zum einen zu einem „Gefühl innerer Unabhängigkeit" (S. 82), einem Gefühl der „Sicherheit und Ruhe" (S. 90), weil es spätere Bedürfnisbefriedigung ermöglicht. Die Ausrichtung auf Gelderwerb führt aber zugleich zu „Unruhe, Fieberhaftigkeit und Pausenlosigkeit" (S. 89), die mit „Spannung, Erwartung, ungelöstem Drängen" verknüpft sind (S. 88), nicht nur wegen der Häufigkeit geldbezogener Transaktionen, sondern auch weil das Geld selbst nicht Bedürfnisbefriedigung ermöglicht (S. 85 f.). Zusammenfassend heißt es an anderer Stelle, die durch Geldwirtschaft entstehenden sozialen Bezüge seien nicht durch Gefühl, sondern durch den Intellekt geprägt:

> „Alle Gemütsbeziehungen zwischen Personen gründen sich auf deren Individualität, während die verstandesmäßigen mit den Menschen wie mit Zahlen rechnen, wie mit an sich gleichgültigen Elementen, die nur nach ihrer objektiv abwägbaren Leistung ein Interesse haben" (Simmel 1995i, S. 118).

Die durch unterschiedliche Aspekte der Geldwirtschaft geförderten psychischen Dispositionen führen zur Ausbildung einer spezifischen Lebensweise. Kontakte werden flüchtiger und oberflächlicher. Individuelle Wahl- und Gestaltungsmöglichkeiten nehmen zu. Es kann zu einer Sinnentleerung des Lebens kommen, wenn der Bezug auf die bedürfnisbefriedigenden Objekte verloren geht (Simmel 1995h, S. 85, 87).

- Präzisieren Sie das Verhältnis von Dagobert Duck zum Geld.

Simmels Studien zur Bedeutung des Geldes werden von manchen Autor*innen als sein wichtigster Beitrag zur Soziologie gesehen (Lichtblau 1997, S. 150, 153, 163, auch mit Bezug auf Rehberg 1994). Entscheidend ist aus meiner Sicht: Hier wird deutlich, dass Simmel nicht nur der klassische Mikrosoziologe ist – was Dahme/ Rammstedt (1995, S. 25 mit Bezug auf Nedelmann 1980 und Levine 1981) zu Recht betonen –, sondern dass eine seiner besonderen Leistungen darin besteht, mikrosoziologische Phänomene makrosoziologisch zu begründen (S. 27).[64]

- Manche Stadtteilzentren bieten Tauschbörsen an. Finden Sie das sinnvoll?

Im Hinblick auf Urbanität argumentiert Simmel ähnlich. Das Individuum sei im urbanen, öffentlichen Raum zahlreichen, kurzen und ständig wechselnden Reizen ausgesetzt (Simmel 1995i S. 116). Dies führe zu spezifischen psychischen Dispositionen. Der Reizüberflutung werde begegnet mit einer gewissen inneren Distanz, einer Reserviertheit und Blasiertheit (S. 122, vgl. auch das Zitat am Anfang des Kapitels). Simmel spricht von einer „gegenseitigen Reserve und Indifferenz" (S. 126). Für das urbane Individuum werden unmittelbar wahrnehmbare Äußerlichkeiten wie Kleidung wichtiger. In die permanent stattfindenden Interaktionen bringt sich der Mensch nur mit einem geringen Teil seiner selbst ein. Dies führt zu einer gewissen inneren Freiheit. Wie beim Geld so führen auch hier typische, makrosoziologisch bedingte Interaktionsformen zu psychischen Dispositionen, die dann selbst sozial relevant werden.

- In vielen Städten gibt es inzwischen Urban-Gardening-Projekte. Was halten Sie davon?

Dritter wichtiger Arbeitsbereich von Simmel sind kleinere kulturwissenschaftliche Studien. Von den vorliegenden Essays werden vier exemplarisch genannt, und zwar je zwei, die von äußeren Gegenständen ausgehen und je zwei die an inneren Befindlichkeiten ansetzen. Beginnen wir mit der sich auf äußere Gegenstände beziehenden Mode. Mode zeichnet sich dadurch aus, dass sie häufig wechselt, aber zugleich als Mode selbst bestehen bleibt (Simmel 1995b, S. 138).[65] Moden sind nach Simmel in erster Linie Klassenmoden, die es höherstehenden Klassen ermöglichen, sich gegenüber niedrigerstehenden Klassen abzugrenzen

---

64 Simmel (1989, zit. in Flotow/Schmidt 2000, S. 64) selbst formuliert diesen Anspruch: es gehe ihm u. a. darum, die „geschichtliche Erscheinung des Geldes […] in ihren Wirkungen auf die innere Welt: auf das Lebensgefühl der Individuen, auf die Verkettung ihrer Schicksale, auf die allgemeine Kultur" zu untersuchen.

65 Lichtblau (1997, S. 148) spricht in diesem Zusammenhang von „einer ‚Dialektik des Neuen und Immergleichen' ".

(S. 132 f.).[66] Der Mode zu folgen oder nicht zu folgen ist eine individuelle Entscheidung (S. 135). Bei Mode besteht ein Spannungsverhältnis zwischen Nachahmung auf der einen und individueller Differenzierung auf der anderen Seite (S. 132).

- Äußern Sie sich zum Phänomen Mode aus ökonomischer Sicht.

Ein zweiter äußerer Gegenstand, an dem Simmel ansetzt, ist der Schmuck. Er ist zumeist wertvoll und es kann auf ihn verzichtet werden (Simmel 1995d, S. 160 f., 164). Der Schmuck verweist auf die Person, die ihn trägt, und soll dieser Anerkennung von anderen verschaffen (S. 159, 166). Damit unterscheidet er sich vom Kunstwerk, das auf sich selbst verweist (S. 164). Beim Schmuck zeigt sich ein Spannungsverhältnis, das dem für die Mode typischen ähnlich ist. Es geht um das „Für-sich-sein" einerseits und das „Für-andere-sein" andererseits (S. 160).

- Welche Beziehungen zwischen Schmuck und Mode sind möglich?

An innerer Befindlichkeit setzt Simmel an in seinem Essay zur Scham. Ein klassisches Beispiel für Scham ist die Thematisierung von Sexualität. Simmel fasst den Begriff aber breiter. Er definiert Scham folgendermaßen: „Indem man sich schämt, fühlt man das eigene Ich in der Aufmerksamkeit anderer hervorgehoben und zugleich, daß diese Hervorhebung mit der Verletzung irgendeiner Norm (sachlichen, sittlichen, konventionellen, personalen) verbunden ist" (Simmel 1995c, S. 141). In den Worten von Neckel (1991, S. 99): Es besteht eine „Diskrepanz zwischen dem Selbstbild eines Akteurs und dessen unvollkommener Realisierung": Simmel nennt diverse Aspekte. Schämen kann man sich auch für etwas, für das man gar nicht verantwortlich ist. Es ist möglich, sich vor sich selbst hervorgehoben zu fühlen. Scham kann sich auch auf kollektives Handeln beziehen (Simmel 1995c, S. 148, 144). Scham verweist auf einen geschützten privaten Raum: „Jede Persönlichkeit ist von einer gewissen Sphäre von Reserve und Unnahbarkeit umgeben" (S. 142). „Das Schamgefühl bewahrt uns […] davor, das Innerste unseres Wesens nach außen zu wenden" (Neckel 1991, S. 85).

- Ruth Benedict unterscheidet zwischen Scham- und Schuldkulturen. Recherchieren Sie hierzu.

Ein anderer an innerer Befindlichkeit ansetzender Essay von Simmel thematisiert Diskretion. Simmel (1995e, S. 152) verweist damit auf den Interaktionspartner, und zwar auf „den ungestört eigenen Besitz seines Seins und Bewußtseins". Art und Ausmaß der Diskretion hängen von der Art der sozialen Beziehung ab. Für eine Bekanntschaft ist typisch, „daß man sich von der Kenntnis alles dessen am

---

66 siehe auch Bourdieu (1982a) zur Distinktion in Kap. 2.3.

anderen fernhält, was er nicht positiv offenbart" (S. 151). Für alle sozialen Beziehungen aber gilt, Verstöße gegen die Diskretion sind unvermeidlich (S. 152). Dabei ist zu berücksichtigen, dass in Interaktion jeder den anderen mehr von sich offenbart als er selbst bewusst kontrollieren kann (S. 153). Wie bei der Scham so fokussiert Simmel auch bei der Diskretion auf die Grenzen dessen, was der/die Einzelne in der Interaktion über sich selbst preisgeben möchte.

Die Einschätzungen zu Simmel unterscheiden sich in Abhängigkeit davon, ob primär die formelle Soziologie, die Ausführungen zu modernen Gesellschaften oder die kleineren kulturwissenschaftlichen Studien rezipiert werden. Der marxistische Autor Lukács (1954, zit. in Lichtblau 1997, S. 145 f.) kritisiert die kultursoziologischen Studien Simmels. Es werde nur die „ ‚Oberfläche' der kapitalistischen Gesellschaft" erfasst. Andere, wie Hughes und Nisbet, schätzen gerade diese „feinsinnigen, sozialpsychologischen Analysen scheinbar unbedeutender Dinge des Alltags" (Dahme/Rammstedt 1995, S. 28). Innovativ an Simmels Studien zu Arbeitsteilung, Geldwirtschaft und Urbanität ist, dass aus diesen makrosoziologischen Phänomene makrosoziale Besonderheiten abgeleitet werden (siehe oben). Nicht nur in der formellen Soziologie, aber auch dort, zeigt sich, dass Simmel Mikrosoziologie als ein eigenständiges Untersuchungsfeld etabliert (siehe oben).

Auch Ihnen vielleicht bekannte, große Soziologen der Gegenwart haben sich mit Simmel auseinandergesetzt. Jürgen Habermas (1983, zit. in Lichtblau 1997, S. 148 f.) würdigt ein „empfindliches Sensorium für zeittypische Reize, für ästhetische Neuerungen, für geistige Tendenzwenden und für Orientierungsumschwünge". Zygmunt Baumann (1992, zit. a. a. O., S. 157) spricht von einem „Weg hin zu einer ‚zersplitterten, fragmentarischen, episodischen Wahrheit', die keinen Platz mehr für die Allmachtsvorstellungen einer ‚großen' Theorie aus einem einheitlichen Guß zuläßt".

- Welche Argumentationen von Simmel gefallen Ihnen besonders gut und warum?

4.5   Vergleich zwischen Marx, Weber, Durkheim und Simmel

- Erstellen Sie eine tabellarische Übersicht zum Vergleich der vier vorgestellten Autoren. Geben Sie dazu als Spalten die Namen an und als Zeilen die Aspekte, im Hinblick auf die Sie einzelne oder alle Autoren miteinander vergleichen. Greifen Sie dabei auf die Informationen aus den Kapiteln 4.1 bis 4.4 zurück.[67]

---

67   für den in der Soziologie besonders häufig thematisierten Vergleich zwischen Marx und Weber vgl. z. B. Giddens (1999, S. 621) und Wieland (2002, S. 37–40, 45).

Weber, Durkheim und Simmel können als Gründungsväter der Soziologie betrachtet werden. Sie lebten zeitgleich und bezogen sich zum Teil explizit aufeinander. So zitierte Weber Simmel wiederholt und Simmel Weber vereinzelt (Cavalli 2018, S. 586). Simmel veröffentlichte auf Initiative von Durkheim in „Année sociologique" (Müller 2018, S. 178). Wichtig wurden sie für die Institutionalisierung des Faches. Weber und Simmel waren Mitbegründer der Deutschen Gesellschaft für Soziologie (Cavalli 2018, S. 584). Zudem legten sie die ersten Gegenstandsbestimmungen der Soziologie vor. Durkheim fasste die Soziologie als Wissenschaft von den sozialen Tatsachen. Für Weber war Soziologie die Wissenschaft von den sozialen Handlungen. Beide Autoren etablierten unterschiedliche methodische Zugänge. Weber führte die Bildung von Idealtypen ein. Durhkheim praktizierte exemplarisch statistische Analyse. Die Entstehung der Soziologie fiel in eine Zeit, in der traditionelle soziale Bindungen ihre Selbstverständlichkeit verloren und in der ein starker gesellschaftlicher Wandel zu beobachten war. Alle drei genannten Autoren versuchten, sich den sozialen Wandel zu erklären. Sie bearbeiteten dadurch in unterschiedlicher Weise den Übergang von traditionellen zu modernen Gesellschaften.

- Was halten Sie von folgender Einschätzung: Das Soziale ist erst dann zu einem wichtigen Untersuchungsgegenstand geworden, als es an Selbstverständlichkeit verlor und so problematisch wurde.

Den grundlegenden sozialen Wandel sehen Marx, Weber, Durkheim und Simmel ähnlich. Es gibt aber auch wichtige Unterschiede. Einig sind sich die vier Autoren darin, dass die Arbeitsteilung ein zentrales Element des beobachteten gesellschaftlichen Wandels ist. Bei Simmel – nicht aber bei Durkheim (Luhmann 1977, S. 30–35) – kommt Geldwirtschaft als wichtiges Element hinzu. Beide Autoren betonen die Bedeutung von Urbanisierung. Marx und Weber fokussieren beide, wenn auch in sehr unterschiedlicher Weise, auf die Entwicklung des Kapitalismus. Auch psychische Dispositionen spielen eine Rolle. Durkheim unterscheidet zwischen verschiedenen Arten von Moral. Weber geht von einer zunehmenden Rationalisierung aus. Simmel spricht, ganz ähnlich, von zunehmend verbreiteter „Objektivierung, Versachlichung, Intellektualisierung" (Cavalli 2018, S. 586).

Bezogen auf Ökonomie und Kultur scheinen drei Aspekte wichtig für einen Vergleich.

1) Zum einen ist das Verhältnis von Ökonomie und Kultur von Interesse. Marx geht klar von einem Primat der Ökonomie aus: Die Produktionsverhältnisse und die Entwicklung der Produktivkräfte sind die „Basis" durch die sich der kulturelle „Überbau" bestimmt. Weber (2006) zeigt in „Die protestantische Ethik und der Geist des Kapitalismus", dass die Prädestinationslehre der

Calvinisten zu einem Arbeitsethos führt, der den Kapitalismus fördert. Damit zeigt er, dass die kulturelle Ebene auf die ökonomische Ebene einwirken kann.

2) Ein zweiter wichtiger Aspekt ist der hohe Stellenwert der Arbeitswelt. Nach Marx ist Arbeit die zentrale Tätigkeit des Menschen schlechthin. Bei Weber ist Arbeitsorientierung wesentlich für die Entwicklung des Kapitalismus. Bei Durkheim sind es perspektivisch insbesondere Berufsgruppen, die soziale Integration ermöglichen.

3) Drittens geht es um Religion als einen wichtigen Teil von Kultur. Nach Marx fördert sie ein falsches Bewusstsein. Er formuliert griffig: „Die Religion ist das Opium des Volkes". Bei Weber begünstigt eine spezifische Form von Religion die Entwicklung des Kapitalismus. Es geht um die Prädestinationslehre des Calvinismus. Bei Durkheim zeigt sich, dass Religion kollektive Einbettung ermöglichen kann. Er verdeutlicht dies an den Defiziten des Protestantismus.

Ein Vergleich ist auch über die Unterscheidung zwischen Mikro-, Meso- und Makroebene möglich. Der stärkste Kontrast zeigt sich hier zwischen Marx und Weber. Während Marx von den Produktionsverhältnissen in einer Gesellschaft, also der Makroebene ausgeht, setzt Weber mit seiner Definition von sozialem Handeln beim Individuum an und bezieht sich so auf die Mikroebene.[68] Die Zuordnung der anderen beiden Autoren ist weniger eindeutig. Durkheim wird als Makrosoziologe gesehen (Pries 2019, S. 28). Er berücksichtigt aber auch Integrationsfunktionen von Organisationen wie Kirchen und Berufsverbänden, also die Mesoebene (vgl. zur Bedeutung von Institutionen bei Durkheim Gukenbiehl 2016, S. 175). Simmel schließlich gilt klassisch als Mikrosoziologe. Wir haben aber gesehen, dass gerade sein Versuch innovativ ist, mikrosoziale Phänomene wie Blasiertheit und Berechnung aus makrosoziologischen Faktoren wie Urbanität und Geldwirtschaft abzuleiten. Simmel könnte auch der Mesoebene zugeordnet werden, weil er Wechselwirkungen und Verflechtungsbeziehungen thematisiert (so bei Pries 2019, S. 32 f., 35, 148, 150, 164).

Welche Perspektiven gesellschaftlicher Entwicklung werden erwartet? Der spezifischste Ansatz ist der von Marx. Marx geht davon aus, dass es nach dem Kapitalismus zum Sozialismus komme und schließlich zum Kommunismus als einer klassenlosen Gesellschaft, in der es weder Ausbeutung noch Entfremdung gebe. So wird die Entwicklung als vorherbestimmt, positiv und schließlich abgeschlossen betrachtet. Die anderen Autoren sind skeptischer und sie haben einander ähnlichere Annahmen zur erwarteten gesellschaftlichen Entwicklung. Weber geht von einer zunehmenden Rationalisierung aus, die Berechenbarkeit,

---

68 Bei der Definition des Sozialen sind Weber und Durkheim klar zu unterscheiden. Bei Weber ist soziales Handeln verknüpft mit einem subjektiv gemeinten Sinn. Es verweist also auf etwas Inneres. Bei Durkheim dagegen geht es um soziale Tatsachen, die sich dem Individuum von außen aufdrängen. Hier tritt das Soziale dem Menschen also von außen gegenüber.

Leistungsfähigkeit und universelle Anwendbarkeit ermögliche (Weber 1980, S. 128). Die Entwicklung führe aber zugleich zu „ ‚Entmenschlichung‘, ‚Versachlichung‘, ‚Verunpersönlichung‘, ‚Entseelung‘ " (Weber 1922, zit. in Kaesler 2012, S. 217). Durkheim spricht von Anomie als gesellschaftlicher Desorganisation und problematisiert Defizite im Bereich von Kollektivbewusstsein und kollektiven Praktiken. Der Entwicklung müsse durch Stärkung der Bindungskräfte in Familie, Religion und Beruf entgegengewirkt werden (vgl. z. B. Feldmann 2006, S. 312). Simmel schließlich sieht eine Zunahme von individueller Freiheit durch Arbeitsteilung, Geldwirtschaft und Urbanisierung. Diese führt aber auch zu Vereinzelung. So „ist es keineswegs notwendig, daß die Freiheit des Menschen sich in seinem Gefühlsleben als Wohlbefinden spiegele" (1995i, S. 126). Alle drei Autoren beziehen sich in unterschiedlicher Weise auf den Rückgang der Bedeutung traditioneller Bindungen. Sie sehen die beobachtete Entwicklung als unausweichlich an und bewerten sie nicht nur positiv.

• Welche Fragen im Hinblick auf zukünftige gesellschaftliche Entwicklung stellen sich heute?

5. Exemplarische Vertiefung: Erving Goffman

5.1 *Face-to-face*-Interaktionen

Exemplarisch vertieft werden soll Erving Goffman, ein Klassiker der zweiten Generation (Hettlage/Lenz 1991). Er ist zentral für die drei Kernbegriffe Interaktion, interpretatives Paradigma und qualitative Sozialforschung. Goffman wurde 1911 in Kanada geboren und starb 1982. Er promovierte in Chicago und hatte Professuren in Berkley und in Pennsylvania inne (Schäfers 1984, S. 289). Goffman führte längere Feldforschungen auf den Shetland-Inseln und in einer psychiatrischen Klinik in Washington durch (Goffman 1991, S. 1, 7). Er verfasste elf Monographien und einige Aufsätze. Goffman gilt als bedeutender Mikrosoziologe.[69]

Beginnen wir mit den für Interaktion zentralen Ausführungen Goffmans zu *face-to-face*-Interaktionen. Schon vor Goffman gab es interessante Analysen mit Interaktionsbezug (vgl. z. B. Reiger 2000, S. 27–33 mit Bezug auf Kendon 1988; Lenz 1991, S. 30 f.), doch er war es, der Interaktionen als eigenständiges Untersuchungsfeld etablierte (Scheloff 1988, S. 90).[70] Damit ist Goffman bescheidener als Mead, der die Interaktion als das zentrale Soziale überhaupt fasst. Er unterscheidet sich auch von Autor*innen, die Interaktionen makrosozial, wie Simmel, oder mesosozial, wie Durkheim, situieren. Für Goffman ist Interaktion ein weitgehend autonomer Bereich.

Von Goffman werden einige grundlegende Begriffe eingeführt. Unter einer *face-to-face*-Interaktion versteht er eine soziale Interaktion in „environments in which two or more individuals are physically in one another's response presence" (Goffman 1983, S. 2). Ein Kontakt dagegen ist „any occasion when an individual comes into an other's response presence" (S. 6). Dies kann auch medial vermittelt geschehen. Von *focused interaction* oder *encounter* spricht Goffman (1961, S. 7 f.), „when people effectively agree to sustain for a time a single focus of cognitive and visual attention". Damit wird von solchen Interaktionen abgegrenzt, in denen kein gemeinsamer Fokus besteht. Für *encounters* führt Simmel Partizipationsrollen

---

69   zur Einordung von Goffman vgl. auch Lenz (1991, S. 80–88).
70   So schreibt Goffman (1982, zit. in Reiger 2000, S. 30): „Interaktionspraktiken (sind) immer nur zur Erläuterung anderer Dinge verwendet […] (worden)". Stattdessen gelte es, „den ihnen eigentümlichen allgemeinen Charakter herauszuarbeiten".

ein, die sich vor allem im Hinblick auf die Rezeptionshaltung unterscheiden. Da sind zum einen Personen, die einen „official status as ratified participant" besitzen, was sich im Allgemeinen an Blickkontakt zeigt. Daneben existieren *bystander*, für die dies nicht zutrifft. Hören diese zu, können sie es absichtlich tun als *eavesdropping* oder unabsichtlich als *overhearing* (Goffman 1981, S. 131–133).[71]

> • Das Ausmaß medial vermittelter Kommunikation nimmt zu. Welche sozialen Unter-
> schiede zeigen sich bei der Verwendung verschiedener Medien wie Telefon, Fax, Mail,
> Skype, WhatsApp und Videokonferenz? Beziehen Sie bei Ihrer Kontrastierung die Be-
> grifflichkeiten von Goffman mit ein.

Betrachten wir exemplarisch eine in den Gegenwartsgesellschaften häufige Interaktionssituation etwas genauer. Es geht um den von Goffman untersuchten *service encounter*. Hierunter versteht er, dass „a ‚server', in a setting prepared for the purpose perfunctorily and regularly provides goods of some kind to a series of customers or clients". Typischerweise gelten zwei Regeln: 1) „all candidates for service will be treated 'the same' or 'equally' " und 2) „anyone seeking service will be treated with 'courtesy' " (Goffman 1983, S. 14). Verstöße gegen die Regeln führen zu Konflikten. Besonders problematisch wird es, wenn Merkmale wie „diffuse social statuses, personal relationships or 'personality' ", von denen eigentlich abgesehen werden müssten, relevant gesetzt werden. Goffman spricht in diesem Zusammenhang von „informal discrimination" (S. 15). Es zeigt sich an diesem Beispiel, dass Goffman nicht nur isolierte Einzelinteraktionen untersucht – was ihm zum Teil vorgeworfen wird (vgl. Geißler/Hege 1997, S. 163) –, sondern auch Interaktionstypen thematisiert. Deutlich wird zudem, dass Goffman spezifische institutionelle Kontexte sowie Einflüsse der Makroebene über die Sozialstruktur nicht vollständig ausblendet.[72]

Welche weiterführenden Fragen ergeben sich aus Goffmans Ausführungen zu Interaktionen? Als mögliche Untersuchungsgegenstände nennt er selbst Vergleiche zwischen Stadt und Land, zwischen Öffentlichkeit und privatem Raum oder zwischen langfristigen engen Beziehungen und kurzen flüchtigen Begegnungen.

---

71 Die Berücksichtigung von anwesenden Dritten ist nicht neu (Levinson 1988, S. 166). Sie geht über das klassische Kommunikationsmodell von Jakobson, das zwischen Sender und Empfänger unterscheidet, hinaus (Riggins 1990, S. 12). Zur Bedeutung des Dritten vgl. bereits Simmel (siehe Kap. 4.4). Eine Definition von Interaktion über Anwesenheit ist verbreitet. Sie findet sich beispielsweise auch bei Luhmann (2008, zit. in Preyer 2012, S. 157 f.).

72 Die Berücksichtigung von Meso- und Makroebene wird auch in allgemeineren Argumentationen deutlich. So ist in Goffman (1983, S. 4) von spezifischen *interaction orders* für einzelne Organisationen, wie Flughafen oder Krankenhaus, die Rede. In Goffman (1961, S. 33 f.) werden *deference pattern* thematisiert. Über sie wirken „social attributes crucial to the wider society" in Interaktionssituationen hinein.

Er selbst thematisiert dies aber eher nicht (Goffman 1983, S. 2), sondern untersucht *face-to-face*-Interaktionen schlechthin. Das führt zu Fragen von allgemeinerem Charakter. Wer ist Teil des *encounter* und wer bestimmt dies? Wie werden Zugang zu und Austritt aus den Interaktionssituationen geregelt? Wer entscheidet über den jeweiligen Status der der Interaktion Teilnehmenden? Wie wird die Blickverpflichtung im *encounter* umgesetzt? Wer bestimmt den Fokus des *encounter* und wie ist dieser veränderbar? (vgl. Zwengel 2012, S. 293). Derartige Fragen führen zu weiteren, für Goffman typischen Systematisierungen. So nennt er anknüpfend an eine gängige Unterscheidung verschiedene Formen von *misinvolvement*, die ein Gelingen von Interaktion begrenzen.

- Liegt *external preoccupation* vor, teilt der am *encounter* teilnehmende *participant* nicht den Fokus.
- Liegt *self-consciousness* vor, ist er/sie übermäßig auf die eigene Person fokussiert.
- Bei *other-consciousness* stehen einzelne Interaktionspartner*innen zu stark im Fokus der Aufmerksamkeit.
- Im Fall von *interaction-consciousness* schließlich wird dem Verlauf der Interaktion selbst zu starke Bedeutung beigemessen (Goffman 1967a, S. 117–121).

Neben Goffmans grundsätzlichen Ausführungen zur Interaktion steht seine vertiefende Betrachtung des sogenannten *face-work*. Unter *face* versteht er „the positive social value a person effectively claims for himself by the line others assume he has taken during a particular contact" (Goffman 1967, S. 5).[73] *Face* als Begriff scheint günstig, weil er auf Verwendungen wie *to lose/save face* verweist. Diese Wendungen gibt es auch im Deutschen. Deshalb wäre Gesichtsarbeit eine schönere Übersetzung als die verbreitetere Bezeichnung Imagearbeit (vgl. z, B. Holly 1979) – auch wenn Goffman *face-work* nicht nur auf *face-to-face*-Situationen bezieht, sondern breiter auf *contact*. Strategien, die dazu dienen, das eigene Gesicht zu wahren, werden *defensives*, und Strategien, die darauf abzielen, das Gesicht des anderen zu wahren, werden *protektives face-work* genannt (Goffman 1967, S. 14). Zentrales Ziel ist, „to avoid causing oneself or others embarrassment" (Goffman 1967b, S. 103). Dies gelingt nicht immer. Drei Arten von Zwischenfällen werden unterschieden:

1) Absichtlich hervorgerufene Gesichtsverletzungen „with the intention of causing open insult",

---

73 Line ist: „a pattern of verbal and nonverbal acts by which he [d. i. the person] expresses his view of the situation and through this his evaluation of the participants, especially himself" (Goffman 1967d, S. 5).

2) faux pas, bei denen „offense seems to be unintended and unwitting", und schließlich

3) incidental offenses, bei denen die Gesichtsverletzung ein in Kauf genommenes Nebenprodukt einer Handlung mit anderer Absicht ist (Goffman 1967, S. 14).

- Überlegen Sie sich Beispiele für *face*-bedrohende Zwischenfälle.

Face-work ist nach Goffman ein zutiefst symmetrisches Phänomen. Jeder schützt das *face* des/der anderen schon allein deshalb, weil er/sie auf den Schutz des eigenen *face* durch diese*n anderen angewiesen ist. Es scheint sinnvoll, diese Sichtweise durch eine Berücksichtigung asymmetrischer Aspekte zu erweitern. Es können Unterschiede im sozialen Status bestehen, die Goffman über *deference pattern* (siehe oben) einbeziehen würde. Personen mit höherem Status erhalten im Allgemeinen mehr protektives *face-work*. Es ist aber auch möglich, dass geringerer Status durch ein Mehr an protektivem *face-work* symbolisch ausgeglichen wird. Ich selbst gehe davon aus, dass sich *face-work* unterscheidet in Abhängigkeit davon, ob es von Dominierenden oder von Dominierten realisiert wird.[74] Dies wurde am Beispiel einer Sekundärauswertung eines von Hinnenkamp (1982; 1989) erhobenen und analysierten Gespräches zwischen einem deutschstämmigen Bettler und einem türkischstämmigen Passanten gezeigt (Riedel 2001, S. 223–229). Das Gespräch war zunächst von der Asymmetrie *Bettler – Passant* und nach dem Zwischenfall „Türkischmann Du?" von der gegenläufigen Asymmetrie *Deutscher – Türke* geprägt. Während des Gesprächs blieben der Kontext und die individuellen Ausdrucksgewohnheiten gleich. Die beiden Gesprächsphasen unterschieden sich nur durch die Umkehrung des Verhältnisses von Dominiertem und Dominierendem. Generell scheint protektives *face-work* von Dominierenden eher herablassend und von Dominierten eher demütig zu sein. Defensives *face-work* dagegen ist bei Dominierenden wohl eher demonstrativ und bei Dominierten eher vorsichtig. Deutliche Unterschiede konnten beim Gebrauch bestimmter sprachlicher Mittel, wie z. B. zustimmungserheischender Wendungen (S. 226 f.), gezeigt werden. Diese kleine Studie ist aus zweierlei Gründen interessant. Sie zeigt zum einen, dass Interaktionsphänomene über sprachliche Indikatoren gefasst werden können. Dies ließe sich vertiefen, z. B. durch Bezug auf Partikel (Holly

---

74 Hier kann an Literatur angeschlossen werden. Brown/Levinsons (1978) unterscheiden zwischen Höflichkeit bei großer oder geringer Machtdistanz und bei bestehender oder nicht bestehender persönlicher Nähe. Burns (1992, S. 56) nimmt an, dass sich die gegenüber Höhergestellten verwendeten Formen des *face-work* generalisieren. Henley (1978, S. 197) unterscheidet nonverbale Kommunikation von Dominierenden und von Dominierten. Erstere verwenden häufiger „direct stare" und „touching"; letztere gebrauchen öfter „averted glance" und „smiling".

1979), Sequenzierungen (Schegloff 1988)[75] oder Reformulierungshandlungen (Gülich/Kotschi 1987). Die vorgenommene Unterscheidung von *face-work* Dominierender und *face-work* Dominierter zeigt zudem, dass Begriffe von Goffman so ausdifferenziert werden können, dass Machtverhältnisse stärker berücksichtigt werden. Mit „Chancen zur Thematisierung des Nichtthematisierten" (Zwengel 2012) sei darauf verwiesen, dass Goffman selbst Machtverhältnisse in Interaktionssituationen wenig berücksichtigt, aber Begrifflichkeiten entwickelt, von denen auszugehen es sich lohnt, wenn Machtverhältnisse in Interaktionssituationen untersucht werden sollen.

- Kontrastieren Sie symmetrische und asymmetrische Aspekte von Interaktionen im Allgemeinen und von *face-work* im Besonderen.

Goffmans Studien zum *face-work* wurden kritisch kommentiert. Es bestehe eine Überfokussierung auf positive Fremd- und Selbstbilder. Dadurch würden der Inhalt der Gespräche (Blumer 1972, zit. in Lenz 1991, S. 86) sowie die spezifischen Interessen der Akteure vernachlässigt. Es fehle zudem ein breiterer und tiefergehender Ansatz zum Gefühlsmanagement (Hochschild 1979, zit. in Kottoff 1994, S. 169). Die Fokussierung auf einzelne Interaktionssituationen vernachlässige Einflüsse von vorherigen und Auswirkungen auf zukünftige Interaktionssituationen in unangemessener Weise (Von Tedeschi/Lindskold/Rosenfeld 1985, zit. in Mummenday/Bolten 1985, S. 61).

Als Gesamteinschätzung zu Goffmans Interaktionsansatz sind einzelne Aspekte zu ergänzen. Die institutionelle Eingebundenheit von Interaktionssituationen werde vernachlässigt (Kieserling 1999, S. 89). Sozialer Wandel finde als Untersuchungsgegenstand keine ausreichende Berücksichtigung (Giddens 1988, S. 279). Die entwickelten Begriffe seien ahistorisch und würden Unterschiede zwischen Gesellschaften vernachlässigen (Gouldner 1974, zit. in Raab 2008, S. 101). Statt auf grundlegende Fragen zu Macht und sozialer Ungleichheit zu fokussieren, würden eher belanglose, kleine Alltagsphänomene thematisiert (vgl. zu einer ähnlichen Kritik an Simmel Kap. 4.4).[76] Goffman wird ein etwas exzessiver Hang zur Bildung von Begriffen und Typologien zugeschrieben (Bergmann 1991, S. 317). Diese Kritik könnte auch auf andere Teile seines Werkes bezogen werden.[77]

---

75   zu einem Vergleich zwischen dem Ansatz Goffmans und der u. a. von Schegloff vertretenen Konversationsanalyse vgl. auch Bergmann (1991, S. 310–324).

76   Die Untersuchung beziehe sich auf „appearances" (Gouldner 1970, zit. in Gonos 1977, S. 857).

77   Für sich in Ausbildung befindende Soziolog*innen ist diese Vorliebe für Begriffe und Typologien eher von Vorteil. Sie inspiriert zu eigenen Systematisierungen und hilft so bei der Entwicklung einer Fähigkeit, die gerade für die qualitativer Sozialforschung wesentlich ist.

5.2 Theater-Metapher

„Die ganze Welt ist Bühne", heißt es bei Shakespeare (Abels 2004, S. 190). Auch Goffman verwendet diese Metapher, insbesondere in Goffman (1975), ein Text, der in der deutschen Übersetzung sehr treffend den Titel „Wir alle spielen Theater" erhielt.[78] Autor*innen, welche diesen Teil des Werkes von Goffman für besonders wesentlich halten, sprechen von einem dramaturgischen Ansatz (Lenz 1991, S. 82–84; Douglas 1980, S. 17).

Zentrale Idee Goffmans ist, die Grundstruktur alltäglicher Interaktion ähnele der des Theaters. Er unterscheidet zwischen Vorder- und Hinterbühne. Auf der Vorderbühne werde eine Aufführung präsentiert. Diese werde auf der Hinterbühne vor- und nachbereitet. Realisiert werde die Aufführung durch ein Team, das sich damit an ein bestimmtes Publikum wende (Goffman 1975, S. 253 f.).[79] Für das Vorführen selbst werden drei Perspektiven unterschieden: *Performance* ist das Aufführen selbst (S. 26), *part* oder *routine* heißen die Muster, die dabei realisiert werden (S. 27), und *front* schließlich berücksichtigt die Perspektive des Publikums (S. 22).[80]

Ähnlich wie bei *face-to-face*-Interaktionen bemüht sich Goffman auch hier um Systematisierungen. Er nennt unterschiedliche Strategien, mit denen eine erfolgreiche Präsentation sichergestellt werden kann, und zwar *dramaturgical loyalty, dramaturgical discipline* und *dramaturgical circumspection* (S. 212–222). Für letztere unterscheidet er fünf Möglichkeiten: Auswahl loyaler und disziplinierter Teammitglieder, Auswahl eines wohlgesinnten Publikums, geringe Anzahl von Personen in Team und Publikum, kurze Aufführung sowie Berücksichtigung des Informationsstandes des Publikums (S. 218–222). Zentral für das Informationsmanagement ist der Umgang des Teams mit Geheimnissen. Auch hierfür entwickelt Goffman eine Typologie:

1) *Dark secrets* sind „incompatible with the image of self that the team attempts to maintain before its audience" (S. 141).

---

78 zur Theatermetapher vgl. auch La Bruyère (1922, zit. in Elias 1989a, S. 482 f.).

79 Problematisch wird es, wenn eine Abschottung der Hinterbühne nicht gegeben ist. So können Teile aus internen Gesprächen zwischen Politiker*innen an die Öffentlichkeit gelangen. Das Bewusstsein hiervon schränkt die Möglichkeiten der Kommunikation auf der Hinterbühne ein. Als ein Beispiel seien die Ministerpräsidentenkonferenzen zur Abstimmung von Maßnahmen gegen die Corona-Pandemie genannt (Brost/Pörksen 2020, S. 2; Hildebrandt 2021, S. 3).

80 Hier Goffmans (1975) Definitionen: *Performance* bezeichnet „all activity of a given participant on a given occasion which serves to influence in any way any of the other participants" (S. 26). *Part/routine* ist ein „pre-established pattern of *action* [Hervorhebung im Original] which is unfolded during a performance" (S. 27). *Front* fasst „that part of the individual's performance which regularly functions in a general and fixed fashion to define the situation for those who observe the performance" (S. 22).

2) *Strategic secrets* sollen verhindern, dass das Publikum gegen die Interessen des Teams handeln kann.
3) Ein *insider secret* „marks an individual as being a member of a group" – in diesem Fall des Teams (S. 142).
4) *Entrusted secrets* sind solche, „which the possessor is obliged to keep because of his relation to the team" und
5) *Free secrets* schließlich sind Geheimnisse anderer, „that one could disclose without discrediting [...] oneself" (S. 143).

Wesentlich für all diese Unterscheidungen ist, dass das Team bei der performance ein positives Bild von sich selbst präsentieren möchte: „the crucial concern, is whether it [d. i. a scene that is presented] will be credited or discredited" (S. 253). Fundamental für solches *impression management* ist die Unterscheidung für Individuen zwischen „the expression that he *gives*" und „the expression that he *gives off*" [Hervorhebung im Original] (S. 14). Ersteres geschieht bewusst und letzteres unbeabsichtigt. Die Wirkung auf andere ist nur begrenzt kontrollierbar. Menschen geben in Interaktionen immer mehr von sich preis als sie eigentlich möchten.[81] Die besondere Gewichtung des *impression management* im Zusammenhang mit der Theater-Metapher ähnelt der Betonung von *face-work* im Zusammenhang mit *face-to-face*-Interaktionen.

- Geben Sie für alle der im letzten Absatz vorgestellten Unterscheidungen je ein Beispiel.

Eine Metapher kann leicht dazu führen, dass Systematisierungen aus der Logik des Bildes heraus entwickelt werden und so nicht die spezifischen Merkmale des Gegenstandes erfassen, auf die die Metapher verweist. Lindemann (1994, S. 118, 120) sieht Vorteile der Theater-Metapher: Handlungsströme werden in Akte zerlegt, das Geschehen wird räumlich und zeitlich situiert, Bewegungen im Raum werden berücksichtigt und ein möglicherweise anwesendes Publikum wird einbezogen. Außerdem verweise die Metapher auf die Möglichkeit, Gefühle durch Handlungen auszudrücken.[82]

- Was halten Sie von der Theater-Metapher?

Es zeigen sich deutliche Parallelen zwischen diesem dramaturgischen Ansatz und Goffmans Ausführungen zur *face-to-face*-Interaktion. Inhalte der Darstellung und spezifische Interessen von Akteur*innen werden weitgehend ausgeblendet.

---

81 So heißt es bei Goffman 1975, S. 20): „the arts of piercing an individual's effort at calculated unintentionality seem better developed than our capacity to manipulate our own behaviour".

82 Gouldner (1970, S. 380) argumentiert ähnlich: Über die Theatermetapher sei eine Berücksichtigung von Gefühlen und von moralischem Engagement möglich.

Institutionelle und gesamtgesellschaftliche Situierungen finden zumeist nicht statt. Goffman (1975, S. 26) vertritt derartige Einschränkungen selbstbewusst: „The specific content of any activity presented by the individual participant, or the role it plays in the interdependent activities on an on-going social system, will not be at issue". Es wurde bereits deutlich, dass *face-work* und *impression management* (auch) auf eine möglichst positive Wirkung auf andere verweisen.[83] Positive und negative Fremd- und Selbstbilder sind bei Goffman ein zentrales Thema. Dies zeigt sich auch an seinen Ausführungen zum Stigma und zu totalen Institutionen.

5.3 Rahmen

Als dritter zentraler Zugang sei das Rahmenkonzept genannt (Goffman 1986).[84] Es entstand in einer späten Schaffensperiode und wird von manchen Autor*innen als Goffmans Kernkonzept gefasst. So nennt Hettlage (1991, S. 111) „Rahmen-Analyse" als „Hauptwerk". Willems (1997) reformuliert frühere Forschungen Goffmans mit Hilfe des Rahmenkonzeptes. Auch die Ausführungen von Strong (1988, zit. a. a. O., S. 219) zu „Asyle" (Kap. 7.3) können als ein solcher Anwendungsversuch verstanden werden.

Goffman entwickelt auch für Rahmen wichtige Grundbegriffe. Sein Ausgangspunkt ist die Frage „what is it that's going on here?" (Goffman 1986, S. 8). Diese Frage stelle sich bei „events – at least social ones – and our subjective involvement in them" (S. 10 f.). Es gehe dabei um „definitions of a situation" (S. 10), um „schemata of interpretation". Eine erste Antwort auf die Ausgangsfrage bietet der *primary framework*, gefasst als „rendering what would otherwise be a meaningless aspect of the scene into something that is meaningful." Dieser primäre Rahmen ermöglicht eine Orientierung: „Each primary framework allows its user to locate, perceive, identify, and label a seemingly infinite number of concrete occurences defined in it's terms" (S. 21).[85] Goffman unterscheidet zwischen einem *natural framework*, wie individueller Gartenarbeit, und einem *social framework*, wie einem gemeinsamen Brettspiel (S. 22 f.). Eine sekundäre Rahmung liegt vor, wenn eine von dem ursprünglichen, primären Rahmen abweichende Deutung vorgenommen wird, so beispielsweise, wenn eine ernste

---

83 So lautet eine Zusammenfassung bei Gouldner (1970, S. 380): „men are all striving to project a convincing image of self to others".

84 zum Folgenden vgl. auch Zwengel (2012, S. 294–296).

85 Es geht also darum, die Fülle der Eindrücke zu strukturieren und so das für die Situation Wichtige vom Unwichtigen zu unterscheiden. Um mit Scheufele (2003, zit. in Jungaberle/ Weinhold 2006, S. 12) zu sprechen: „*Framing* [Hervorhebung im Original] ist der Vorgang, bestimmte Aspekte zu betonen, also salient zu machen, während andere in den Hintergrund treten".

Äußerung als Witz eingeordnet wird oder wenn sich eine vermeintliche Prügelei als gespielt herausstellt. Rahmen können so unterschiedliche Phänomene sein wie Witz, Traum, Unfall, Theateraufführung, Missverständnis oder Enttäuschung (S. 10). Rahmenwechsel geschehen durch Modulation. Sie können markiert werden durch sogenanntes *footing*. Bei *keying* wird der Perspektivwechsel von allen Teilnehmer*innen der Interaktion vollzogen (S. 43, 84)[86]; bei *fabrication* hingegen gilt: „one or more others will be induced to have a false belief about what it is that is going on" (S. 83).[87] So wäre zu unterscheiden zwischen einem Wechsel von Smalltalk zu einem Verkaufsgespräch im engeren Sinne als *keying* und einer verdeckten Kontrolle von Arbeitsleistungen als *fabrication*.

Auch bezogen auf Rahmungen entwickelt Goffman viele weitere Systematisierungen. Ein Bereich, die Rahmengefährdung, sei genauer vorgestellt (vgl. Hettlage 1991, S. 143–150) und mit Beispielen illustriert. Goffman unterscheidet für Rahmengefährdungen drei Möglichkeiten. 1) Ein Rahmenirrtum liegt vor bei Fehlrahmungen ohne böse Absicht. Sie „ermangeln […] der Böswilligkeit und stellen die irrenden Personen nicht bloß" (S. 144). Ein Beispiel wäre, in einem Geschäft Kunden für Personal zu halten. 2) Bei Rahmenstreitigkeiten entwickeln die „Fehlrahmungen […] eine Eigendynamik" (S. 146). So kann beispielsweise umstritten sein, ob es sich bei einem Verbrechen um einen Mord oder um Totschlag handelt. 3) Zu Rahmenbrüchen kommt es, „wenn die Handlungen eines Menschen ‚unangemessen' sind" (S. 147). Ein Beispiel wäre Lachen auf einer Beerdigung. Vertiefend unterscheidet Goffman für Rahmenbrüche wiederum vier Möglichkeiten. 1) Aushaken wird ein momentanes Verlassen des Rahmens genannt. „Häufig ist die Ursache eine Spannungsentladung" (S. 147). Ein Beispiel wäre ein Witz in einer angespannten Teamsitzung. 2) Hineinstolpern ist ein Hineintreten in einen Rahmen, „wenn einer sein Unbeteiligtsein nicht mehr aufrechterhalten kann". So wird Hilfe erwartet, wenn ein*e Passant*in stürzt und sich verletzt. 3) Für Aufschaukeln gibt es die Möglichkeit des Heraufmodulierens und des Heruntermodulierens (S. 148). Goffman (1986, S. 314) nennt als Beispiel für ersteres ein Geräusch, das zunächst als Feuerwerk eingeordnet wird, sich dann aber als Staatsstreich entpuppt. Als Beispiel für letzteres nennt er die Bedrohung mit einer Waffe, die sich als Spielzeug erweist. 4) Als letzte Form der Rahmengefährdung berücksichtigt Goffman das Verhalten außerhalb des Rahmens. Es geht um „Tätigkeiten, die als außerhalb der Situation liegend verstanden werden" (Hettlage 1991, S. 149). Ein Beispiel hierfür wäre der Austausch privater Informationen während eines Seminars.

---

86 Die Bezeichnung Keying nutzt sehr schön eine Analogie zur Musik. Es wird eine Art Tonartwechsel vorgenommen (Goffman 1986, S. 44).

87 siehe auch Goffman (1986, S. 103 f.) zu fabrication mit harmloser oder ausbeuterischer Absicht, gegenüber wenigen oder vielen sowie mit Bezügen auf Natur oder auf Gesetze.

Versuchen wir eine Einschätzung des Rahmen-Konzeptes. Goffman fasst mit ihm so unterschiedliche Ebenen wie Sprechakt, Situationstyp, institutionelle Situierung oder gesamtgesellschaftlicher Kontext. Dies wird bereits in seiner einführenden, exemplarischen Auflistung deutlich (Goffman 1986, S. 10). Diese Breite kann als ein Vorteil gesehen werden, weil sie es ermöglicht, die von Goffman häufig vernachlässigten Bereiche der Meso- und Makroebene einzubeziehen. Studien, die von *frame*-Konzepten ausgehen, sind inzwischen sehr verbreitet, so z. B. in der Mediensoziologie und bei der Untersuchung sozialer Bewegungen (vgl. zu letzterem Jungwirth 2007, S. 312).

Vergleichen wir die Kapitel 5.1, 5.2 und 5.3. Es wird deutlich, dass Goffman für die thematisierten Bereiche keine empirischen Studien vorstellt, sondern Typologien und Systematisierungen entwickelt, die er durch empirische Beispiele illustriert. Ausgangspunkt und zentraler Bezugspunkt ist dabei immer die soziale Alltagswelt. So heißt es: „everyday activity provides an original against which copies of various kinds can be struck" (Goffman 1986, S. 562). Die vorgestellten Untersuchungsbereiche haben zudem eins gemeinsam, sie beziehen sich alle drei auf Interaktionen, sei es durch Gewichtung von *face-work*, durch Thematisierung von *performance* für ein Publikum oder durch Rahmung als Kontextualisierung. Alle drei Ansätze beziehen sich also auf den ersten Kernbegriff der vorliegenden Einführung. Dies war ja auch ein zentraler Grund dafür, Goffman für die exemplarische Vertiefung auszuwählen.

- Entwickeln Sie eine eigene Systematisierung, die sich auf einen Teilaspekt von Interaktion bezieht.

6. Interaktion, Organisation, Gesellschaft

6.1 Peer groups

Wiederholt wurde auf die Unterscheidung zwischen Mikro-, Meso- und Makroebene Bezug genommen. Es wurde berücksichtigt, auf welche der drei Ebenen die Darstellung jeweils fokussiert und ob Bezüge zwischen den Ebenen hergestellt werden. Im Folgenden nun soll die Unterscheidung selbst zum strukturierenden Element der Darstellung werden. Für Mikro-, Meso- und Makroebene werden jeweils zwei Bereiche exemplarisch betrachtet. Dabei ist jeweils das erste Thema etwas allgemeinerer und das zweite etwas speziellerer Natur.

Beginnen wir mit dem ersten Beispiel für die Mikroebene. Ausgesucht wurde mit *peer group* ein Thema, das Studierenden besonders vertraut ist. *Peer groups* sind Gruppen von Gleichaltrigen und weitgehend Gleichrangigen (Geulen 2007, S. 152). Sie sind eng verknüpft mit Entwicklungsaufgaben des Jugendalters und oft verbunden mit spezifischen kulturellen Praktiken einer Subkultur (vgl. Liebsch 2012, S. 97–99).[88] Die Zusammenschlüsse von Gleichaltrigen sind oft nicht sehr dauerhaft und häufig geprägt von Fluktuation (Oswald 2008, S. 323 mit Bezug auf Urberg u. a. 2000).

Mitglieder von *peer groups* unterscheiden sich im Hinblick auf ihre sozialen Merkmale. Wichtig ist zum einen das Lebensalter. Während es im jungen Alter eher um einen Ausgleich von Sozialisationsunterschieden zwischen Familien geht, steht im höheren Alter die Ablösung vom Elternhaus im Vordergrund. Auch beim Geschlecht gibt es Unterschiede. So dominieren in bestimmten Lebensphasen geschlechtshomogene und in anderen gemischtgeschlechtliche *peer groups* (Oswald 2008, S. 323; Geulen 2007, S. 152).[89] Im Hinblick auf Schichtzugehörigkeit sind *peer groups* oft eher homogen (Oswald 2008, S. 323). Die Ähnlichkeit mit den sozialen Merkmalen der Herkunftsfamilie nimmt in der späten Adoleszenz eher zu (Geulen 2007, S. 152).

Die Auseinandersetzung mit der Erwachsenenwelt ist ein wesentlicher Aspekt von *peer groups* im Jugendalter. Dabei besteht ein Spannungsverhältnis zwischen der Abgrenzung von der vorgefundenen Erwachsenenwelt auf der einen und dem

---

88 zur Jugend vgl. auch die seit 1953 regelmäßig erscheinende Shell-Jugend-Studie, die Jugendberichte der Bundesregierung, Veröffentlichungen des Deutschen Jugendinstituts sowie das ehemalige Archiv der Jugendkulturen.

89 Zu berücksichtigen sind auch Personen, die sich nicht einem Geschlecht zuordnen.

Aufbau von Perspektiven für das eigene Erwachsenenleben auf der anderen Seite. Es besteht ein Kontrast zwischen Zusammenhalt von weitgehend Gleichrangigen in der *peer group* und tendenziell asymmetrischen Interaktionen mit Erwachsenen (vgl. S. 151). Trotz oder gerade wegen einer starken Auseinandersetzung mit den Eltern bleiben diese für die Jugendlichen wichtige Ansprechpartner (vgl. Oswald 2008, S. 327).

Zentrale Funktionen von *peer groups* werden unterschiedlich gefasst. In Anlehnung an Ausubel (2003, S. 116 f.) können drei Ebenen unterschieden werden: Die alltägliche Interaktion in der Gruppe ermöglicht es, Neues auszuprobieren und Orientierung zu verschaffen. Die Ausbildung gemeinsamer Werte und Normen in der *peer group* erleichtert die Ablösung vom Elternhaus. Ein eher geringer Status von Jugendlichen werde durch den Zusammenschluss Jugendlicher erhöht. Im Hinblick auf Jugendszenen nennt Liebisch (2012b, S. 98) wichtige Aspekte. Er spricht von der „[...] Ablösung von den Eltern, der Bedeutung von Anerkennung durch Gleichaltrigengruppen und einem pubertätsbedingten Erstarken von Bedürfnissen nach großen Gefühlen und Grenzerfahrungen". Jugendliche *peer groups* weisen über Entwicklungsaufgaben im Jugendalter hinaus. Sie können innovativ sein und gesellschaftlichen Wandel induzieren.

• Inwiefern können sich *peer groups* voneinander unterscheiden?

Bisher ging es eher um *peer groups* im Allgemeinen. Nun sollen Unterschiede zwischen verschiedenen *peer groups* thematisiert werden. Bei der Darstellung verschiebt sich der Fokus weg von Funktionen hin zu kulturellen Praktiken. Exemplarisch vorgestellt werden sollen zwei Studien.

Whyte (1993) gilt als eine klassische jugendsoziologische Untersuchung (Bühler-Niederberger 2008, S. 22), die auch migrationssoziologisch (Zwengel 2015a) oder qualitativ methodisch (Zwengel 2015) rezipiert werden kann. Whyte (1993) beruht auf einer 1936–1940 durchgeführten, ethnographischen Erhebung in einem italienisch geprägten Stadtteil von Bosten. Im Zentrum seiner Analysen steht eine Jugendgang, die Nortons, eine informelle Gruppe, die sich aus jungen Männern des Stadtteils zusammensetzt. Diese wird situiert durch einen Vergleich mit mittelschichtsorientierten Jugendlichen eines Stadtteilzentrums, den *college boys*, und ergänzt durch eine Betrachtung lokaler Eliten, bei denen sich eine Polarisierung von Politikern auf der einen und kriminellen *racketeers* auf der anderen Seite zeigt.

Während die *college boys* aufstiegsorientiert sind und aus dem Stadtteil herausstreben (S. 104), sind die *Nortons* fester in ihrem Stadtteil verankert (S. 5 f., 9, 11) und auf Gruppensolidarität hin orientiert, die sich z. B. an finanziellen Unterstützungen und an Beistand bei gewalttätigen Konflikten zeigt. Eine derartige Kontrastierung von Unterschichts- und Mittelschichtsjugendlichen findet sich auch in einer späteren, klassischen Studie, bei Willis (2013), einem wichtigen

Vertreter der *Cultural Studies* aus Birmingham. Er unterscheidet Mittelschichtsjugendliche, die sogenannten *ear'oles*, und aus Arbeiterfamilien stammende *lads*. Ihn interessiert besonders, wie es zur Bereitschaft einer Übernahme von angelernten Arbeiterpositionen im Erwachsenenalter kommt (S. 19). Anders als Whyte betrachtet Willis Jugendgruppen nicht als eigenständigen Untersuchungsgegenstand. Es geht bei ihm eher darum, über Gruppen Informationen zu individuellen Einstellungen zu erhalten (vgl. Zwengel 2015a, S. 123).

Das Herzstück der Untersuchung von Whyte (1993) ist die Darstellung von Binnenbeziehungen und Aktivitäten der untersuchten Jugendgang. Ein besonderer Fokus liegt dabei auf Doc, dem informellen Leiter der Gruppe und zentralen Informanten von Whyte. Neben gewalttätigen Auseinandersetzungen und illegalem Glücksspiel ist Bowlen eine wichtige Aktivität, die detailliert beschrieben und analysiert wird (S. 14–25, 45). Whyte stand zunächst lange Zeit bei Jugendlichen, die sich an Straßenecken trafen, in der Hoffnung, dass ihm dies Zugang zu den eigentlichen Aktivitäten verschaffen werde. Doch es zeigte sich, dass diese Treffen selbst eine zentrale Aktivität sind. Diese Erkenntnis führte zum Decknamen der Gruppe: Nortons, in Anlehnung an Norton Street, und zum Titel der Veröffentlichung: „Street corner society". Die Binnenstruktur von Jugendgangs war ein wichtiger Gegenstand nachfolgender Studien. So untersucht Tertilt (1996) eine Jugendbande in Frankfurt am Main, die aus männlichen, türkischstämmigen Jugendlichen im Alter von 13–18 Jahren besteht. Einstellungen und Aktivitäten dieser *turkish power boys* ähnelten denen der Nortons (S. 220–231, 46). Hinzu kommt eine räumliche Verankerung, die nicht auf das eigene Viertel beschränkt ist, sondern das Stadtzentrum einbezieht (S. 85 f.). Nach Bühler-Niederberger (2008, S. 23) besteht bei der vorgestellten Studie eine besondere Nähe zu Whyte. Es handelt sich in der Tat ebenfalls um die Ethnographie einer Jugendgang. Darüber hinaus aber geht es in beiden Fällen um männliche Jugendliche, um Personen mit Migrationsgeschichte und um einen urbanen Kontext (vgl. auch Zwengel 2015a, S. 124).

Versuchen wir eine Einschätzung von Whyte (1993). Eine zentrale Absicht der Studie ist zu zeigen, dass der als Problemviertel eingeordnete Stadtteil nicht desintegriert ist: „I argued that the district was highly organized in ist own pattern" (Ders. 1992, S. 55). Für eine Stadtteilanalyse fehlt allerdings die Berücksichtigung zahlreicher zentraler Akteursgruppen. Bei den Jugendlichen selbst werden weibliche Personen nicht ausreichend berücksichtigt. Das An-der-Straße-Stehen scheint interessant und spezifisch. Es als Grundstruktur des Viertels zu fassen, ist aber wohl eine Übergeneralisierung. Besonders überzeugend ist der empirische Kern der Studie, die Darstellung und Analyse von Alltagspraktiken einer spezifischen *peer group*.[90]

---

90   zur Studie und ihrer Einordnung vgl. auch Zwengel (2015a).

Die zweite Studie, die kurz vorgestellt werden soll, ist aktueller und fokussiert stärker als Whyte (1993) auf einen Vergleich zwischen *peer groups*. Eckert u. a. (2000) ist eine Untersuchung von Soziologen der Universität Trier. Empirische Grundlage sind Interviews, Gruppendiskussionen und teilnehmende Beobachtung. Es bestand Kontakt zu 47 Jugendgruppen und zu etwa 400 Jugendlichen (S. 32). Zugangsschwierigkeiten bestanden bei Autonomen und bei Gruppen mit ausgeprägtem Konsum von Alkohol oder harten Drogen (S. 33). In der genannten Veröffentlichung werden 20 Jugendgruppen ausführlicher dargestellt. Neben ausführlichen Zitaten stehen Kurzsteckbriefe, in denen für jede Jugendgruppe informiert wird über Herkunft und aktuelle Lebenssituation der Mitglieder, über zentrale Merkmale der Gruppe, über die wahrgenommene Gruppenperipherie – mit den Aspekten Fremdeinschätzung, Außenbeziehungen und Devianz –, über Intergruppenbeziehungen – mit den Dimensionen Allianz, Ambivalenz und Abgrenzung – und über den weiteren Gruppenverlauf (S. 22). Entwickelt wird eine Typologie, der sich alle dargestellten Gruppen zuordnen lassen (S. 431–433): Beim ersten Typ steht Freundschaft im Mittelpunkt. Wichtig sind hier eine enge persönliche Beziehung und die Vermittlung von Geborgenheit. Beim zweiten Typ geht es um Szenen. Diese nutzen „Musik, Sport, Tanzstile, technische Geräte". Hier ist die Zuordnung zu bestimmten sozialen Kategorien wichtig. Der dritte Typ ist durch eine geteilte Weltanschauung geprägt. Dabei geht es häufig um den „Kampf zwischen Gut und Böse" (S. 433). Dabei kann ethnische Zugehörigkeit von Bedeutung sein. Möglicherweise wird die Häufigkeit des ersten Types unterschätzt, weil dieser weniger auffällig ist.

• Bilden Sie Gruppen mit Affinität zu jeweils einem der unterschiedenen Typen von *peer groups*. Schreiben Sie Kurzsteckbriefe zu Gruppen, die Sie kennen und/oder zu denen Sie gehör(t)en. Weisen Ihre eigenen Ergebnisse über die vorgestellte Studie hinaus?

Ein eher neues Phänomen sind die Jugendszenen. Hier kann an Schulze (1992) zur Erlebnisgesellschaft angeknüpft werden. Hitzler, Honer und Pfadenhauer sprechen von posttraditionaler Vergemeinschaftung (vgl. Liebsch 2012, S. 96 f.). Untersucht werden Szenen wie Skater, Surfer, Snowboarder (Ferchhoff 2007, zit. a. a. O., S. 98 f.), Straßenbanden, Hooligans und Rechtsextremisten (Oswald 2008, S. 323 f.). Es zeigt sich, dass Unterschiede in kulturellen Praktiken zentral geworden sind.

6.2 Themenzentrierte Interaktion

Viele derer, die sich eingehender mit Soziologie befassen möchten, haben bereits Erfahrungen in der Leitung gruppenpädagogischer Aktivitäten. Das zweite Beispiel für die Mikroebene ist deshalb in diesem Bereich angesiedelt.

„Die Gruppenpädagogik ist eine Art und Weise, Menschen zu helfen, die sich in Gruppen zusammenfinden. Sie beruht auf einer sittlichen Haltung, auf menschlicher Zuwendung, auf beruflichem Wissen und Können und der Beherrschung bestimmter Programminhalte, Methoden und Techniken. Sie setzt ausgebildete Gruppenleiter und angemessene äußere Gegebenheiten voraus (Gruppengröße, Räume, Material, Zeit!), um optimal wirksam zu werden" (Kelber 1973, S. 140).

Vorgestellt werden soll eine dieser Techniken, die Themenzentrierte Interaktion, weil sie besonders ausdifferenziert ist und weil sie starke Verbreitung in der Sozialen Arbeit fand (Geißler/Hege 1997, S. 162). Die Begründerin der Themenzentrierten Interaktion, Ruth Cohn (1983, S. 8), richtet sich nicht nur an Pädagogen, sondern auch an Therapeuten und an Gruppen(-leiter*innen) generell. Ihre Textsammlung Cohn (1983) bietet einen guten Einstieg in die Methode. Dass es sich um eine Vertreterin der humanistischen Psychologie handelt (Geißler/Hege 1997, S. 162), wird bereits an der Verwendung von Begriffen wie Reifung und Entfaltung deutlich.

Zentral sind nach Cohn das Thema der Interaktion, die Perspektive des Ich, die Perspektive des Wir sowie die Umwelt, bezeichnet als Globe. Sie alle müssen im Gleichgewicht zueinander stehen. Es geht um eine gewisse Balance (Schmidt-Grunert 1997, S. 227–235). Cohn stellt Regeln auf, die sie nicht technisch verstanden wissen will. Ermöglicht werden sollen Authentizität und Entfaltung. So heißt es: „Regeln sind nur brauchbar, wenn sie Echtheit fördern" (Cohn 1983a, S. 125). Die grundlegendsten Regeln fasst Cohn als drei Axiome. Am wichtigsten erscheint mir: „Ehrfurcht gebührt allem Lebendigen und seinem Wachstum". Die Formulierung impliziert Achtung des/der anderen und eine Orientierung auf Weiterentwicklung. Ein anderes Axiom bezieht sich auf Grenzen der inneren und der äußeren Welt, sowie die begrenzte, aber bestehende Möglichkeit, diese zu verändern. Mit dem dritten Axiom schließlich wird das Spannungsverhältnis zwischen Autonomie und Einbindung thematisiert. Cohn bezieht hier klar Position: *„Autonomie (Eigenständigkeit) wächst mit dem Bewußtsein der Interdependenz (Allverbundenheit)* [Hervorhebung im Original]" (S. 120). Von diesen Ausgangsaxiomen werden zwei schon etwas konkretere Postulate abgeleitet und auf der dritten Ebene schließlich neun Hilfsregeln unterschieden. Da sich alle Hilfsregeln direkt einem der beiden Postulate zuordnen lassen, wird die Darstellung im Folgenden nach letzteren strukturiert.

Cohns erstes Postulat lautet: „Sei dein eigener Chairman, der Chairman deiner selbst" (a. a. O.). Sie konkretisiert dies: „Als mein eigener Chairman bin ich ‚Vorsitzender meiner inneren Gruppe', meiner verschiedenen Bedürfnisse und Bestrebungen." „Ich akzeptiere mich, wie ich bin." „Ich bin verantwortlich für meine Anteilnahme und meine Handlungen, nicht aber für die des anderen" (S. 121). Die erwartete Eigenverantwortlichkeit bezieht sich nicht nur auf Gruppenleiter*innen, sondern auf alle Gruppenmitglieder. Aus dem Postulat werden spezifische Hilfsregeln abgeleitet. Es soll nicht aus der vereinnahmenden Wir- oder einer verallgemeinernden Man-Perspektive heraus gesprochen werden. Im Zentrum steht das Ich, das möglichst selektiv – unter Berücksichtigung von Situation und Adressat – und möglichst authentisch – im Einklang mit den eigenen Befindlichkeiten und Bedürfnissen – kommuniziert. Dabei ist der Umgang mit anderen immer nur aus der eigenen Perspektive möglich. Aussagen über andere sowie Bewertungen sind zu vermeiden. Finden sie statt, sollen sie als eigene Sichtweise markiert werden (vgl. S. 120–126). Cohn betont also die individuellen, autonomen Entscheidungen und Handlungen. Die subjektive Begrenztheit bleibt bewusst. Übergriffigkeit wird vermieden.

Das zweite Postulat lautet *„Störungen haben Vorrang* [Hervorhebung im Original]" (S. 122). Interaktionen können in unterschiedlicher Weise gestört werden. Solche Störungen zu ignorieren, um die Interaktion nicht zu beeinträchtigen, scheint die falsche Strategie. Starke Gefühle, Seitengespräche oder gleichzeitiges Reden mehrerer beispielsweise verweisen auf kommunikative Bedürfnisse, die befriedigt werden sollten, bevor die Hauptaktivität wieder aufgenommen wird. Bei gleichzeitigem Wunsch mehrerer, sich zu äußern kann kurz gefragt werden, welches Thema vorgesehen ist, um dann die Reihenfolge der Äußerungen nach Dringlichkeit und Relevanz zu sortieren (S. 122 f., 127 f.).[91] Der angestrebte Umgang mit Störungen verweist in gewisser Weise auf eine Gleichrangigkeit der Kommunikationsbedürfnisse aller: „Der Gruppenzusammenhalt ergibt sich aus konzentriertem Interesse füreinander und für die Aussagen oder Aktionen jedes Teilnehmers" (S. 127).

• Als Studierende/r beobachten Sie bitte eine Woche lang in allen Lehrveranstaltungen, die Sie besuchen, Störungen und den Umgang mit ihnen. Machen Sie sich zu Ihren Beobachtungen Notizen.

Versuchen wir auch für diesen Ansatz eine Einschätzung. Der Umgang der Themenzentrierten Interaktion mit Störungen scheint mir exzessiv. Nicht legitime Störungen werden nicht genannt. So ist es möglich, dass die eigentlich im Zentrum stehende Aktivität nicht ausreichend bearbeitet werden kann. Gerade beim Thema Störungen rückt der emotionale Aspekt in den Vordergrund. Kognitive Aufgaben treten dahinter zurück (vgl. Schmidt-Grunert 1997, S. 231 f.). Damit ist primär die Beziehungsebene im Fokus. Der Inhalt, das Thema, der Gegenstand der Interaktion werden weniger gewichtet. Auch institutionelle und gesamtgesellschaftliche Einbettung werden nicht thematisiert. Gerade im Hinblick auf diese wäre aber eine Einbeziehung einer kollektiven Perspektive sinnvoll (vgl.

---

91   Zur Festlegung der Reihenfolge können berücksichtigt werden: Stärke des Kommunikationsbedürfnisses, Interesse der Gruppenmitglieder, sich ergänzende Äußerungen sowie Identität von zwei Aussagen (Cohn 1983a, S. 127).

Geißler/Hege 1997, S. 163 f.). Zudem wird die Binnenstruktur der Gruppe kaum thematisiert. Koalitionsbildungen, Machtverhältnisse und Interessenskonflikte bleiben unberücksichtigt. Positiv an der Themenzentrierten Interaktion erscheint mir, dass eine Wahrnehmung der eigenen Bedürfnisse und Befindlichkeiten gefördert wird und dass für die Interaktion die eigene Perspektive – in ihrer Begrenztheit – stark gemacht wird. Dabei wird ein ebensolcher Zugang für den anderen und damit Gleichrangigkeit angesetzt. Interaktion bleibt tendenziell zielorientiert. Es geht um persönliche Weiterentwicklung, oder – in den Worten von Cohn – um Wachstum.

6.3 Schule

Kommen wir nun zur Mesoebene. Auf dieser Ebene werden Verflechtungsbeziehungen im Sinne von Simmel (vgl. Pries 2019), Institutionen und Organisationen berücksichtigt. Als Institutionen können einzelne „funktional spezialisierte [...] Subsysteme" wie Wirtschaft, Religion gefasst werden (Weymann 2007, S. 133). Organisationen hingegen werden definiert als *„zielorientierte soziale Gebilde mit einem angebbaren Mitgliederkreis* [Hervorhebung im Original]" (Mayntz 1963, zit. in Hirsch-Kreisen 2005, S. 49). Die genannte Unterscheidung wird nicht von allen Autor*innen vorgenommen. Einige unterscheiden nicht zwischen Institution und Organisation (a. a. O.; Abels 2019, S. 119, 160).[92] Im Folgenden geht es um Organisationen im engeren Sinne.

Nach Kühl (2014, S. 343 f. mit Bezug auf Luhmann) sind für Organisationen drei Aspekte zentral.

1) Es gibt Regelungen zur Mitgliedschaft (S. 343). Sie regulieren Eintritt in und Austritt aus der Organisation (Preyer 2012, S. 115). Beide Schritte können freiwillig erfolgen oder dem Individuum vorgegeben sein (Pries 2019, S. 161, mit Bezug auf Türk 1989). Prinzipiell sind die Mitglieder substituierbar (Etzioni 1978, S. 13).
2) Es bestehen organisationsspezifische Ziele und Zwecke. Diese sind veränderbar (Pries 2019, S. 163 mit Bezug auf Türk 1989).
3) Wesentlich ist eine hierarchische Binnenstruktur mit Formen der Über- und Unterordnung. Es können mehrere Machtzentren bestehen. Typisch sind Arbeitsteilung und Verantwortungsdelegation (Etzioni 1978, S. 13).

---

92 Schwierigkeiten bereitet auch die Abgrenzung von Interaktion und Organisation. Schwierigkeiten der Zuordnung ergeben sich insbesondere bei Interaktionen mit vielen Anwesenden und bei Organisationen mit einer niedrigen Zahl an Mitgliedern.

Pries (2019, S. 163) fasst die Binnenstruktur weniger hierarchisch: Es gebe eine „prinzipiell freie *Gestaltbarkeit ihrer internen Strukturen* [Hervorhebung im Original]". Er formuliert zusammenfassend: Eine Organisation ist ein „*relativ dauerhaftes arbeitsteiliges Kooperationsgefüge* [Hervorhebung im Original]" (S. 160). Wegen der großen Bedeutung von Organisationen für moderne Gesellschaften sprechen manche auch von einer Organisationsgesellschaft, so Schimank (2001, zit. in Abels 2019, S. 160).

Als etwas genauer zu betrachtende Organisation wurde Schule ausgewählt, weil sie für die Reproduktion der Sozialstruktur zentral und damit soziologisch besonders bedeutsam ist. In der Schule wird Bildung erworben. Bourdieu spricht von kulturellem Kapital und unterscheidet drei Ebenen. Inkorporiertes kulturelles Kapital ist verinnerlicht. Es betrifft insbesondere Wissen. Objektiviertes kulturelles Kapital ist gegenständlich. Es liegt z. B. in Form von Büchern vor. Institutionalisiertes Kapital schließlich dokumentiert Bildung. Typisch sind Bildungszertifikate (Allmendinger/Solga 2020, S. 487). Nach Fend (2006, zit. in Feldmann 2006, S. 247 f.) hat Schule in erster Linie drei Funktionen. Sie dient der Qualifikation, also dem Erwerb von Wissen und Fähigkeiten. Sie dient der Selektion im Sinne einer Zuordnung von Personen und Positionen und sie dient schließlich der Integration und Legitimation, und zwar insbesondere der Vorstellung davon, dass die Verteilung von Personen auf Positionen gerecht sei. Für Legitimation ist zentral, dass soziale Positionen nicht über Vererbung oder askriptive Merkmale zugeordnet werden, sondern gemäß dem Leistungsprinzip (Mayer/Buckley 1976, S. 38; Berger/Schmidt 2004, S. 10). Dies ist häufig nicht der Fall, wie das klassische Beispiel des katholischen Arbeitermädchens vom Lande zeigte (Kopp 2009, S. 74, gestützt auf Peisert und Dahrendorf); es hatte wenig Zugang zu Bildung und kaum Möglichkeiten zum sozialen Aufstieg. Heute wäre ein Beispiel eher der männliche Jugendliche mit Migrationshintergrund im urbanen Kontext. Ivan Illich (1972, wiedergegeben von Giddens 1999, S. 451) formuliert die Aufgaben der Schule etwas anders:

> „Er argumentiert, daß sich die Schulen so entwickelt haben, daß sie vier grundlegende Aufgaben erfüllen können: die Beaufsichtigung der Schüler, die Verteilung der Menschen auf die verschiedenen Bereiche des Arbeitslebens, die Weitergabe dominanter Werte sowie die Vermittlung gesellschaftlich gebilligter Fähigkeiten und Kenntnisse."

- Welche Funktionen hat Schule aus Ihrer Sicht? Berücksichtigen Sie auch den „heimlichen Lehrplan".

Eine kurze historische Einordnung: Schulen gab es schon in der Antike. Schulbildung richtete sich aber anfangs nur an Eliten. Eine zunehmend größere Verbreitung war zunächst religionsgebunden. Insbesondere die Industrialisierung verlangte dann eine Mindestbildung für alle (Fingerle 1989, S. 1326 f.). Die allgemeine

Schulpflicht wurde in Deutschland 1919 eingeführt. In den 60'er Jahren des zwanzigsten Jahrhunderts kam es dann zu einer deutlichen Bildungsexpansion. Die institutionelle Struktur der allgemeinbildenden Schulen in Deutschland ist je nach Bundesland unterschiedlich. Nach der Primarstufe, der Grundschule, wird nach der vierten oder sechsten Klasse in eine mehrgliedrige Sekundarstufe 1 gewechselt. Diese Struktur wird problematisiert. Die Separierung der Schüler*innen und deren früher Beginn scheinen Benachteiligungen von Kindern aus bildungsfernen Familien zu fördern. Zudem ist der Übergang selbst problematisch. Er wird – je nach Bundesland – unterschiedlich stark von den Eltern beeinflusst. Hier scheint zu gelten: je stärker die Beteiligung der Eltern, desto stärker die Benachteiligung bildungsfernerer Kinder (vgl. weiterführend Allmendinger/Solga 2020).[93]

- Wie kann Chancengleichheit für Kinder aus bildungsferneren Familien gefördert werden?

Ebenfalls von Interesse sind die institutionellen Ränder. So untersuchte Kalthoff (2006, zit. in Hertel/Pfaff 2015, S. 269) Elite-Internate. Die separate Beschulung von Kindern mit Beeinträchtigungen geht zurück, denn durch die UN Behindertenrechtskonvention von 2009 ist ein Anspruch auf Inklusion entstanden.

- Separate Schulen für Kinder mit Beeinträchtigungen wurden zunächst Hilfsschulen und dann Sonderschulen genannt. Heute wird von Förderschulen gesprochen. Wie erklären Sie sich diesen Wandel in der Bezeichnung und halten Sie ihn für hilfreich?

Auch für die Organisation Schule interessiert uns Interaktion besonders. Bei schulischem Unterricht handelt es sich um eine asymmetrische Interaktionssituation. Eine Lehrperson steht einer größeren Anzahl von Schüler*innen gegenüber. Beginn und Ende sind institutionell vorgegeben, doch die Umsetzung obliegt dem/der Lehrenden. Die Regeln des *turn taking* verschaffen der Lehrperson den deutlich größeren Handlungsspielraum.[94] Der erste *turn* liegt bei ihr. Sie kann Rederecht und Redepflicht an einen Lernenden weitergeben. Nach dessen Äußerung geht das Rederecht an die Lehrperson zurück. Auch die Dauer der Äußerung von Lernenden kann vom Lehrenden festgelegt werden. Wollen

---

93 Angesprochen wurden hier Benachteiligungen von Kindern aus bildungsfernen Familien. Bildungsbenachteiligungen von Kindern aus Familien mit Migrationsgeschichte hängen eng hiermit zusammen (vgl. Zwengel 2018, S. 50–55). Generell gilt, dass die Reproduktion des sozialen Status des Elternhauses durch das Bildungssystem in Deutschland besonders groß ist.

94 Bei Bourdieu/Passeron (1965, S. 447) heißt es: Der Lehrer habe das „privilège de parole qui implique le contrôle de la parole des autres" (dt.: Privileg zu sprechen, was die Kontrolle des Sprechens der anderen einschließt).

mehrere Schüler*innen gleichzeitig sprechen, entscheidet die Lehrperson über die Reihenfolge. Die Lehrperson kann den Schüler*innen aber auch selbstgesteuerte Sprecher*innenwechsel ermöglichen, z. B. durch die Bildung von Arbeitsgruppen (vgl. Mazeland 1983, S. 96 f.). Typische Äußerungen von Lehrer*innen sind Fragen. Sie sind aber zumeist keine echten, sondern didaktische Fragen. Von ihnen verspricht sich der Lehrende keinen eigenen Informationszuwachs, sondern einen Lernfortschritte der Schüler*innen. Eine weitere wichtige Äußerungsform von Lehrenden sind Korrekturen. Angesichts der asymmetrischen Kommunikationssituation und der Bewertungsbefugnisse der Lehrperson ist eine gesichtsschonende Formulierung wichtig. Dies ist eher der Fall, wenn Korrekturen nicht unterbrechen, wenn sie nicht als Korrekturen markiert sind und wenn der Inhalt der Korrektur vom Lernenden selbst formuliert wird (Ramge 1980, S. 155).

Die gesamtgesellschaftliche Struktur wirkt in die schulischen Interaktionen hinein. Dies soll am Beispiel der Sprache verdeutlicht werden. Zentral ist der Bezug zur *langue legitime*, als der Sprachform, die von Dominierenden in formellen Situationen gebraucht wird (Bourdieu 1982, S. 64).[95] In der Schule wird diese *langue legitime* eingeübt. Hier werden nicht nur Unterschiede in der Sprachpraxis ausgeglichen, sondern zum Teil noch verstärkt. Die Distanz zur *langue legitime* ist ja aufgrund unterschiedlicher familiärer Sozialisation für Kinder aus bildungsnahen und Kinder aus bildungsfernen Familien unterschiedlich groß. Zudem besteht eine gewisse Ähnlichkeit zwischen dem sprachlichen Habitus der Lehrperson und dem sprachlichen Habitus von Kindern aus Mittelschichtsfamilien. Dies führt zu einer gewissen Affinität, die sich positiv auf den Lernerfolg auswirken kann. Außerdem unterscheiden sich Kinder unterschiedlicher sozialer Herkunft typischerweise auch darin, wie intensiv und wie lang sie Schulen besuchen.[96] Schüler*innen können sich Freiräume schaffen, in denen

---

95 Ähnlich wie Marx geht Bourdieu davon aus, dass die individuellen Motive der Akteure nicht entscheidend seien: „La dépossession objective des classes dominées peut n̓etre jamais volue comme telle par aucun des acteurs engagés dans les luttes [...].“ (Bourdieu 1982, S. 49) (dt.: Es ist möglich, dass die objektive Enteignung der dominierten Klassen als solche von keinem der an den Kämpfen beteiligten Akteure gewollt ist.) Anders als der *rational-choice*-Ansatz setzt Bourdieu durch die Unterscheidung von Dominierenden und Dominierten kollektive Akteure an.

96 Die Argumentation ist schichtbezogen und passt insofern zu Bernstein (1987), der zwischen Mittel- und Unterschicht unterscheidet und ersterer den elaborierten und letzterer den restringierten Code zuordnet. Diese Codes unterscheiden sich insbesondere hinsichtlich Komplexität und Kontextgebundenheit. Bourdieu dagegen berücksichtigt bei der Kontrastierung von Sprache der Dominierenden und Sprache der Dominierten neben sozialer Schicht weitere Aspekte. Dies zeigt sich z. B. bei seiner Definition des *francais populaire* (Bourdieu 1983a, S. 10 f.). Er nennt als für seinen Gebrauch besonders relevante soziale Faktoren: soziale Herkunft, soziale Position – wobei von Bedeutung ist, ob am Arbeitsplatz Interaktion mit Gleichgestellten oder zwischen Personen mit großer sozialer Distanz dominiert –, städtische oder ländliche Herkunft – und zwar in erster oder zweiter Generation –, das Geschlecht, die Generationszugehörigkeit und die ethnische Herkunft.

sie weitgehend unbehelligt von der Norm der *langue legitime* kommunizieren. Ein Beispiel hierfür wären Gespräche in der Hofpause. Bourdieu (1983a) spricht für solche Kontexte mit geringerer *tension de marché* von *marchés francs*, von freien Märkten.

- Entwerfen Sie eine kleinere empirische Studie zu Interaktionen in der Schule.[97]

6.4 Zivilgesellschaftliche Initiative

Gesellschaftliche Partizipation und Möglichkeiten der Einflussnahme auf politische Entscheidungen sind wichtige Aspekte eines funktionierenden Gemeinwesens. Klassische Akteure wie Gewerkschaften und Parteien haben für viele junge Erwachsene an Attraktivität eingebüßt. Präferiert wird häufig ein zeitlich begrenztes, auf wechselnde Themen bezogenes gemeinwesenbezogenes Engagement. Deshalb wird als zweites Beispiel für die Mesoebene der Organisation zivilgesellschaftliche Initiative als Gegenstand gewählt.

Beginnen wir mit begrifflichen Klärungen. Nach Kowalski (1984, zit. in Dünnwald 2006, S. 139) haben Initiativen typischerweise folgende Merkmale:

eine „relative organisatorische, methodische und inhaltliche Unabhängigkeit von einem Träger; (wenigstens teilweise) ehrenamtliche Mitarbeit; das Fehlen von Gewinn- oder Bereicherungsstreben; eine selbstgewählte Kooperationsstruktur, in der Regel in Form einer Arbeitsgruppe; ein gemeinsamer Treff-/Besprechungs-/Arbeitsort; gemeinsam erarbeitete Zielsetzung, die in der Regel über kurzfristige Befriedigung der Alltagsbedürfnisse hinausreicht; dementsprechende Aktions- und Kommunikationsformen, die in irgendeiner Weise nach ‚außen' wirken und dort auch etwas zum (nach Meinung der Initiative) Besseren verändern oder verändern wollen".

- Konkretisieren Sie die genannten Merkmale für eine Initiative Ihrer Wahl.

Initiativen sind gesellschaftlich situiert. Wichtige Begriffe in diesem Zusammenhang sind bürgerschaftliches Engagement, soziale Bewegung und Zivilgesellschaft. Unter bürgerschaftlichem Engagement wird gefasst: „das Phänomen des freiwilligen, unentgeltlichen und gemeinwohlorientierten Engagements der Bürgerinnen und Bürger" (Olk/Hartnuß 2011, S. 145). Roth (2000, zit. a.a.O., S. 149 f.) nennt hierfür fünf Bereiche, für die es jeweils eher traditionellere und

---

97 Aktuell gibt es zahlreiche empirische Studien zur Schule mit „stärker interaktionsbezogenem Fokus", die sich theoretisch unterschiedlich verorten, z. B. mit Bezügen zur Ethnomethodologie oder zur Wissenssoziologie (Hertel/Pfaff 2015, S. 266; Bräu/Schlickum 2015). Als interessante, datenreiche Dissertation sei Artamonova (2016) genannt.

eher neuere Formen der Beteiligung gibt: politische Beteiligung, z. B. in Parteien oder Bürgerinitiativen, öffentliche Ämter, wie z. B. Schöffe oder Elternbeirat, soziales Engagement, z. B. als Mitarbeit in Wohlfahrtsverbänden oder in Freiwilligenagenturen, moralökonomisch geprägte Eigenarbeit, z. B. als Nachbarschaftshilfe oder in Genossenschaften, oder Selbsthilfe, z. B. als Jugendarbeit oder als Selbsthilfegruppe. Bürgerschaftliches Engagement muss nicht mit einem politischen Verständnis als Bürger verknüpft sein. So heißt es bei Corsten/Kauppert/ Rosa (2008, S. 13): „Der Engagierte muss nach unserer Begriffsbestimmung nicht als Bürger einer politischen Gemeinschaft handeln". Anders ist es bei sozialen Bewegungen. Dies wird an folgender Definition deutlich: Soziale Bewegungen stellen „soziale Gebilde aus miteinander vernetzten Personen, Gruppen und Organisationen dar, die mit kollektiven Aktionen Protest ausdrücken, um soziale bzw. politische Verhältnisse zu verändern oder um sich vollziehenden Veränderungen entgegenzuwirken" (Rucht/Neidhardt 2001, zit. in Pries 2019, S. 220).[98] Relevant ist die Unterscheidung zwischen sozialen Bewegungen, deren Ziel die Besserstellung der eigenen Gruppe ist, und neuen sozialen Bewegungen, die auf eine Verbesserung der Gesellschaft insgesamt abzielen (Schiffauer 2017, S. 28). Mit Zivilgesellschaft können gemeinwohlorientiertes Handeln als Oberbegriff und politisch motiviertes Handeln als eine Realisierungsform zusammengeführt werden. Eine Definition lautet: „Zivilgesellschaft [...] bezeichnet den Teil einer Gesellschaft, der aus Zusammenschlüssen besteht, die im öffentlichen Raum stattfinden, auf freiwilligen Handlungen beruhen und im Wesentlichen die Selbstorganisation der Bürger zum Ziel haben" (Stricker/Strasser 2014, S. 641). Nicht alle zivilgesellschaftlichen Akteure zielen darauf ab, „Einfluss auf gesellschaftliche Meinungs- und Willensprozesse zu nehmen" (Stricker/Strasser 2014, S. 642).

- Recherchieren Sie zu „Fridays for Future" und beziehen Sie bei der Darstellung Ihrer Ergebnisse die genannten Definitionen und Systematisierungen ein.

Zur Darstellung von Organisationsaspekten beschränken wir uns auf zivilgesellschaftliche Initiativen, die politische Aspekte einbeziehen. Die Binnenstruktur dieser Initiativen ist zumeist wenig durch formelle Strukturen geprägt. Es dominieren informelle Führungspersonen. Zutritt und Austritt sind nicht formal geregelt. Die Situation ändert sich, wenn die Organisationsform des gemeinnützigen Vereins gewählt wird. Sie ermöglicht die Abrechnung von Spendengeldern und kann hilfreich sein bei einer Beantragung von Fördermitteln. Besteht ein Verein,

---

98 vgl. die Definition von Raschke (1985, zit. in Kißler 2007, S. 165): Eine soziale Bewegung ist „ein mobilisierender kollektiver Akteur, der mit einer gewissen Kontinuität auf der Grundlage hoher symbolischer Integration und geringer Rollenspezifikation mittels variabler Organisations- und Aktionsformen das Ziel verfolgt, grundlegenden sozialen Wandel herbeizuführen, zu verhindern oder rückgängig zu machen".

gibt es eine klare, rechtlich vorgegebene Binnenstruktur mit Satzung, Vorstand und Mitgliederversammlung. Es besteht formelle Mitgliedschaft. Welche Vereine als gemeinnützig einzustufen sind, ist aber gegenwärtig umstritten. Vereine, die nur und im engen Sinne politisch ausgerichtet sind, zählen nicht dazu.

Ein zentrales Ziel politisch orientierter Initiativen ist die Außenwirkung. Dabei werden politische Akteure wie Parteien, Parlamente, Regierungen adressiert, aber auch Interessensgruppen und Lobbyverbände sowie die Bevölkerung im Allgemeinen. Besonders wichtig ist eine Wirkung auf Medien, denn diese sind zentral für *agenda-setting* (vgl. Rucht/Neidhardt 2020, S. 855 f.). Mediale Aufmerksamkeit kann erhöht werden durch Mobilisierung einer möglichst großen Zahl von Personen sowie durch ungewöhnliche, kreative Protestformen. Zwei Beispiele seien genannt. Das Zentrum für Politische Schönheit (2014) stellte eine fingierte Website des Bundesfamilienministeriums ins Netz zur angeblichen Suche nach Pflegefamilien für syrische Flüchtlingskinder. An diesem Beispiel zeigt sich auch die zunehmende Bedeutung digitaler Kommunikationsformen. Die Initiativen „Leave no one behind", „Seebrücke – schafft sichere Häfen", „Sea-Watch" und „campact" stellten 2020 13.000 Stühle vor den Bundestag, um auf die dramatische Lage der Flüchtlinge im Lager Moria auf Lesbos hinzuweisen (Welt Nachrichtensender 2020). An diesem Beispiel wird auch die Bedeutung der Sichtbarkeit von Protestformen deutlich. Politisch geprägte Initiativen wirken nicht nur nach außen. Sie erfüllen auch wichtige Funktionen für die Mitglieder selbst. Relevant sein können insbesondere soziale Einbindung, Weiterentwicklung des Weltbildes, Erfahrung von Selbstwirksamkeit und ein positives Selbstbild.[99]

Ausgehend von zivilgesellschaftlichen Initiativen kann es zu unterschiedlichen institutionellen Dynamiken kommen. Kleinere lokale Initiativen können sich auf regionaler, nationaler oder transnationaler Ebene zusammenschließen. Übergreifende Zusammenschlüsse können sich in kleinere Initiativen ausdifferenzieren. Initiativen können Institutionskerne bilden in sonst eher gering institutionalisierten Bewegungen. Zwei Beispiele seien genannt. Im Kontext der Friedensbewegung der 1980'er Jahre schlossen sich 26 Gruppen bzw. Organisationen zu einem Koordinierungsausschuss zusammen (dazu genauer Leif 1990, zit. in Rucht/Neidhardt 2020, S. 857). Für die Studentenbewegung der 1968'er Jahre war

---

99   Han-Broich (2012, S. 110–113) nennt als einen wichtigen Effekt für Personen, die sich ehrenamtlich für Geflüchtete engagieren, das Entstehen neuer sozialer Kontakte. Diese seien von unterschiedlicher Natur. Ersatzkontakte können „Beziehungslücken schließen bzw. ersetzen", z. B. beim Übergang in das Rentenalter. Zusatzkontakte ergeben sich für Personen, die bereits gut sozial vernetzt sind, z. B. durch ein bereits bestehendes Ehrenamt in einem anderen Kontext. Neukontakte in andere soziale Milieus hinein entstehen, bei Kontakt zu Menschen, „die sonst nicht zu ihrem üblichen Umkreis gehören", wie z. B. Personen mit erheblich höherem oder erheblich niedrigerem sozialen Status. Binnenkontakte zwischen Unterstützenden schließlich ermöglichen bisher randständigen Personen eine Aufwertung durch neue, soziale Vernetzung. Dies kann z. B. für Neuzugezogene gelten.

der „Sozialistische Deutsche Studentenbund" ein wichtiger Organisationskern (a. a. O.). Eine institutionelle Dynamik entsteht auch durch Übergänge in anders geartete Organisationen. So können aus in soziale Bewegungen eingebetteten Initiativgruppen neue Parteien entstehen. Klassisches Beispiel ist die vor allem aus der Umwelt-, Friedens- und Frauenbewegung hervorgegangene Partei Bündnis 90/Die Grünen (vgl. Kißler 2007, S. 168). Es ist auch möglich, dass einzelne Akteure in anders geartete Organisationen wechseln. So kritisierten Aktivist*innen der Flüchtlingsinitiative „The Voice" den Wechsel deutscher Unterstützender in Führungspositionen in Politik, Verbände oder Medien (Willmann 2016).

• Recherchieren Sie zu einer studentisch geprägten Initiativgruppe in den sozialen Medien. Die vorausgegangene Darstellung kann Ihnen helfen zu präzisieren, welche Informationen nützlich sein könnten.

Von großer Bedeutung waren zivilgesellschaftliche Initiativen – nicht nur im engeren politischen Sinne, sondern in einem breiteren bürgerschaftlichen Verständnis – im Zusammenhang mit der sich im Spätsommer 2015 verstärkenden Zuwanderung von Geflüchteten. Es bestand damals eine humanitäre Notsituation mit erhöhtem Unterstützungsbedarf. Die Lage wurde als Ausnahmesituation wahrgenommen und war begleitet von einer hohen medialen Präsenz.[100] Die Phase wurde von manchen Unterstützenden geradezu rauschhaft erlebt (vgl. Küpper/ Zick 2016, S. 14). Typisch war eine hohe ethische Aufgeladenheit von Unterstützungshandlungen. Oft deckten Ehrenamtliche Bereiche ab, für die eigentlich andere Akteure zuständig gewesen wären, die diese aber angesichts der hohen Belastung nicht abdecken konnten. Die Unterstützungsleistungen betrafen im Winter 2014 insbesondere Hilfen beim Umgang mit Behörden, Sprachunterricht, Übersetzungen und Sozialberatung (S. 28). Es entstanden zivilgesellschaftliche Initiativen in unterschiedlichsten Bereichen, wie Jugendarbeit, Wohnprojekt, Gesundheitsförderung, Freizeitangebot, Bildungsmaßnahme, Beratung und Begegnungszentrum (vgl. Schiffauer/Eilert/Rudloff 2017).

Aus organisationssoziologischer Perspektive ist im Hinblick auf die Unterstützung Geflüchteter interessant, dass die zentralen Akteure im Herbst und Winter 2015 vor allem in Initiativen, Vereinen oder Projekten organisiert waren (Karakayali/Kleist 2015, S. 25) und dass diese zumeist ad hoc entstanden.[101] Typisch war eine lokale Verankerung, häufig über eine enge Bindung an eine

---

100 Fast die Hälfte von Ende 2014 befragten ehrenamtlich für Geflüchtete Engagierten gab an, dass Medienberichte ein wichtiger Anlass für ihr Engagement gewesen seien (Karakayali/ Kleist 2015, S. 31).

101 Es gab auch Initiativen, die bereits früher existierten und nun ihren Aufgabenbereich erweiterten, so z. B. die 2002 gebildete Initiative „Women in Exile & Friends" (Schiffauer/Eilert/Rudloff 2017, S. 251) sowie das aus einer „save me"-Kampagne entstandene „Welcome in" in Fulda (Rühmann 2020).

Flüchtlingsunterkunft vor Ort. Bereits bestehende, etablierte kollektive Akteure wie Wohlfahrtsverbände und Integrationskursträger mit langer Erfahrung in der Unterstützung Geflüchteter waren oft eher Helfende im Hintergrund, die die neu entstandenen Initiativgruppen unterstützten, ohne diese zu dominieren.

In der damaligen, ausführlichen medialen Berichterstattung wurden einige zentrale Probleme des Engagements deutlich. Nicht wenige Akteure gingen bei ihrem Engagement bis an die Erschöpfungsgrenzen. Es galt eine sehr hohe Zahl vom Unterstützenden zu koordinieren. Der logistische Aufwand war immens, z. B. bei Kleiderkammern. Personen führten Tätigkeiten ohne vorherige Qualifizierung aus, so als Sprachlehrer*innen ohne linguistische und didaktische Vorbildung oder als Berater*innen ohne psychologisches Wissen zum Umgang mit Traumatisierten und genauere Kenntnisse des Flüchtlings- und Ausländerrechtes. Es kam zu Auseinandersetzungen zwischen Haupt- und Ehrenamtlichen, zwischen Aktivist*innen und staatlichen Akteuren. Manche Unterstützungsleistungen beteiligten Geflüchtete gleichrangig, so als Mitspielende eines Theaterstückes. Andere verbesserten Partizipationsmöglichkeiten. So reparierten geflüchtete Frauen Fahrräder und erhielten dann selbst ein Rad. In Schiffauer/Eilert/Rudloff (2017) werden 90 Projekte für und mit Geflüchteten portraitiert. Deutlich werden Ausmaß, Vielfalt und Kreativität zivilgesellschaftlichen Engagements in einer bewegenden, bewegten Zeit.

- Führen Sie ein ausführliches Gespräch mit einer/m Geflüchteten. Fragen Sie auch nach erhaltener und nach gewünschter Unterstützung.

6.5 Globalisierung

Kommen wir zur Makroebene. Gewählt wurde das Thema Globalisierung. Seine Relevanz zeigt sich an der Corona-Pandemie. Das Virus trat zunächst Ende 2019 in China auf, verbreitete sich in immer mehr Ländern und wurde zum globalen Problem. Maßnahmen zur Eindämmung des Virus, wie Reisebeschränkungen und Lockdowns, wurden zumeist auf nationaler Ebene oder landesintern getroffen. Sie hatten aber globale Auswirkungen, vor allem im ökonomischen aber auch im sozialen Bereich. In der Krise wurde deutlich, wie abhängig wir von internationaler Kooperation sind und dass wir – wie beim Klimawandel – vor Probleme stehen, die globaler Natur sind. Konkurrenz und Kooperation zeigt sich bei der Erforschung der Verbreitung des Virus und bei der Entwicklung von Impfstoffen zu seiner Bekämpfung.

Unter Globalisierung wird hier verstanden: Der nationale Grenzen überschreitende Transfer von Kapital, Produkten, Dienstleistungen, Informationen und Personen nimmt zu. Dies hat ökonomische, politische, soziale, kulturelle und ökologische Folgen. Diese Gegenstandsbestimmung knüpft an Definitionen aus der Fachliteratur an. So spricht Therborn (2010, S. 71) von „globalen oder zumindest transnationalen *Strömen* [Hervorhebung im Original] von Waren, Dienstleistungen, Kapital, Menschen und […] Informationen und Ideen".[102] In Deutschland wurde die Betrachtung von Globalisierung häufig auf den ökonomischen Aspekt beschränkt (Beck 1997, S. 56). Hier sollen ihre Auswirkungen auf unterschiedliche gesellschaftliche Bereiche berücksichtigt werden.

• Eine überzeugende Zusammenstellung kurzer Texte zu theoretischen Ansätzen im Themenfeld Globalisierung ist Kemper/Sonnenschein (2002). Mahlke (2019) bietet in anschaulicher Darstellung aktuelle Zahlen zur Globalisierung im Allgemeinen und zu exemplarischen Vertiefungen im Besonderen. Lesen Sie aus beiden Veröffentlichungen jeweils zwei Texte und tauschen Sie sich mit anderen über die Ergebnisse Ihrer Lektüre aus.

Erläutern wir nun die einzelnen Elemente der präsentierten Gegenstandsbestimmung. Beginnen wir kurz mit dem Transfer von Kapital. Die Zunahme der ausländischen Direktinvestitionen ist ein zentrales Element der Globalisierung. Kapitaltransfer finden vorwiegend zwischen einigen wenigen Ländern statt, und zwar insbesondere zwischen den USA, China, Japan und Deutschland (Herrmann 2019, S. 111). Der durch einen Ausbau von Transportmitteln erleichterte Transfer von Produkten ist für alle Länder relevant (Greven/Scherrer 2005, S. 29). Doch auch hier beziehen sich die meisten Transaktionen auf einige wenige Länder. China, die USA und Deutschland bilden bei Import und Export von Waren die Spitzengruppe (N. N. 2019a, S. 60 f.). Durch den Transfer von Teilprodukten werden Produktionsprozesse selbst grenzüberschreitend. Ein anschauliches Beispiel hierfür ist eine Jeans, an deren Herstellung in sieben Ländern gearbeitet wird (Jäger 2004, S. 73).[103] Bei der Wahl von Produktionsstandorten werden häufig Unterschiede bei Lohnhöhe, Sozialabgaben, Arbeitnehmervertretungen und Umweltstandards genutzt. Es kommt zu länderübergreifend agierenden Unternehmen. Die Bedeutung multinationaler Konzerne nimmt zu.[104] Volkswagen beispielsweise war bereits Anfang der 2000'er Jahre mit Standorten für

---

102 Therborn (2010, S. 71) berücksichtigt bereits die angesichts der Corona-Pandemie besonders relevante nationale Grenzen überschreitende Verbreitung von Krankheiten.

103 Jäger (2004, S. 73) konkretisiert: Baumwolle wird in Kasachstan geerntet, in der Türkei zu Garn verarbeitet, in Taiwan mit Chemikalien aus Deutschland gefärbt und in Polen zu Stoff gewoben. In Frankreich werden Innenfutter, Schilder, Knöpfe und Nieten hergestellt. Auf den Philippinen wird das Produkt genäht. In Griechenland findet schließlich die Endverarbeitung statt.

104 Multinationalen Unternehmen werden Unternehmen genannt, die über „mindestens eine Tochterfirma im Ausland mit einer Kapitalbeteiligung von über 10 %" verfügen (Jäger 2004, S. 50).

Produktion oder Montage in 20 Ländern präsent (Greven/Scherrer 2005, S. 102). Der Gewinn bleibt häufig nicht in den Ländern, in denen er erwirtschaftet wird.

- Ein Lieferkettengesetz soll dafür sorgen, dass Menschenreche weltweit und bei allen Produktionsschritten eingehalten werden. Recherchieren Sie Details.

Neben Produkten werden Dienstleistungen transferiert. Da der Anteil an Dienstleistungen am Bruttosozialprodukt in (post-)modernen Gesellschaften wächst, ist es nicht erstaunlich, dass dieser auch bei den nationalen Grenzen überschreitenden Transfers zunimmt (Evers 2007, S. 543, gestützt auf French 2000). Heute sind das Internet im Allgemeinen und die sozialen Medien im Besonderen prägend. Über das Internet besteht Zugang zu einer unfassbar großen Menge an Informationen, die ohne zeitliche Verzögerung und mit geringen Kosten weltweit abrufbar und erweiterbar ist (vgl. z. B. Hardt/Negri 2002, S. 306, 308). Der Zugang hierzu ist allerdings ungleich verteilt. Mitte der 2000'er Jahre gab es in Manhattan mehr Internetanschlüsse als in ganz Afrika (Hamm/Roth 2006, S. 149). Der globale Süden holt bei der Digitalisierung auf. Dies zeigt sich z. B. an einem Vergleich von Daten aus den Jahren 2015/16 und 2017/18 (Domscheit-Berg 2019, S. 174).

- Wieso hat das Handy eine so große Bedeutung für Flüchtlinge?

Kommen wir zum nationalen Grenzen überschreitenden Transfer von Personen. Zum Teil führt er zu langfristigen Aufenthalten. Die größte Zahl von Einwanderern verzeichnete 2017 die USA. Saudi-Arabien und Deutschland lagen auf Platz zwei. Die höchste Zahl von Einwanderern von einem Staat in einen anderen betraf 2010–2017 die Migration von Syrern in die Türkei (N. N. 2019, S. 117). Die meisten Einwanderungen finden innerhalb desselben Kontinentes statt (Gänsler 2019, S. 126). Es wandern zum einen Arbeitsmigrant*innen. Sie migrieren dauerhaft oder befristet. Sie können wiederholt reisen als Pendler*innen, weiterwandern oder zurückkehren. Wichtig sind Unterschiede im Qualifikationsniveau und Qualifikationsanforderungen an potentiellen Arbeitsplätzen. Flüchtlinge fliehen zumeist vor Krieg, Bürgerkrieg und politischer Unterdrückung. Auch prekäre ökonomische Situation und ein starkes Wohlstandsgefälle zwischen Ländern spielen eine Rolle. In Zukunft dürfte die Zahl der Umweltflüchtlinge zunehmen.[105] Ein Beispiel für kurzfristige Auslandsaufenthalte ist der Tourismus. Mitte der 2000'er Jahre lagen über 80 % der Ziele des internationalen Tourismus in Nordamerika und Westeuropa (Vidal 2006, S. 43). 2017 waren USA, Spanien und Frankreich Hauptziele ausländischer Tourist*innen (Beyerle 2019, S. 85). Auch beim Tourismus zeigt sich also, dass von Globalisierung eine geringe Zahl von Staaten besonders stark betroffen ist.

---

105 zu weiteren Modi der Zu- und Einwanderung vgl. Zwengel (2018, Kap. 2.1).

Globalisierung hat Auswirkungen. Beginnen wir mit ökonomischen Aspekten. Alle Länder sind, wenn auch in unterschiedlichem Ausmaß, in die Weltökonomie eingebunden. Wallerstein (2010) spricht von einem Weltsystem für das er zwischen Kernländern, Semiperipherie und Peripherie unterscheidet (S. 180). Während sich manche asiatischen Länder von der Peripherie hin zur Semiperipherie entwickelt haben, bleiben viele Staaten in Subsahara-Afrika Peripherie. Die Entwicklung des Zentrums war nur durch eine Ausbeutung der Peripherie möglich. Dies zeigte André Gunder Frank, der am Beispiel von Lateinamerika die *dependencia*-Theorie entwickelt hat (Evers 2007, S. 550–552). Heute sind postkoloniale Ansätze ein wichtiger Bezugspunkt zur Erklärung weltweiter sozialer Ungleichheit. Ob Globalisierung die globalen Unterschiede zwischen arm und reich verstärkt, ist umstritten. Der Abstand ist groß. 1989 entfielen auf das reichste Fünftel der Weltbevölkerung 80 % und auf das ärmste Fünftel 1,4% des Pro-Kopf-Einkommens (S. 542). Eine Zunahme des Abstandes zwischen arm und reich zeigt sich, wenn das Pro-Kopf-Einkommen der fünf ärmsten mit dem der fünf reichsten Staaten verglichen wird (Betz 2006, S. 199). Andere Autor*innen, wie Milanović (2019), sprechen von tendenziell abnehmenden Einkommensunterschieden auf globaler Ebene. Durch die Globalisierung verändern sich (auch) in Deutschland ökonomische Allianzen. Es kommt zu einer Polarisierung zwischen exportabhängigen und exportunabhängigen Unternehmen, zwischen fest verankerten Betrieben und solchen, die ins Ausland abwandern könnten, zwischen Unternehmen, die von Importen profitieren, und solchen, für die diese eine bedrohliche Konkurrenz darstellen (vgl. Schirm 2006, S. 23 f.).

Die Globalisierung hat auch Auswirkungen auf der politischen Ebene. Zum einen müssen sich Staaten mit zunehmend einflussreichen multinationalen Unternehmen auseinandersetzen. Die multinationalen Unternehmen können nationale Politiken beeinflussen (Mahnkopf 1998, zit. in Schirm 2006, S. 16), doch ihr Einfluss wurde wohl zum Teil überschätzt (S. 24). Mit *governance without government* wird – breiter – das Phänomen bezeichnet, dass der Staat als Akteur in den Hintergrund trete (Grande u. a. 2006, S. 119). Auch dies gilt nur begrenzt, schon allein deshalb, weil auch das Delegieren von Verantwortung eine Form staatlichen Handelns ist (vgl. Berking 2001, S. 95). Für die internationale politische Kooperation ist zwischen bilateralen und multilateralen Formen zu unterscheiden. Bei der multilateralen Kooperation gibt es neben zwischenstaatlichen Zusammenschlüssen, wie UNO oder WTO, supranationale Organisationen mit eigener Rechtsordnung, wie die EU. Die hohe Bedeutung der EU zeigt sich bereits daran, dass die meisten Bundesgesetze eine Umsetzung von EU-Regeln sind. Die politische Kooperation über nationale Grenzen hinweg bleibt eine wichtige Herausforderung, weil Probleme wie Klimawandel, Terrorismus und die gegenwärtige Corona-Pandemie globaler Natur sind.

Auch auf der sozialen Ebene zeigen sich Auswirkungen der Globalisierung. Während die ökonomischen Strukturen zunehmend global geworden sind, bleiben wichtige Formen der Interessensvertretung weitgehend innerstaatlich (Wallerstein 2010, S. 187 f.; Beck 2010, S. 34 f.). Zudem verändert die Zunahme von Migration soziale Interaktionen. Es wird zunehmend zwischen Personen interagiert, die nicht im gleichen Kontext aufgewachsen sind. Dies relativiert vermeintliche Selbstverständlichkeiten und kann zur Erweiterung von Verhaltensrepertoires führen. Auch die Zunahme digital vermittelter Kommunikation hat soziale Auswirkungen. Die Fülle von Informationen relativiert das eigene Wissen und es wird Kommunikation möglich zwischen unterschiedlichsten, nicht an gemeinsame Räume gebundenen Akteuren.

Bei den kulturellen Auswirkungen der Globalisierung zeigt sich ein Spannungsverhältnis. Es kommt zugleich zu „Pluralisierung und Generalisierung" (Degele/Dries 2005, S. 22). Die Generalisierung kann plakativ mit McDonaldisierung gefasst werden. Damit wird nicht nur auf eine Homogenisierung, sondern auch auf eine Dominanz bestimmter kultureller Einflüsse verwiesen. Zugleich aber kommt es zu einer Pluralisierung. Unterschiedlichste lokale kulturelle Praktiken finden durch das Internet globale Verbreitung. Manchmal finden sich beide Aspekte in Kombination. So kann der klassische Hamburger spezifische, an lokale Geschmacksgewohnheiten angepasste Formen annehmen. Nach Huntington gewinnen kulturelle Konflikte zunehmend an Bedeutung.[106] Er unterscheidet acht Kulturkreise und geht von einer – bedrohten – Dominanz der westlichen Kultur aus (Lange 2000, S. 293–295). Diese Sichtweise ist umstritten. Unstrittig ist, dass durch nationale Grenzen überschreitende Migration kulturelle Vielfalt innerhalb von Nationalstaaten zunimmt.

Gegenwärtig besonders im Fokus sind ökologische Auswirkungen der Globalisierung. Sie entstehen durch Phänomene innerhalb einzelner Gesellschaften, wie z. B. der Abholzung von tropischem Regenwald, durch nationale Grenzen überschreitende Aspekte, wie z. B. der Verschmutzung von Gewässern sowie durch globale Phänomene, wie z. B. den weltweiten CO_2 Ausstoß. Für die Betrachtung der ökologischen Folgen der Globalisierung können drei Phasen unterschieden werden. 1972 legte der Club of Rome „Die Grenzen des Wachstums" vor. Wichtige Rohstoffe seien begrenzt. Komme es nicht zu Nullwachstum bei der Bevölkerung und bei der Industrieproduktion, drohe eine ökologische Katastrophe. Eine zweite Phase war geprägt durch die Auseinandersetzung mit der Atomenergie. Dabei förderten die Nuklearkatastrophen 1986 in Tschernobyl und 2011 in Fukushima Einstellungsveränderungen. Gegenwärtig ist die Klimaerwärmung das zentrale

---

106 „It is my hypothesis that the fundamental source of conflict in this new world will not be primarily ideological or primarily economic. [...] The clash of civilizations will dominate global politics" (Huntington 1993, zit. in Lange 2000, S. 293).

Thema. Im Pariser Abkommen von 2015 wurde festgelegt, dass der weltweite Anstieg der Durchschnittstemperatur deutlich unter 2 Grad Celsius bleiben soll.

- Nennen Sie zentrale Aspekte des Klimawandels und erweitern Sie Ihre Darstellung nach Lektüre des ersten Kapitels von Mahlke (Hrsg.) (2019).

Versuchen wir eine Gesamteinschätzung zur Globalisierung. Die meisten Transaktionen finden zwischen wenigen, zumeist westlich geprägten Kernstaaten statt. Betroffen von ihren Auswirkungen sind aber alle Länder, insbesondere die des globalen Südens. Globalisierung ist ein primär ökonomisches Phänomen, sie hat aber Auswirkungen auf die verschiedensten gesellschaftlichen Bereiche. Perspektivisch ist eine weitere Zunahme nationalstaatliche Grenzen überschreitender Transfers zu erwarten. Schon jetzt gilt: Eine Reduzierung auf die Betrachtung von Nationalstaaten wird den stattfindenden, globalen Prozessen nicht gerecht.

- Think global – act local. Wie ist dieser Ansatz konkret umsetzbar?

6.6 Transnationale Räume

Mein eigener Arbeitsschwerpunkt ist Migration (vgl. z. B. Zwengel 2018). Deshalb wird ein für diesen Bereich zentrales Konzept genauer betrachtet.

- Lesen Sie zu transnationalen Räumen in Pries (2008) und in Faist/Fauser/Reisenauer (2014).

Migration wird oft als das Überschreiten nationalstaatlicher Grenzen gefasst, das zu einem längeren Aufenthalt in einem anderen Land führt. Dieser Fokus auf den einen Grenzübertritt ist verkürzend. Basch u. a. (1994, zit. in Portes/Escobar/Walton Radford 2005, S. 11) spricht von einem „permanent back-and-forth movement". Insbesondere drei Phänomene sind relevant. Es kommt zu Rückkehrmigration. Ein Beispiel: nach dem Anwerbestopp 1973 waren Rückkehrmöglichkeiten für in Deutschland lebende Arbeitsmigrant*innen begrenzt. Italienische Arbeitsmigrant*innen aber genossen als Mitglieder der Europäischen Gemeinschaft Freizügigkeit. Dadurch kam es zu häufigem Hin-und-her-Reisen, ein Phänomen, das sich negativ auf die schulische Entwicklung der Kinder ausgewirkt haben könnte (vgl. Boos-Nünning/Karakaşoğlu 2005, S. 164). Zu beobachten ist zudem ein Weitermigrieren. Dies zeigt sich gegenwärtig beispielsweise bei der Migration von Geflüchteten innerhalb der Europäischen Union. Drittens schließlich gibt es *chain migration*, den Nachzug anderer Migrant*innen. Dieser ist besonders häufig bei Bestehen ethnischer Communities, bei geteilter lokaler Herkunft sowie bei Existenz bereits migrierter Familienmitglieder. Festzuhalten ist: Migrationen sollten nicht separat betrachtet werden. Es gilt, das Geflecht von Migrationen in den Blick zu nehmen.

Eine zweite Vereinfachung ist die Auffassung, dass bei Migration ein Wechsel von einer Gesellschaft in eine andere vorliege. Basch u. a. (1994, zit. in Portes/Escobar/Walton Radford 2005, S. 11) betonen: „migrants live simultaneously in two or more societies and cultures". Migrant*innen sind nicht nur durch Aufwachsen in einer und durch Leben in einer anderen Gesellschaft geprägt. Sie können, z. B. durch Familie, Ausbildung oder Beruf, an ganz unterschiedliche Orte und Gesellschaften gebunden sein. So haben mexikanische Migrant*innen zum Teil Verbindungen zu kleineren Dörfern der Nixteca, zu Mexiko-Stadt, zu New York und zu Chicago. Manche haitianischen Familien leben mit Bezügen zu Port-au-Prince, Florida und Paris (Pries 2008, S. 161 f. mit Verweis auf Schiller u. a. 1992; Basch u. a. 1997; Pries 1998; Besserer 2002). Park (2002, S. 68–70) entwickelte das Konzept der hybriden Identität für den *marginal man*, der in einer Übergangsphase zwischen zwei Kulturen steht, von beiden Kulturen geprägt wird und eine neue, diese Einflüsse integrierende Identität ausbildet. Dieser Ansatz kann übertragen werden von zwei Kulturen auf eine Prägung durch vielfache, unterschiedliche kulturelle Bezüge (vgl. auch Nick 2003).

Für Migrant*innen wird oft gefragt, wieweit es ihnen gelingt, sich in bestehende Gruppen und Gesellschaften einzufügen. Doch Migrant*innen gliedern sich nicht nur in bestehende Kontexte ein, sie schaffen selbst neue Räume und Praktiken. Durch ihre Mehrfachverankerungen entstehen „deterritorialized communities" (Basch u. a. 1994, zit. in Portes/Escobar/Walton Radford 2005, S. 11). Die entstehenden sozialen Bezüge verbinden Migrierende und nicht Migrierte, so können Sesshafte Migration anderer finanzieren oder selbst durch Rücküberweisungen (*remittances*) von diesen profitieren (Faist/Fauser/Reisenauer 2014, S. 26). Migrant*innen können auch bei Abwesenheit die Lage in ihren Herkunftsorten beeinflussen, z. B. durch Unterstützung bestimmter Projekte oder durch politische Einflussnahme. Die oft vielfältigen sozialen Bezüge der Migrant*innen haben auch Auswirkungen auf den privaten Bereich im engen Sinne. Es entstehen neue Heiratsmärkte und Veränderungen bei Familienbildungen.

Das Zusammenspiel von verschiedenen Migrationen, die Prägung durch unterschiedliche Orte und Gesellschaften sowie die Entstehung neuer Räume und sozialer Praktiken seien illustrierend zusammengeführt am Beispiel einer mexikanischen Großfamilie aus dem bereits genannten Untersuchungszusammenhang. Eine junge Frau migriert aus einem kleinen mexikanischen Ort nach New York, um dort einen Migranten aus einem Nachbardorf zu heiraten. Sie erhält regelmäßig Verwandtenbesuche. Eine in New York lebende Verwandte kehrt nach längerem Aufenthalt in die Herkunftsregion zurück. Eine andere Rückkehrmigrantin eröffnet im Herkunftsort ein Hotel und schafft so Unterkunftsmöglichkeiten für größere Familienfeiern (Pries 2008, S. 51–53).

Die dargestellten Zusammenhänge können auf den zentralen Begriff der transnationalen Räume bezogen werden. Transnationalität fasst „die sozialen Aktivitäten von Akteuren, Einzelpersonen, Gruppen, Gemeinschaften und Organisationen – über nationalstaatliche Grenzen hinweg" (Faist/Fauser/Reisenauer 2014, S. 26). Ein Fall hiervon ist Migration (S. 19). Transnational meint in diesem Zusammenhang „Prozesse, in denen Migranten in sozialen Beziehungen über Ländergrenzen hinweg involviert sind. Viele Migrant*innen leben in Sozialräumen, die politische, geografische und kulturelle Grenzen überspannen [...]" (S. 18). Dabei kann mit Pries (2008, S. 132) unterschieden werden zwischen Diaspora-Internationalisierung mit „klar fixiertem/wahrgenommenem Zentrum" und Transnationalisierung, bei der die Bezüge „kein klares Zentrum-Peripherie-Verhältnis aufweisen". Die einzelnen Räume können also gleichrangig sein, sie müssen es aber nicht. Der transnationale Ansatz hat eine deutliche Akteursperspektive (S. 166). Nach Portes/Escobar/Walton Radford (2005, S. 12) wurde er von Portes u. a. (1999) und von Guarnizio u. a. (2003) angewendet auf *grasroot activities*, die bestehen „independant of and sometimes in opposition to official directives and rules". Es handelt sich also um eine *Bottom-up*-Perspektive.

Die Ideen, die zur Entwicklung des Konzeptes der transnationalen Räume führten, sind nicht neu. Sie sind bereits angelegt in der klassischen Studie von Thomas/Znaniecki (1918–1920).[107] Untersuchungsgegenstand dort sind Bauern und Landarbeiter, die Anfang des 20en Jahrhunderts aus Polen in die USA im Allgemeinen und nach Chicago im Besonderen migrierten. Die Darstellung schließt eine genaue Beschreibung des Herkunftskontextes ein. Zentraler Fokus sind die Migrant*innen selbst sowie diejenigen, mit denen sie interagieren. Dies zeigt sich bereits an der Auswahl der Quellen. Im Mittelpunkt stehen Briefe, die 28 Migrant*innen mit ihren Angehörigen austauschten, sowie eine Autobiographie, die ein migrierter Landarbeiter für die Studie verfasste.[108] Thematisiert werden Beziehungen zwischen Migrierten und Nichtmigrierten, sowohl für Herkunfts- als auch für Aufnahmekontexte. Deutlich wird die Herausbildung ethnischer *communities*, insbesondere durch die Bildung von *pressure groups*. Es zeigt sich also eine Entstehung neuer sozialer Praktiken.

---

107 siehe auch Pries (2015, S. 13, 27 f.).

108 Anders als vereinfachende Ansätze, die von einer Migration von traditionellen in moderne Gesellschaften ausgehen, berücksichtigt diese Studie auch Modernisierungsprozesse in Polen selbst, so wird beispielsweise auf die Bedeutung nationaler Presse für die Identitätsbildung verwiesen.

7. Exemplarische Vertiefung: Macht in Organisationen

7.1 Macht und Herrschaft

Dem symbolischen Interaktionismus im Allgemeinen und dem hier recht stark berücksichtigten Ansatz von Goffman im Besonderen wird vorgeworfen, zu stark auf die Mikroebene zu fokussieren und zudem Macht und soziale Ungleichheit nicht ausreichend zu berücksichtigen (vgl. Zwengel 2012, S. 285–287). Damit es angesichts der Nähe des Lehrbuchs zu den beiden genannten Ansätzen nicht zu blinden Flecken kommt, wurde für die exemplarische Vertiefung das Thema Macht in Organisationen gewählt.

Die klassischen Definitionen zu Macht und Herrschaft stammen von Max Weber. Demnach ist Macht „jede Chance, innerhalb einer sozialen Beziehung den eigenen Willen auch gegen Widerstreben durchzusetzen, gleichviel worauf diese Chance beruht" (Weber 1980, S. 28). Diese Definition hat zahlreiche Vorteile. Sie fasst Macht nicht als einen Besitz von Ressourcen, sondern als ein relationales Verhältnis (vgl. Paris 1998, S. 7). Sie bindet sie an individuelle Akteure (Neuenhaus 1998, S. 90). Sie denkt die Möglichkeit mit, dass dem Willen nicht entsprochen wird (Leist 1991, S. 178).[109] Und schließlich legt sie nicht fest, worauf die Chance beruht (vgl. Aden 2004, S. 11). So heißt es bei Weber (1980, S. 28): „Alle denkbaren Qualitäten eines Menschen und alle denkbaren Konstellationen können jemand in die Lage versetzen, seinen Willen in einer gegebenen Situation durchzusetzen". Den Begriff der Herrschaft fasst Weber (1980, S. 28) enger als „die Chance für einen Befehl bestimmten Inhalts bei angebbaren Personen Gehorsam zu finden". Ein Befehl hat eine zwingendere Wirkung als das Durchsetzen trotz Widerstrebens. Die Formulierung „bestimmten Inhalts" verweist darauf, dass die Lebensbereiche, auf die sich die Befehle beziehen, klar begrenzt sein können. Von „angebbaren Personen" zu sprechen schließlich ermöglicht es, spezifische organisatorische Kontexte einzubeziehen.[110]

* Vergleichen Sie das Verhältnis zwischen einem Elternteil und seinem Kind mit dem Verhältnis zwischen einer Angestellten und ihrer Vorgesetzten.

---

109 siehe auch Neuenhaus (1998, S. 88): „Im Machtbegriff ist [...] der Ausnahmezustand, das Außerkraftsetzen der gesellschaftlichen Ordnung als Möglichkeit stets impliziert."
110 siehe auch Zwengel (2012, S. 288).

Für die Ausübung von Herrschaft ist „von seiten der Beteiligten […] [eine] *Vorstellung* vom Bestehen einer *legitimen Ordnung* nötig [Hervorhebung im Original]" (S. 16). Ausgehend von einer je spezifischen Legitimationsgeltung unterscheidet Weber drei Typen von Herrschaft: die traditionale, die charismatische und die rationale Herrschaft. Die traditionale Herrschaft stützt sich auf den „Alltagsglauben an die Heiligkeit von jeher geltender Traditionen" (S. 124). Der Anspruch auf Gehorsam richtet sich auf die Person (S. 130 f.). Typische Positionen sind die des Herren, des Untertans und des Dieners (Weber 2002, S. 720). Erwartet werden „persönliche Dienertreue" bzw. ein „persönliche[s] Treueverhältnis" (S. 723 f.). Unterschieden werden kann zwischen patriarchalischer Ordnung, für die gilt: „Die Diener sind in völliger persönlicher Abhängigkeit vom Herrn" (S. 721), und ständischer Ordnung, die typisch war für den Feudalismus (S. 724). Der zweite Typ dagegen, die charismatische Herrschaft, wirkt „kraft affektueller Hingabe an die Person des Herren und ihrer Gnadensgaben (Charisma)" (S. 725). Sie beruht auf „der außeralltäglichen Hingabe an die Heiligkeit oder die Heldenkraft oder die Vorbildlichkeit einer Person" (Weber 1980, S. 124). Typische Positionen sind hier die des Anhängers (S. 140), des Führers und des Jüngers (Ders. 2002, S. 725). Die Ablösung eines charismatischen Herrschenden durch einen anderen charismatischen Herrschenden oder der Übergang von einem charismatischen zu einem anderen Herrschaftstyp können sich schwierig gestalten (S. 729). Der dritte Typ schließlich, die rationale Herrschaft, beruht „auf dem Glauben an die Legalität gesatzter Ordnungen" (Weber 1980, S. 124). Gehorcht wird nicht einzelnen Individuen, sondern einer „unpersönlichen Ordnung". Die Personen sind prinzipiell austauschbar. Der Bereich, in dem Gehorsamsansprüche bestehen, ist klar abgegrenzt über die Präzisierung einer „zugewiesenen rational abgegrenzten sachlichen *Zuständigkeit* [Hervorhebung im Original]" (S. 125). Als „reinster Typ ist die bürokratische Herrschaft" genannt (Weber 2002, S. 717). Hier bestehen Ämterhierarchien, Betriebsdisziplin und Beschwerdeverfahren (S. 718). Es gelten Amtspflicht und Amtsdisziplin (S. 721). Typische Positionen sind Beamte, Bürger und Genossen. Der Eintritt in Bereiche, in denen rationale Herrschaft besteht, und der Austritt aus diesen werden kontraktuell geregelt. Formen bürokratischer Herrschaft finden sich sowohl in der staatlichen Verwaltung als auch im kapitalistischen Betrieb (S. 719).

Wie sind die von Weber unterschiedenen Typen der Herrschaft einzuordnen? Nach Weber selbst ist die rationale Herrschaft den anderen Typen der Herrschaft überlegen. Legale Herrschaft sei die rationalste Herrschaftsform (Imbusch 2010, S. 172). Sie habe sich in der westlichen Welt erfolgreich herausgebildet (Weber 2002, S. 719).[111] Legale Herrschaft ermöglicht – anders als traditionale Herrschaft – grundlegende Veränderungen der Herrschaftsstrukturen durch die

---

111 So heißt es bei Weber (2002, S. 719): „Die ganze Entwicklungsgeschichte des modernen Staates […] ist identisch mit der Geschichte des modernen Beamtentums und

Akteure selbst, denn es gilt „Recht oder Verwaltungsprinzipien durch Satzung absichtsvoll neu zu ‚schaffen' " (Weber 1980, S. 131). Macht und Herrschaft werden gefasst als Beziehungen zwischen Personen (vgl. Neuenhaus 1998, S. 90). Bei charismatischer Herrschaft ist die charismatische Führungsperson zentral. Bei rationaler Herrschaft kommt es zur Austauschbarkeit und zur Entpersonalisierung (vgl. Aden 2004, S. 10). Neuenhaus (1998) problematisiert mehrere Aspekte des Ansatzes von Weber: Er fokussiere zu stark auf Legitimation. Andere Phänomene wie Interessen von Akteuren und Mittel der Macht- und Herrschaftsausübung würden nicht berücksichtigt (S. 90, 102, 104). Eine Reduktion auf Befehlen und Gehorchen werde der Breite und Vielfalt sozialer Handlungen nicht gerecht (S. 103 f.). Die im Okzident entstandene Rationalität sei nur eine der möglichen Formen von Rationalität. Rationalität könne mit inhumanen Aspekten kombiniert werden. Davon dürfe nicht abstrahiert werden (S. 89 f.).

Im Bereich von Macht gibt es weitere, unterschiedlichste Definitionen. Hier interessiert nicht so sehr, welche Begriffe verwendet werden, sondern eher, welche Dimensionen Berücksichtigung finden. So fasst Wrong (1988, zit. in Koller 1991, S. 109) Macht als beabsichtigten Einfluss. Blau (1964, S. 116) spricht von Macht nur bei negativen Sanktionen. Bei positiven Sanktionen handele es sich um Einfluss. Ähnlich unterscheidet Galbraith (1987, zit. in Koller 1991, S. 110) zwischen auf Zwang beruhender repressiver und auf Belohnung beruhender kompensatorischer Macht. Beide Formen der Macht seien mit bewusster Unterordnung verbunden, während die dritte Form der Macht, die konditionierte, auf Gewohnheit basiere (a. a. O.; Imbusch 1998, S. 12 f.). Dahl (1973, zit. in Koller 1991, S. 109) unterscheidet bezogen auf an negative Sanktionen gekoppelte Macht, ob diese als rechtmäßig empfunden werde oder nicht. Im ersten Fall spricht er von Autorität, im zweiten Fall von Zwang. Es kann zwischen Machtquellen und Machtmitteln unterschieden werden. Als Machtquellen können Persönlichkeit, Eigentum und Besitz oder Organisation gefasst werden (Galbraith 1987, zit. a. a. O., S. 110). Als Machtmittel in Organisationen nennt Etzioni (1978, S. 96 f.) brachiale Macht, die sich auf physische Mittel bezieht, pretiale Macht oder *utilitarian power*, die Kontrolle über materielle Mittel erreicht, und schließlich normative Macht, die sich auf die symbolische Ebene bezieht, z. B. in Form von Zuneigung oder Wertschätzung. Während Herrschaft durch Befehl und Gehorsam geprägt ist, können andere Formen asymmetrischer sozialer Beziehungen im Zusammenhang stehen mit Rechtsanspruch, Fachautorität, Gunst oder auch Besitz/Mangel (Pongratz 2005, S. 63). Blau (1964) präzisiert seinen Machtbegriff durch einen Vergleich mit vier Alternativen zur Macht, und zwar dem Tausch, dem Erhalten des Gewünschten aus anderer Quelle, dem Verzicht auf das Gewünschte sowie schließlich der Durchsetzung des Erwünschten mit Gewalt (S. 124, 140). Wer sich für kollektive

---

bürokratischen Betriebes [...], ebenso wie die ganze Entwicklung des modernen Hochkapitalismus identisch ist mit zunehmender Bürokratisierung der Wirtschaftsbetriebe".

Interessensvertretung interessiert, kann an den Machtbegriff von Hannah Arendt (1970, zit. in Koller 1991, S. 109) anknüpfen. Sie versteht darunter „sich mit anderen zusammenzuschließen und im Einvernehmen mit ihnen zu handeln". Macht ist in diesem Verständnis eine Form kollektiver Selbstermächtigung.

- Entwickeln Sie eine eigene Definition von Macht unter Berücksichtigung Ihnen besonders interessant erscheinender Aspekte unterschiedlicher Autor*innen.

7.2 Macht in Betrieben

Im Kapitel zur Soziologie der Kleingruppe wurden bereits Führungsstile thematisiert. Zentral war die Unterscheidung von Lewin und Mitarbeiter*innen zwischen autoritär, laissez faire und demokratisch, wobei der demokratische Führungsstil bevorzugt wurde (Kap. 3.2). Führungsstile werden ähnlich für Betriebe spezifiziert. Exemplarisch sei Meyer (2000, S. 7 f.) genannt. Sie unterscheidet in ihrer Dissertation zwischen Personalführung durch direkte Kontrolle, Personalführung durch kontrollierte Autonomie sowie Kooperation zwischen eigenverantwortlichen Subjekten.[112] Griffig kontrastieren lassen sich die drei Ansätze durch die Einordnung der „Geführten" als Untergebene, Mitarbeiter*innen oder Mitunternehmer*innen. Während vom Untergebenen Gehorsam erwartet wird, kann der bzw. die Mitarbeiter*in „in ausgewählten Arbeitsbereichen selbst entscheiden". Der bzw. die Mitunternehmer*in ist ein „gleichwertiger Partner" (S. 192), dem Erkenntnisfähigkeit und Selbstverantwortung zugesprochen werden (S. 191). Die drei Führungsstile unterscheiden sich im Hinblick auf Motivation. Beim Muster der direkten Kontrolle ist der/die Führende intrinsisch und der/die Geführte extrinsisch motiviert. Bei der kontrollierten Autonomie besteht bei den Geführten typischerweise eine Mischung von intrinsischen und extrinsischen Motiven. Bei der Selbstverantwortung schließlich soll intrinsische Motivation für alle ermöglicht werden (S. 192). Ziel und Ergebnis des dritten Führungsstiles ist „Sinnerfahrung durch Eigenwert von Arbeit" (S. 193).[113] Er ähnelt dem demokratischen Führungsstil und auch dieser wird von der Autorin selbst präferiert. Aus marxistischer Perspektive kann kritisiert werden: Was nach Selbstverwirklichung klingt, ist nur eine subtilere und wahrscheinlich effizientere Form der Ausbeutung, die der Profitmaximierung dient.

---

112 Meyer (2000, S. 191–193) verortet Führungsstile auch in unterschiedlichen theoretischen Paradigmen. So spricht sie vom „Führungsparadigma der linearen Kausalität", das mit einem homo oeconomicus-Ansatz verbunden werden kann, vom „Führungsparadigma der zirkulären Kausalität", das der Systemtheorie zuzuordnen ist und vom „Führungsparadigma der Selbstverantwortung", das Ideen der humanistischen Psychologie aufgreift und das Konzept des herrschaftsfreien Diskurses von Habermas berücksichtigt.

113 zum Ansatz der Selbstverantwortung vgl. ähnlich Kampmeier (2001, S. 127).

- Mit welchen Führungsstilen wurden Sie bei eigenen Arbeitserfahrungen konfrontiert? Berücksichtigen Sie bei Ihren Überlegungen auch Systematisierungen aus Kap. 3.2.

Auch in einem zweiten Bereich lässt sich an das Kapitel zur Soziologie der Klein-gruppe anknüpfen, und zwar an der Unterscheidung zwischen formellen und informellen Gruppen. Es wurde insbesondere gezeigt, dass informelle Gruppen Entlastungsfunktion haben und ein besseres Funktionieren der formellen Grup-pen ermöglichen. Auch dies ist auf Betriebe anwendbar. So unterscheidet Gu-kenbiehls (1999, S. 93 f.) zwischen formellen und informellen Strukturbildungen. Erstere seien eher systemzentriert und funktional, letztere eher personenzentriert und emotional. Während bei den formellen Strukturen Instrumentalität, Ra-tionalität und Leistungsbezogenheit im Vordergrund stehen,[114] geht es bei den informellen Strukturen stärker um Gefühl, Spontanität und Zusammenhalt. Für eine Vertretung der Interessen von Arbeitnehmer*innen sind beide Ebenen relevant. Insbesondere in informellen Kontexten kann die Existenz gemeinsamer Interessen erfahrbar werden. Formelle Strukturen können dann genutzt werden zur Vertretung dieser Interessen, sei es innerbetrieblich, z. B. über Betriebsräte, oder überbetrieblich, z. B. durch Gewerkschaften (vgl. auch Hirsch-Kreinsen 2005, S. 148).

- Vergleichen Sie soziale Beziehungen in einem Döner-Imbiss mit den sozialen Bezie-hungen in einem VW-Werk.

Machtausübung im Betrieb ist je nach Art des Betriebes unterschiedlich. Ver-schiedenste Parameter können relevant sein. Wichtig ist zum einen die Größe des Betriebes. Von ihr hängt z. B. ab, ob Bildung eines Betriebsrates möglich ist. Wichtig sind daneben der Wirtschaftssektor und die Branche. So zeigt Pongratz (2005, S. 66) auf, dass sich Machtdifferenzen in Dienstleistungsbeziehungen un-terscheiden, je nachdem ob diese abzielen auf Helfen, bedienen, unterhalten, führen, informieren, beraten oder lehren. Wichtig sind auch Art und Ausmaß der Arbeitsteilung. Es ist ein Unterschied, ob ein Produkt arbeitsteilig am Fließ-band entsteht oder ob es von einer kleineren Gruppe von Mitarbeiter*innen eigenständig geschaffen wird.

Mögliche konkrete Fragen zu Macht im Betrieb können abgeleitet werden aus einem Schema zur Erfassung von Führungsverhalten (Baumgarten 1977 und Neu-enberger 2002, beide zit. in Clausen 2015, S. 387 f.).[115] So zeigt sich Macht darin, wie Entscheidungsprozesse organisiert sind. Wer ist am Willensbildungsprozess be-teiligt und wer bekommt dabei welche Informationen? Wer trifft Entscheidungen?

---

114 Gukenbiehl (1999, S. 94) spricht auch von Standardisierung, Formalisierung und Genera-lisierung.
115 Das Modell setzt bipolare Gegensätze an und gradiert.

Wer setzt die Entscheidungen um? Wer kontrolliert die Umsetzung? Macht zeigt sich auch in den sozialen Beziehungen zwischen „Vorgesetzten" und „Mitarbeitern". Ist die Haltung von Vorgesetzten zu Mitarbeiter*innen durch Misstrauen oder durch Offenheit geprägt? Fokussieren Vorgesetzte vor allem auf Leistung oder berücksichtigen sie auch Integration? Ist die Haltung von Mitarbeiter*innen zu Vorgesetzten geprägt durch Abwehr oder durch Achtung? Entsteht ihre Motivation eher durch Zwang oder stützt sie sich stärker auf Selbstständigkeit? Insgesamt kann die Beziehung zwischen Vorgesetzten und Mitarbeiter*innen eher durch Abstand oder stärker durch Gleichstellung geprägt sein.

Eine wichtige Anwendungsperspektive ist die Frage nach Möglichkeiten zur Reduktion von Asymmetrie im Betrieb. Ein wichtiger Bezugspunkt hierfür ist die Einschätzung von Vorgesetzen durch die Mitarbeiter*innen. Maelicke (2001, S. 56–58) hat einen für diese Perspektive nützlichen Fragebogen entwickelt, der folgende Aspekte berücksichtigt: Anerkennung von Leistungen und konstruktive Kritik, Delegation, Informationsverhalten und Transparenz von Entscheidungen, Zielvereinbarung und Ergebniskontrolle, individuelle Förderung, Fürsorgepflicht, Zusammenarbeit im Team sowie Engagement für Modernisierung, Gleichstellung und Gesundheitsschutz sowie Schutz vor Mobbing und sexueller Belästigung. Ein anderer möglicher Ansatzpunkt zur Reduzierung von Asymmetrie ist eine gemeinsame Diskussion über Erwartungen und Wünsche im Arbeitsteam. Dabei kann es u. a. gehen um gemeinsame Treffen und kontroverse Diskussionen, um Fachlichkeit und organisatorische Fragen, um Entscheidungsbefugnisse und Vergemeinschaftung (vgl. Clausen 2015, S. 364).

- Wie würden Sie folgende Äußerung konkretisieren: „Wir sind ein gutes Team"?

Wie bereits im Zusammenhang mit Führungsstilen deutlich wurde: Macht im Betrieb wird je nach theoretischer Perspektive sehr unterschiedlich gefasst. Systemtheoretisch orientierte Ansätze fragen eher danach, wie ein reibungsloses und effizientes Funktionieren ermöglicht werden kann. Konfliktorientierte Ansätze dagegen gehen von unterschiedlichen, ja gegensätzlichen Interessen aus und thematisieren, wie mit diesen im Betrieb umgegangen wird oder umgegangen werden sollte (vgl. z.B. Etzioni 1975, zit. in Feldmann 2006, S. 191; Pries 2019, S. 209 f.).

Kommen wir nun zu einer eher historisierenden Perspektive. Die Art der Beziehungen am Arbeitsplatz und der Blick auf diese unterliegen einem geschichtlichen Wandel. Einzelne historisch besonders wichtige Phasen seien exemplarisch für den Industriebetrieb genannt. Typisch für den Industriebetrieb im Frühkapitalismus waren Kinderarbeit, lange Arbeitszeiten, fehlender Gesundheitsschutz und Arbeit bis zur Erschöpfung. Beschäftigt wurden Lohnarbeiter*innen, die vor allem physisch gefordert und gering qualifiziert waren und jederzeit entlassen werden konnten. Sie unterstanden direkter, oft persönlich repressiver persönlicher Kontrolle und fanden sich nur situativ zu kollektiven Arbeitskämpfen zusammen. Zwischen dem Zweiten Weltkrieg und den 70'er Jahren dominierte der sogenannte Fordismus. Arbeitsprozesse wurden in kleinste Schritte zerlegt und einzelnen Arbeiter*innen zugeordnet. Typisch waren präzises Zeitmanagement und individueller Leistungslohn. Im Zentrum stand technische Effizienz (Hradil/Schiener 1999, S. 80, gestützt auf Lutz/Schmidt 1977). Geeignet schien diese Arbeitsweise für eine Massenproduktion hoch standardisierter Produkte (Hirsch-Kreinsen 2005, S. 89, 245). Die Beziehungen zwischen Arbeitnehmer*innen und Arbeitgeber*innen waren verrechtlicht. Es bestand eine recht starke kollektive Interessensvertretung.

Eine dritte wichtige Phase wurde durch den sogenannten *human relations*-Ansatz geprägt. Dieser geht zurück auf die Hawthorne-Studien. Neben der Bedeutung informeller Gruppen zeigte sich hier ein interessantes Detail: Die Arbeitsleistung erhöhte sich bei Veränderung der Beleuchtungsstärke, unabhängig von der Richtung dieser Veränderung. Gedeutet wurde dies als Ergebnis erhöhter Aufmerksamkeit für die Situation des Personals. Die bloße Veränderung der Beleuchtung führe zu dem Gefühl, als Person in seinen Bedürfnissen ernst genommen zu werden. Anknüpfend an die Hawthorne-Studien wurde den sozialen Beziehungen im Industriebetrieb verstärkt Aufmerksamkeit geschenkt (Minssen 2014, S. 27).

Eine neuere Entwicklung ging von Praktiken in Japan aus. Dort arbeiteten kleinere Gruppen weitgehend autonom und selbstorganisiert an der Herstellung von Produkten mit beeindruckenden Ergebnissen. Ähnliches wurde dann z. B. als halbautonome Arbeitsgruppe bei den Volvo-Werken in Schweden praktiziert (Kern 1999, S. 221 f.). Dieser Ansatz erfordert höhere Qualifikation der Beschäftigten, führt zu weniger Hierarchie und fördert eine Kommunikation zwischen Gleichrangigen. Während es bei starker Arbeitsteilung zur Entfremdung vom Produkt kommen kann, ist hier eine stärker intrinsische Motivation zu erwarten.

In jüngster Zeit nun ist ein marktbezogener Ansatz verbreitet (Marrs 2010, S. 343–346). Als „Arbeitskraftunternehmer" muss sich der Arbeitnehmer mit zeitlich begrenzter Aufgabenübernahme am Arbeitsmarkt behaupten (Minssen 2014, S. 30). Gefordert wird die Weiterentwicklung von Fähigkeiten. Typischerweise wird Selbstkontrolle erwartet. Diese kann sich auf „die Arbeitszeit, den Arbeitsort, die Regulierung der interpersonalen Beziehungen, die fachliche Flexibilität und die Fähigkeit zur Eigenmotivation" beziehen. Eine solche Entwicklung zeigt sich vor allem in bestimmten Branchen, so im Bereich Medien und Telekommunikation (Minssen 2014, 30). Sie korrespondiert mit einer gesellschaftlichen Tendenz zur Individualisierung (vgl. Tegthoff 1999, S. 202).

Die eher systematische und die eher chronologische Perspektive können zusammengeführt werden. Maelicke (2001, S. 50) unterscheidet bildlich zwischen für verschiedene Zeitphasen typischen organisatorischen Grundstrukturen. Bis in die 80'er Jahre hinein dominiere die Form einer Pyramide. Dies könnte folgendermaßen umschrieben werden: Es gibt eine klar hierarchische Struktur mit vielen Zwischenstufen. An der Spitze steht eine Führungsperson. Je niedriger die soziale Position, desto höher die Zahl der Personen von denen sie eingenommen wird. Typisch für die späten 80'er und frühen 90'er Jahre sei dann die Existenz einer Führungsebene mit unterstellten Abteilungen, die ihrerseits hierarchisch untergliedert sind (a. a. O.).[116] Dabei wird von Stabsprinzip gesprochen, wenn Unterstellung unter einen Vorgesetzten vorliegt. Von Matrixprinzip ist die Rede, wenn zwei Unterordnungsprinzipien gleichzeitig gelten (Schulte-Zurhausen 2001, S. 31 f.). Möglich ist z. B. eine zusätzliche Untergliederung nach Produkttypen oder nach Standorten. Es entstehen sehr unterschiedliche Organisationstrukturen (Hüttel 2001, S. 86–92). Sie lassen sich gut in Organigrammen abbilden (z. B. österreichisches Umweltbundesamt, Schimank 2020, S. 335). Typisch für diese Form der Organisation sind klar abgegrenzte Zuständigkeiten, feste Zuordnungen und Unterstellung unter Vorgesetzte.

In den frühen 90'er Jahre dann sei eine Art Kartoffelmodell verbreitet gewesen (Maelicke 2001, S. 50). Dieses lässt sich umschreiben mit Existenz mehrerer sozialer Einheiten, zwischen denen Überlappungen bestehen und die zueinander in einem Verhältnis flacher Hierarchien stehen. Die hierarchische Struktur wird hier ergänzt und relativiert durch horizontale Abstimmungen zwischen sozialen Einheiten, deren Aufgaben sich in ihren Randbereichen überschneiden.[117] Solche Strukturen sind durch weniger starke Grenzziehung zwischen verschiedenen Aufgabenbereichen sowie durch eine stärkere Kommunikation zwischen Gleichrangigen geprägt.

Die letztgenannte Form der Kooperation betrifft die frühen 2000'er Jahre. Nun existieren je unterschiedlich strukturierte und wechselnde Arbeitszusammenhänge. Dabei bestehen zwischen den sozialen Einheiten nicht hierarchische, sondern horizontale Beziehungen (a. a. O.). Konkretisieren lässt sich dieses Modell über den Netzwerkbegriff und über den Projektansatz. Die Arbeitseinheiten haben keine klaren Außengrenzen und ihre Mitglieder wechseln. Es bestehen nicht feste Organisationseinheiten für bestimmte Aufgaben, sondern Organisationseinheiten bilden sich in Abhängigkeit vom jeweiligen Projekt. Die Arbeitseinheiten bestimmen ihre inneren Strukturen selbst fest und sie begegnen sich untereinander als Gleichrangige. Dieser Ansatz ist gekennzeichnet durch ein hohes Maß an Flexibilität. Er ermöglicht eine schnelle Reaktion auf sich

---

116 Hirsch-Kreinsen (2005, S. 89) präzisiert: Das Unternehmen ist „unterhalb der Unternehmensspitze [...] nach seinen Hauptfunktionen, z. B. Produktion, Beschaffung, Absatz etc. gegliedert [...]. Diese Funktionsbereiche sind gewöhnlich ihrerseits [...] hierarchisch ausgestaltet".

117 Während Kloff (2001, S. 77) bezogen auf den hier weniger interessierenden Strafvollzugsrecht grundsätzlich das Bestehen möglichst weniger Schnittstellen zwischen Arbeitseinheiten als Ziel formuliert, werden solche Schnittstellen hier selbst zu produktiven Punkten.

verändernde Bedingungen. Dabei nimmt Selbstorganisation breiten Raum ein. Die Beziehungen sind weitgehend enthierarchisiert.

Der Ansatz von Maelicke (a. a. O.), Organisationsformen über Bilder zu kontrastieren, ist anschaulich und griffig, überzeugt aber nicht in jeder Hinsicht. Das Pyramidenmodell erfasst wohl nicht die 80'er Jahre. Die für die späten 80'er und frühen 90'er angesetzte Organisationsstruktur ist nach wie vor stark verbreitet. Das für heute angesetzte Modell wird nur begrenzt umgesetzt. Interessant wäre wohl, dieses in andere Strukturen zu integrieren.

- Inwiefern unterscheiden sich die von Maelicke kontrastierten organisatorischen Grundstrukturen im Hinblick auf Machtausübung?

Abschließend seien drei Grundbegriffe aufgegriffen: Markt, Hierarchie und Netzwerk. Mit ihnen lassen sich zentrale Unterschiede zwischen Organisationsformen in Betrieben erfassen. Bei Hierarchie stehen Befehl und Kontrolle durch Vorgesetzte sowie Formalität und Bürokratie im Vordergrund. Bei Markt besteht eine hohe Flexibilität; die Akteure agieren unabhängig voneinander. Bei Netzwerken bestehen eine Norm der Gegenseitigkeit und eine Struktur der Interdependenz (vgl. Hedtke 2014, S. 160 gestützt auf Powell 1996). Dies lässt sich im Hinblick auf Machtbeziehungen zuspitzen. Typisch für Marktbeziehungen ist der Versuch des Übervorteilens, typisch für Hierarchie ist die Anordnungsbefugnis des Vorgesetzten und typisch für Netzwerke sind diffuse Machtbeziehungen.

- Wodurch können Kreativität und Innovation am Arbeitsplatz gefördert werden und wodurch werden sie behindert?

7.3 Totale Institution nach Erving Goffman

- Vergleichen Sie Psychiatrie, Gefängnis, Armee, Kloster, Arbeitslager und Altersheim. Worin unterscheiden sich diese Institutionen und was haben sie gemeinsam? Bilden Sie eine tabellarische Übersicht.

Erving Goffman vergleicht diese auf den ersten Blick sehr unterschiedlichen Institutionen.[118] In seiner Studie legt er einen Schwerpunkt auf die Psychiatrie. Dabei stützt er sich insbesondere auf eine einjährige Feldforschung in einer psychiatrischen Klinik in Washington. Dort führte er sich als Assistent des Sportreferenten ein, bemühte sich um eine gewisse Distanz zum Personal und interessierte sich besonders für die Sichtweise der Patient*innen. Es ging ihm dabei nicht um eine

---

118 zum Folgenden vgl. auch Zwengel (2012, S. 289 f.).

psychiatrische, sondern um eine soziologische Perspektive (Goffman 1991, S. 7 f.). Die Ergebnisse der Fallstudie und seine Gedanken zu einem breiteren Institutionenvergleich präsentiert Goffman in vier Essays, die sich überschneiden und überlappen, und die gemeinsam abgedruckt wurden unter dem Titel „Asylums" (Goffman 1991).

Goffman entdeckt bei einem Vergleich der oben genannten Institutionen verblüffende Gemeinsamkeiten und fasst diese in einer Definition zur totalen Institution zusammen. Totale Institutionen seien „a place of residence and work where a large number of like-situated individuals, cut off from the wider society for an appreciable period of time, together lead an enclosed, formally administered round of life" (S. 11). Dabei präzisiert er einschränkend: Kein Kriterium gilt für alle totalen Institutionen und kein Kriterium gilt nur für totale Institutionen. Goffman spricht hier von Idealtypen (S. 17), ganz im Sinne von Max Weber. Versuchen wir, den Kern der totalen Institutionen zu erfassen. Für die Insassen fallen Wohn- und Arbeitsort zusammen. Der Aufenthalt hat eine gewisse Länge. Das Spektrum ist breit. Es reicht von wenigen Wochen bis hin zum Tode. Von den sozialen Merkmalen außerhalb der Institution wird weitgehend abstrahiert. Außenkontakte sind stark eingeschränkt.[119] Es gibt eine spezifische, institutionsinterne Hierarchie. Typisch für die interne Struktur ist zudem eine bürokratische Ordnung.[120]

---

119 Mac Ewen (1980, S. 148) kritisiert, die Außenbeziehungen würden von Goffman nicht ausreichend thematisiert: „the political ties and structural continuities between life inside and outside have been neglected". Fink-Eitel (1989, zit. in Abels 2019, S. 237) dagegen betont Grenzziehung als eine Spezifik totaler Institutionen. Er fasst die isolierende Einschließung in bestimmte Anstalten als eine spezifische Form der Ausschließung. Goffman (191b, S. 112) selbst vertritt eher eine mittlere Position, wenn er von der Notwendigkeit einer gewissen Durchlässigkeit zwischen totaler Institution und Außenwelt spricht.

120 Goffman schließt hier an Webers Studien zur Bürokratie an (Mac Ewen 1980, S. 149). Gemeinsamkeiten zeigen sich auch mit Foucault. Foucault (1979, S. 256) betrachtet einige der von Goffman als total eingestuften Institutionen als gleichartig: „Das psychiatrische Asyl, die Strafanstalt, das Besserungshaus, das Erziehungsheim und zum Teil auch die Spitäler – alle diese der Kontrolle des Individuums dienenden Instanzen funktionieren gleichermaßen als Zweiteilung und Stigmatisierung (wahnsinnig – nicht wahnsinnig, gefährlich – harmlos, normal – anormal) sowie als zwanghafte Einstufung und disziplinierende Aufteilung". Die genannten Dichotomien verweisen bereits auf die bei Goffman wesentliche Unterscheidung zwischen Personal und Insassen und sprechen die unterschiedlichen Zielsetzungen totaler Institutionen an. Für eine Charakterisierung des für Foucault besonders interessierenden Gefängnisses werden Kriterien genannt, die Elementen von Goffmans Definition totaler Institutionen ähneln: So heißt es, dass dort „das Kontrollsystem [...] ‚sämtliche Aspekte des Individuums [erfasst]: seine physische Dressur, seine Arbeitsneigung, sein alltägliches Verhalten, seine moralische Einstellung, seine Anlagen' " (Foucault 1994, zit. in Kühnel/Hieber/Tölke 2005, S. 236). In beiden Zitaten wird bereits deutlich: Foucault fokussiert stärker als Goffman auf Machtverhältnisse.

Das alltägliche Leben in der totalen Institution wird zentral geprägt durch ein asymmetrisches Verhältnis zwischen Insassen (*inmates*) und Personal (*staff*).[121] Erstere verbringen den ganzen Tag in der Einrichtung, das Personal hingegen ist dort nur in seiner Berufsrolle tätig. Die Insassen sind zur Befriedigung ihrer elementarsten Grundbedürfnisse auf das Personal angewiesen. Das Verhältnis zwischen Personal und Insassen ist zugleich bipolar und gradierend. Beide Akteursgruppen stehen einander dichotomisch gegenüber. Sie sind aber zugleich intern hierarchisch untergliedert. Dadurch kann ein statushoher Insasse durchaus eine höhere Position einnehmen als ein statusniedriges Mitglied des Personals (Goffman 1991a, S. 109). Das Personal gibt den Insassen auszuführende Handlungen vor. Vor allem aber prägt es deren Selbstbilder, und zwar in einer stark abwertenden Weise.

- Überlegen Sie sich Beispiele aus totalen Institutionen zu den für das Verhältnis von Personal und Insassen genannten Aspekten.

Institutionsmitglieder im Allgemeinen und Insassen im Besonderen können sich weitgehend an den vorgegebenen Erwartungen orientieren. Goffman spricht dann von primärer Anpassung. Es ist aber auch möglich, die institutionellen Vorgaben zu unterlaufen. Goffman spricht von *secondary adjustment*. Darunter versteht er „any habitual arrangement by which a member of an organization employs unauthorized means, or obtains unauthorized ends, or both, thus getting around the organization's assumptions as to what he should be and get and hence what he should be" (Goffman 1991c, S. 172). Auch hier sind Selbstbilder wesentlich: „these practices seem to demonstrate – to the practitioner if no one else, that he has some selfhood and personal autonomy beyond the grasp of the organization" (S. 275 f.). Es geht hier also um das Gewinnen von Autonomie und um das Wahren einer individuellen Identität.[122]

Sekundäre Anpassung geschieht nach Goffman auf unterschiedliche Weise. Er unterscheidet drei Grundformen.

1) *Conformity* bedeutet eine rein äußerliche Übernahme von Vorgaben ohne innere Identifikation. Ein Beispiel für das Kloster wäre Beichten ohne Reue.
2) Unter *ritual insubordination* versteht er Handlungen, die dazu dienen, eine innere Distanz zur Institution auszudrücken. Typisch für sie ist: „to be em-

---

121 Gouldner (1968, zit. in Mac Ewen 1980, S. 148) kritisiert eine bei den Ausführungen zu Insassen und Personal deutlich werdende Fokussierung auf zentrale Akteure. Gerade die Position des Personals müsse eingebettet werden durch Rückbindung an Sozialstruktur und an Kultur.
122 Die Fremddefinition kann sehr weit gehen. In einer psychiatrischen Klinik beispielsweise kann das Personal praktisch alle Handlungen des Insassen als Ausdruck oder Überwindung der psychischen Erkrankung fassen.

pty of intrinsic gain and to function solely to express unauthorized distance" (S. 276). Ein Beispiel für das Gefängnis wären abwertende Bemerkungen von Häftlingen gegenüber Aufsehern.

3) Bei *removal activities* geht es um einen innerlichen Rückzug aus der Institution (S. 271). Ein Beispiel für die Psychiatrie wäre die Lektüre von Romanen.

Secondary adjustments können kombiniert und kollektiv praktiziert werden. Dieses Zusammenspiel nennt Goffman *underlife*. Es handelt sich um „the full set of such [secondary A. Z.] adjustments that all the members of the organization severally and collectively sustain" (S. 180). Durch *underlife* entsteht also eine Art innerinstitutionelle Gegenwelt.

So weit zu den Gemeinsamkeiten totaler Institutionen. Goffman wird vorgeworfen, er habe die Unterschiede zwischen den verschiedenen totalen Institutionen nicht ausreichend berücksichtigt. So nennt Mac Ewen (1980, S. 143) eine stärkere Untersuchung solcher Unterschiede als Forschungsdesiderat.[123] Diese Kritik erscheint mir wenig weiterführend. Dass es zentrale Unterschiede zwischen den berücksichtigten Institutionen gibt, ist offensichtlich. Das Originelle und Innovative an diesem Ansatz ist es ja gerade auf das Gemeinsame von auf den ersten Blick so unterschiedlichen Institutionen zu verweisen. Betrachten wir dennoch kurz die Vielfalt totaler Institutionen. Goffman (1991a, S. 16) selbst unterscheidet – ähnlich wie Foucault – im Hinblick auf die Ziele:

1) Einige Institutionen dienen der Betreuung von Personen, die als „incapable and harmless" eingeordnet werden, so z. B. Heime für Blinde, Arme oder Alte.

2) Andere richten sich an Personen, die bedürftig sind und anderen unbeabsichtigt schaden könnten, so z. B. psychiatrische Kliniken.

3) Einige Institutionen nehmen Personen auf, die anderen schaden könnten, wobei die Fürsorge für diese Personen selbst nicht im Vordergrund steht, so z. B. Gefängnisse.

4) Weitere Institutionen „pursue some worklike task", so z. B. Kasernen.

5) Und schließlich gibt es totale Institutionen des „retreats from the world", so z. B. Kloster.

Bennett (1963, zit. in Mac Ewen 1980, S. 150) entwickelt einen anderen Ansatz zur Unterscheidung von verschiedenen Arten totaler Institutionen. Er geht von den einzelnen Aspekten der Definition Goffmans aus und unterscheidet im Hinblick auf diese unterschiedlich starken Ausprägungen. Ansätze in diese Richtung finden sich bereits bei Goffman selbst, so wenn er Grade der Freiwilligkeit von

---

123 Vergleiche zwischen Gefängnis und Psychiatrie lägen bereits vor (Mac Ewen 1980, S. 150). Autoren nach Goffman hätten sich bereits stärker für die Unterschiede zwischen als für die Gemeinsamkeiten von totalen Institutionen interessiert (S. 144).

Mitgliedschaft unterscheidet (Goffman 1991a, S. 110). Eine dritte Möglichkeit der Differenzierung ist eine tabellarische Übersicht, die zentrale totale Institutionen im Hinblick auf unterschiedliche Merkmale vergleicht. Eine solche Übersicht erstellt Davies (2000, S. 249 f.). Dabei hebt er besonders hervor: „quite different purposes, entry conditions and modes of social control" (S. 243). Als zentralstes Kriterium zur Unterscheidung totaler Institutionen kann das unterschiedliche Ausmaß von Zwang gelten (vgl. Etzioni 1978, S. 98).[124]

Vertiefende Betrachtungen einzelner totaler Institutionen liegen vor. Goffman berücksichtigte insbesondere die Psychiatrie. Foucault untersuchte das Gefängnis. Ein gegenwärtig häufig analysierter Fall sind Asylbewerber*innenheime. Wesentliche der von Goffman genannten Merkmale treffen auf sie zu. Geflüchtete verbringen in diesen Unterkünften ihren Alltag. Ihre Grundbedürfnisse werden dort befriedigt. Die Einrichtungen sind recht stark abgeschottet von der Außenwelt. Typisch sind ein Gegensatz zwischen Insassen und Personal sowie eine starke Reglementierung des Alltags (Zwengel 2018, S. 50). Dennoch bleibt die Einordnung als totale Institution umstritten. Manche sprechen von totalen Institutionen; andere lehnen die Bezeichnung ab. Die Rede ist auch von halboffenen oder von im Ansatz existierenden totalen Institutionen. Unterschieden wird zudem zwischen verschiedenen Arten der Unterbringung, wie Erstaufnahmeeinrichtung oder Abschiebegefängnis (vgl. Pieper 2008, S. 533; Scherschel 2013, S. 3; Rehwinkel 2016). Dass Autor*innen zurückhaltend sind bei einer Einordnung als totale Institution kann auch damit zusammenhängen, dass der Begriff häufig negativ konnotiert verwendet wird.

* Kontrastieren Sie unterschiedliche Formen der Unterbringung von Geflüchteten und diskutieren Sie jeweils, ob die Bezeichnung totale Institution angemessen ist.

Für totale Institutionen angesetzte Merkmale lassen sich auch bei anderen Institutionen finden. Dies wird bei Goffman immer wieder an der Verwendung von illustrierenden Beispielen deutlich (Goffman 1991c, z. B. S. 176–181, 184 f.). Viele Anwendungen beziehen sich auf Betriebe (vgl. auch Burns 1992, S. 197). Insbesondere die Konzepte sekundäre Anpassung und *underlife* können auf nicht als total einzuordnende Institutionen bezogen werden. So ist im Industriebetrieb die Bildung informeller Gruppen zur Unterbietung von Akkordvorgaben als eine Form sekundärer Anpassung und als Bildung von *underlife* zu fassen. Auch für politische Institutionen wird von *underlife* gesprochen (von Kardorff 1991, S. 347). In der Schule kommt es zu sekundären Anpassungen insbesondere bei eher bildungsfernen Schüler*innen, wie Willis (1982, zit. in Giddens 1999, S. 454) an eindrücklichen Beispielen zu sogenannten *lads* zeigt.

---

124 Extremste Form ist demnach das Konzentrationslager (vgl. Imbusch 1998, S. 15, gestützt auf Sofsky 1990; 1993).

Zusammenfassend ist festzuhalten: Totale Institution sind als einschränkend einzuordnen. Mit Mac Ewen (1980, S. 147) gesprochen: Es handelt sich um „organizations that appear to isolate, degrade, and oppress their members".

• Reformulieren Sie zentrale Gedanken zu totalen Institutionen aus der Perspektive von Macht und Herrschaft.

7.4 Gefängnis bei Michel Foucault

Während Max Weber auch bei Macht und Herrschaft vom Individuum ausgeht, wird der Ansatz von Foucault als eine „subjektlose Machtkonzeption" (Leist 1991, S. 174) eingeordnet. Die Machtkonzeption von Foucault ist etwas unscharf und berücksichtigt mehrere Aspekte. Zum einen ist Macht nach Foucault allgegenwärtig. Typisch sei, dass, sie „kapillarisch alle Poren der Gesellschaft und alle sozialen Beziehungen durchdringt" (Imbusch 2010, S. 169, mit Bezug auf Foucault o. J.). In der modernen Gesellschaft sei Macht anonymisiert: Die Menschen sind „ständig in Machtbeziehungen involviert [...], ohne aber die Träger dieser Macht namhaft machen zu können" (Koller 1991, S. 122). Daneben bindet Foucault Macht aber auch an konkrete Interaktionen und zwischenmenschliche Beziehungen. So heißt es: „In *jeder* Beziehung spielt Macht eine Rolle, indem wir sie entweder ausüben oder uns ihr unterwerfen [Hervorhebung im Original]" (Abels 2019, 235, mit Bezug auf Foucault 1984). Während Macht hier allen sozialen Beziehungen zugeordnet wird, fokussiert Foucault an anderer Stelle spezifischer auf asymmetrische Paare wie Fürst versus Untertan, Vater versus Kind und Lehrer versus Schüler (Leist 1991, S. 175, mit Bezug auf Foucault 1983). Schließlich – und dies scheint mir der spezifischste und interessanteste Beitrag von Foucault – wird Macht auch diskursiv verortet, und zwar „als Teil der Sprache" (Feldmann 2006, S. 59, mit Bezug auf Foucault 1977). Dem „juridischen Diskurs" wird besondere Bedeutung beigemessen, da es bei diesem „vorrangig um Gesetze und Verbote geht, die Gehorsam erzwingen sollen" (Leist 1991, S. 175, mit Bezug auf Foucault 1983).

Ein von Soziolog*innen besonders häufig rezipierter Text ist Foucaults (1977) Überwachen und Strafen (Treibel 2006, S. 75). Innovativ sind dort die Darstellung einer spezifischen Form von sozialer Kontrolle sowie ihre Deutung. Bentham erfand 1787 das sogenannte Panopticon. Gefängniszellen werden in einem ringförmigen Bau mit Fenstern angelegt. In der Mitte steht ein Turm, von dem aus Wächter in jede Zelle Einsicht nehmen können, ohne dass dies für die Häftlinge sichtbar ist, ob sie gerade beobachtet werden oder nicht (Foucault 1977, S. 256–258; Paris 2001, S. 717)[125]. Diese neuartige architektonische Anlage ging mit weitgehenden

---

125 Foucault (1977, Abb. 15–24) bildet ähnliche Anlagen ab. Eine vergleichbare Logik liegt dem Guckloch in Zellentüren zugrunde. Gegenwärtige Gefängnisse sind stärker durch

sozialen Veränderungen einher. Gab es früher die Anwendung physischer Gewalt und eine Unterbringung in Kerkern, die „verdunkeln und verbergen", stand nun die (mögliche) Beobachtung als Form sozialer Kontrolle und damit Sichtbarkeit im Vordergrund (Foucault 1977, S. 257; Feldmann 2006, S. 225). Die Gefangenen wurden voneinander und von der Außenwelt isoliert (Foucault 1977, S. 302). Die potentielle Beobachtung führte zu ständiger Selbstbeobachtung (Abels 2019, S. 239, gestützt auf Foucault 1975). Die Beobachter*innen selbst wurden austauschbar (Foucault 1977, S. 259 f.). Das Panopticon illustriert gut den Ansatz, Macht nicht ausgehend von den einzelnen Akteuren, sondern strukturell zu fassen.

- Welche Formen sozialer Kontrolle entstehen durch Überwachungskameras?

Foucault verallgemeinert das für eine Institution herausgearbeitete Muster in wegweisender Weise für andere Bereiche der Gesellschaft: „Wann immer man es mit einer Vielfalt von Individuen zu tun hat, denen eine Aufgabe oder ein Verhalten aufgezwungen ist, kann das panoptische Schema Verwendung finden" (S. 264). Die potentiell permanente Beobachtung kann zu dauernder Selbstbeobachtung und zur Übernahme aufgezwungener Handlungsvorgaben führen. Ein direkter Eingriff kontrollierender Akteure ist dann nicht mehr nötig: „Derjenige, welcher der Sichtbarkeit unterworfen ist […], internalisiert das Machtverhältnis" (S. 260).

Foucault unterscheidet sich von Goffman im Hinblick auf die vertiefend betrachtete Institution. Es geht nicht um psychiatrische Kliniken, sondern um Gefängnisse. Wichtiger aber ist ein anderer Unterschied. Während Goffman seine Ergebnisse für bestimmte Arten von Organisationen verallgemeinert, überträgt Foucault seine zentralen Ergebnisse auf Möglichkeiten für Gesellschaft insgesamt.[126]

- Wie kann die Asymmetrie sozialer Beziehungen in Organisationen reduziert werden? Berücksichtigen Sie bei Ihren Überlegungen Kap. 7.

---

dezentrale Unterbringung in relativ autonomen Einheiten geprägt (Maelicke 2001, S. 48).

126 Mit Bezug auf Willems (1997, S. 282, 288 f.) lassen sich Goffman und Foucault im Hinblick auf weitere Aspekte vergleichen: Goffman betrachte moderne westliche Gesellschaften weitgehend ohne weitere Differenzierungen, Foucault dagegen situiere historisch. Goffman interessiere sich eher für die Mikroebene, Foucault dagegen thematisiere gesamtgesellschaftliche Bezüge. Goffman konkretisiere empirisch häufig über Alltagsbeispiele, Foucault dagegen stütze sich in seinen diskursbezogenen Arbeiten empirisch auf Spezialdiskurse aus Wissenschaft, Literatur und Religion. Während Goffman flüchtige, kleine Alltagsdiskurse berücksichtige, fokussiere Foucault stärker auf längerfristig existierende, die Gesamtgesellschaft prägende Diskurse.

8. Qualitative Methoden der Sozialforschung

8.1 Erhebungsverfahren

8.1.1 Interview

Kommen wir nun zu gänzlich anderen, methodischen Fragen. Besonders verbreitet ist in der Soziologie die quantitative Sozialforschung. Typisch für diese sind Hypothesenprüfung und ein deduktives Vorgehen. Zentral sind dabei die Bildung einer möglichst repräsentativen Stichprobe sowie eine Quantifizierung der Ergebnisse. Statistische Verfahren spielen eine wichtige Rolle. Im Folgenden hingegen geht es um qualitative Methoden der Sozialforschung. Diese werden auch als hermeneutische, rekonstruktive oder interpretative Verfahren bezeichnet. Als ihre klassischen Erhebungsverfahren gelten Interview, Gruppendiskussion und teilnehmende Beobachtung. Diese drei Methoden sollen im Folgenden vorgestellt werden.

Interviews berichten über soziale Phänomene. Sie sind insbesondere dann nützlich, wenn ein direkter Zugang zu diesen Phänomenen selbst nicht möglich ist. Oft besteht eine zeitliche Distanz zum Dargestellten, was zu Veränderungen durch Vergessen und durch Verarbeitungen führt. Zudem hat die Interviewsituation selbst einen wesentlichen Einfluss darauf, was und wie thematisiert wird. Ein entscheidender Vorteil des Interviews ist, dass die interessierende Person ihre soziale Praxis selbst versprachlicht. Dadurch werden persönliche Wahrnehmungen und Deutungen greifbar. Merton/Kendall (1984, S. 186) formulieren mit Bezug auf ein von ihnen als fokussiertes Interview benanntes Verfahren: sichtbar werde, „welche Bedeutung [...] [die Befragten, A. Z.] den einzelnen Elementen, Aspekten oder Mustern der von ihnen erlebten Gesamtsituation beimessen".

Das Interview ist eine spezifische Interaktionssituation und als solche für uns von besonderem Interesse. Für ihre Strukturierung kann an die Konversationsanalyse angeknüpft werden, die sich in ihrer klassischen Form insbesondere mit Gesprächsschritten (*turns*) und ihren Anschlüssen beschäftigt. Soeffner (1980, S. 245 f.) unterscheidet für ein von ihm als geschlossenes Interview bezeichnetes Verfahren die formale und die thematische Strukturierung. Für Erstere setzt er fünf Grundregeln an:

„(1) Der Interviewer stellt Fragen. (2) Der Interviewte beantwortet die gestellten Fragen. (3) Das Rückfragerecht beschränkt sich [...] für den Interviewten auf das Schließen von Verständnislücken. (4) Das Recht auf Unterbrechung eines Beitrages des Kommunikationspartners liegt einseitig beim Interviewer. (5) Der Interviewer eröffnet und beendet das Interview" (S. 245).

Für die thematische Strukturierung scheinen mir zwei seiner Regeln besonders wichtig: „(3) Vom Interviewer werden nur solche Äußerungen gemacht, die für den Interviewten interpretierbar und beantwortbar sind" (a. a. O.). „(5) Die vom Befragten formulierten Äußerungen zum jeweiligen Thema dürfen in der Interviewsituation in ihrem ‚Wahrheitsgehalt' nicht angezweifelt werden" (S. 246).

- Was geschieht, wenn einzelne dieser Regeln nicht eingehalten werden?

Qualitative Interviews sind tendenziell offene Interviews. Sie setzen auf eine gewisse Selbststrukturierung durch die befragte Person. Dies kann mit den Erwartungen von Interviewpartner*innen kontrastieren. Die für qualitative Interviews typische Grundhaltung wird auch bei der Art der Fragen deutlich. Besteht die Wahl zwischen exmanenten Fragen und immanenten, die an Äußerungen der befragten Person anknüpfen, werden Letztere präferiert.

Interviews können sich auf unterschiedlichste Themen beziehen. Das fokussierte Interview richtet die Aufmerksamkeit auf spezifische Gesprächsanreize und vor allem auf spezifische Gesprächsgegenstände (Hopf 2004, S. 353, gestützt auf Merton/Kendall 1979 und auf Merton u. a. 1956). Das problemzentrierte Interview nach Witzel (1985, zit. in Bogner/Menz 2005, S. 20 f.) bezieht sich, enger, auf Probleme. Das biographische Interview bezieht sich auf den Lebensverlauf und wurde besonders von Rosenthal entwickelt und praktiziert (vgl. z. B. Rosenthal/Fischer-Rosenthal 2004).[127] Tiefeninterviews (Bogner/Menz 2005, S. 20) fokussieren insbesondere auf psychologische Themen. Diese Bezeichnung wird aber auch bei soziologischen Interviews verwendet, um zu signalisieren, dass es nicht um eine oberflächliche, sondern um eine vertiefende Thematisierung von Gesprächsgegenständen geht.

Auch im Hinblick auf das Ausmaß der Vorstrukturierung ist das Spektrum der Möglichkeiten breit. In geschlossenen Interviews werden die Fragen und ihre Reihenfolge vorgegeben. Dies ist eher typisch für quantitative Verfahren. Bei Leitfadeninterviews werden in einem Leitfaden Themen und beispielhaft Fragen festgehalten. Die genaue Formulierung der Fragen sowie deren Reihenfolge ergeben sich dann in der Interviewsituation selbst. Bei einem narrativen

---

127 Zentral ist dabei eine Unterscheidung zwischen erlebter und erzählter Lebensgeschichte (Rosenthal/Fischer-Rosenthal 2004, S: 460). Beide sind miteinander verwoben (vgl. Wohlrab-Sahr 2000, zit. in Küsters 2009, S. 85).

Interview schließlich steht am Anfang des Interviews eine längere Erzählung der interviewten Person. Im Verlauf des Interviews werden dann immer wieder Fragen zu erlebten Einzelsituationen gestellt.[128]

- Unterscheiden Sie für geschlossenes Interview, Leitfadeninterview und narratives Interview Spezifika für Erhebung, Dokumentation und Auswertung in tabellarischer Form.

Betrachten wir nun alle drei Verfahren etwas genauer. Zunächst zum geschlossenen Interview: Zentrales Instrument ist der Fragebogen. Es können unterschiedliche Arten von Fragen gestellt werden. So sind geschlossene oder offene Fragen möglich. Bei Ersteren sind die Antwortmöglichkeiten vorgegeben; bei Letzteren formulieren die Befragten diese selbst. Einschränkender als offene Fragen sind geschlossene Fragen. Bei ihnen wird eine Antwort mit ja oder nein erwartet. Gläser/Laudel (2006, S. 126) entwickeln ein Baumdiagramm zur Typisierung von Interviewfragen. Sie unterscheiden insbesondere zwischen funktionalen, die Interaktionsstruktur betreffenden und inhaltlichen, auf den Interviewgegenstand bezogenen Fragen. Bei ersteren sind z. B. Nachfrage-, Wiederaufnahme- oder Überleitungsfragen möglich. Inhaltlich wird u. a. unterscheiden zwischen Fragen nach Meinungen und nach Fakten sowie für letztere zwischen Fragen nach Wissen, Erfahrungen und Hintergrundinformationen. Zu bedenken ist, dass bestimmte Fragen bestimmte Antworten nahelegen können. So gilt zumeist ganz allgemein: Eine positive Antwort wird gegenüber einer negativen Antwort präferiert.[129] Die Fragen können Bewertungen enthalten. Sie können – und sollten nicht – suggestiv sein. Dies gilt auch für offenere Verfahren. Typisch für diese ist die mutierende Frage, die „explizit auf einen bislang unerwähnt gebliebenen Themenbereich Bezug nimmt" (Merton/Kendall 1984, S. 195).

Leitfadeninterviews arbeiten mit, oft thematisch gegliederten, Leitfäden. Eine thematische Gliederung ist nützlich, um sicherzustellen, dass alle interessierenden Themen in allen Interviews angesprochen werden (Marotzki 2003, S. 114). Eine solche Gliederung erleichtert zudem eine spätere themenbezogene Auswertung (Froschauer/Lueger 2000, S. 246).[130] Wichtig ist aber, sich nicht zu

---

128 siehe auch Gläser/Laudel (2009, S. 42) zu standardisiertem, halbstandardisiertem und nichtstandardisiertem Interview.

129 Die Berliner Verkehrsbetriebe führten ein neues Gerät zum Abstempeln von Fahrkarten auf U-Bahnhöfen ein. Der für die Testphase entwickelte Fragebogen enthielt alle antizipierten Probleme so formuliert, dass beim Vorliegen des Problems mit ja zu antworten war. Diese Formulierungen wirkten ausgesprochen ungewöhnlich. Sie berücksichtigten die Tendenz zu positiven Antworten und ermöglichten so eine breite Ausschöpfung im Hinblick auf potentielle Schwierigkeiten.

130 Für eine themenbezogene Auswertung sind dann Vergleiche in zwei Richtungen möglich. Dasselbe Thema kann in unterschiedlichen Interviews betrachtet werden oder aber es werden unterschiedliche Themen für ein Interview zueinander in Beziehung gesetzt.

starr am Leitfaden zu orientieren (Hopf 2004, S. 358f.) und Raum zu lassen für Unerwartetes (Merton/Kendall 1984, S. 192, 196). Exemplarisch seien zwei Leitfäden betrachtet. Beide richten sich an junge Frauen, die aus der Türkei eingewandert sind (Riesner 1990, S. 191–194; Lutz 1991, S. 286f.). Sie sind thematisch ähnlich gegliedert und sprachlich einfach gehalten. Lutz überzeugt besonders, und zwar durch hohe Konkretheit, Reflexivität und Offenheit des Leitfadens. Sie berücksichtigt Emotionen und rückblickende Bewertungen. Ihre offene, erzählgenerierende Eingangsfrage sowie das immer wieder angestrebte Elizitieren von Stegreiferzählungen zu erlebten Einzelsituationen weisen in Richtung narratives Interview.

Das Thema narrative Interviews soll etwas ausführlicher betrachtet werden. Sie setzen voraus, dass „der Informant selbst handelnd oder erleidend in den Vorgang involviert war, über den er befragt werden soll" (Küsters 2009, S. 29). Zentrale Elemente des narrativen Interviews sind eine längere Eingangserzählung nach einem Stimulus durch den Interviewenden sowie spätere Impulse, die zu Erzählungen ermuntern sollen. Frühes Unterbrechen und häufiges Nachfragen werden vermieden (Schütz 1977, S. 4, 11). Exemplarisch sei die Elizitierung einer Eingangserzählung genannt:

So „würde ich Sie jetzt gerne zu Beginn bitten, mir Ihre Lebensgeschichte zu erzählen, Ihre ganze Lebensgeschichte bis heute. Alles, was Ihnen wichtig war, und so ausführlich, wie's geht. Ich werde Sie dabei nicht unterbrechen und wenn ich 'ne Frage habe, werde ich mir die aufschreiben und dann im Anschluss an Ihre Geschichte fragen. Also, dass ich Ihnen jetzt einfach erstmal nur zuhöre" (Küsters 2009, S. 50).

Eine Eingangserzählung ist für diese Interviewform zentral, weil sie eine wenig vom Interviewenden beeinflusste Selbststrukturierung durch die befragte Person ermöglicht und so ihre Perspektive besonders gut verdeutlicht. So kann beispielsweise bei einer Frage nach der Lebensgeschichte relevant sein, wie stark die/der Interviewte private Beziehungen einerseits und Bildung und berufliche Karriere andererseits gewichtet.[131] Die genaue Analyse der Eingangserzählung ist ein zentraler Aspekt der Auswertung narrativer Interviews (Fischer-Rosenthal/Rosenthal 1997, zit. a.a.O., S. 84).[132] Die daneben wichtige Erhebung von

---

131 Eine unterschiedliche Gewichtung dieser beiden Lebensbereiche zeigte sich beispielsweise beim Vergleich der Eingangserzählungen von Interviews mit zwei Heiratsmigrantinnen in Berlin-Kreuzberg (Zwengel 2004a, S. 21).

132 Schon der erste Satz kann aufschlussreich sein. So wurden zwei Brüder maghrebinischer Herkunft in einem Pariser Vorort interviewt. Der eine begann seine Lebensgeschichte mit „Bon donc je m'appelle *Tahar Dahias j'ai je suis né le XXX [ja also ich heiße *Tahar Dahias und ich bin ich wurde geboren am XXX" (Zwengel 2004, S. 69). Der andere sagte: „Bon nous ça a commencé en Algérie quoi [...] (car) Alger quand le père devait [...] venir ici en France [gut bei uns hat das angefangen in Algerien nicht [...] (weil) Algier als mein

Stegreiferzählungen kann an Äußerungen der befragten Person anknüpfen, und zwar insbesondere als Wiederaufnahme von Aspekten der Eingangserzählung oder als erfragter Beleg für ein geäußertes Argument (Hopf 2004, S. 356). Es sollte vermieden werden, Stegreiferzählungen zu erlebten Einzelsituationen zu elizitieren, die vermutlich schon sehr oft erzählt wurden, weil diese besonders stark durch Verarbeitungsprozesse geprägt sein dürften und weil sie vermutlich besonders standardisiert dargestellt werden.

Es stellt sich die eher grundsätzliche Frage: Warum werden Erzählungen bevorzugt? Erzählungen scheinen dichter am Erlebten zu sein als Argumentationen.[133] Kallmeyer/Schütze (1977) holen für ihre Begründung der Präferenz von Erzählungen weiter aus. Sie unterscheiden drei Formen der Sachverhaltsdarstellung: argumentieren, beschreiben und erzählen (S. 162). Gegenstand von Argumentation kann „moralische und kognitive Auseinandersetzung" sein (Lucius-Hoene/Deppermann 2002, S. 171). Typisch für Beschreiben ist, dass die Darstellung „deskriptiv ausgestaltet" wird (S. 162). Erzählen schließlich verlangt „Ereignisbeteiligung und Verarbeitung" (S. 159). Für diese Formen der Sachverhaltsdarstellung gelten nach Kallmeyer/Schütze (1977) jeweils die gleichen drei Zugzwänge: Der Gestaltschließungszwang verlangt, dass der dargestellte Sachverhalt „gegen andere Sachverhalte abgegrenzt und in sich geschlossen" wird. Durch den Detaillierungszwang ist es erforderlich, dass alle „konstitutiven Elemente und ihre Beziehungen zueinander manifest werden". Durch den Kondensierungszwang schließlich wird es nötig, dass „vieles weggelassen und anderes global zusammengefaßt" werden muss (S. 162). Für das Erzählen nun ergibt sich eine spezifische Dynamik. Der/die Erzählende muss die Erzählung gestalten. Er/sie ist dadurch weniger auf sich selbst oder auf den Adressaten fokussiert. Seine Relevanzen ergeben sich aus der Erzählung selbst. Dies führt dazu, dass Dinge erwähnt werden, die der/die Erzählende um ihrer selbst Willen nicht genannt hätte, die aber für den/die Interviewende*n sehr aufschlussreich sein können. So heißt es bei Hopf (2004, S. 357): „Befragte, die frei erzählen, geben hierbei

---

Vater hier [...] nach Frankreich kommen musste" (S. 80). Der erste Interviewpartner ist mit formellen Kommunikationssituationen vertraut und fokussiert wie erwartet auf sich selbst. Der zweite Interviewpartner spricht eher informell. Er erzählt keine individuelle Lebensgeschichte, sondern bettet diese kollektiv in die Familiengeschichte ein. Dem Vater wird dabei besonderes Gewicht zugesprochen. Seine Migration wird zum Wendepunkt und zum Ausgangspunkt für die eigene Geschichte.

133 Sollen nicht Argumentationen, sondern Erzählungen generiert werden, ist es sinnvoll, nicht „warum", sondern „wie" zu fragen. „Wie ist es dazu gekommen, dass Sie Soziologie studieren?" führt wahrscheinlich zu reichhaltigeren Antworten als „Warum studieren Sie Soziologie?". Sich bei der Auswertung von Interviews nur auf die narrativen Passagen zu beziehen, kann aber nach Küsters (2009, S. 83 f., gestützt auf Rosenthal 1987) auch zu Verkürzungen führen.

gegebenenfalls auch Gedanken und Erinnerungen preis, die sie auf direkte Fragen nicht äußern können oder wollen".[134]

- Erinnern Sie sich an eine eigene Stegreiferzählung zu einer erlebten Einzelsituation, in der Sie Informationen preisgegeben haben, die sie sonst nicht genannt hätten?

Erzählen ist auch deshalb sinnvoll, weil es sich um eine Alltagskompetenz handelt, über die die Befragten verfügen (Riemann 2003, [23]). Sie zu nutzen entspricht aber nicht unbedingt den Erwartungen der Interviewten an das Interview. Sie erwarten oft eher eine Frage-Antwort-Struktur. Gelingt es nicht, Erzählungen zu elizitieren, kann dies auch mit problematischen Erfahrungen der Befragten zusammenhängen. Es kann sich um „schwierige Passagen" handeln, die im Zusammenhang stehen mit „biographischer Unordnung" oder mit einer „Distanzierung [...] von der dargestellten Ereigniskette" (Schütze 2001, S. 14 f.). Zudem ist zu unterscheiden zwischen der Dynamik von Eingangserzählung und Stegreiferzählung (Wiedemann 1986, zit. in Küsters 2009, S. 346). Weiterführend ist hier der Vergleich von Lucius-Hoene/Deppermann (2002, S. 156 f.) zwischen biographischer Erzählung als chronikartigem Erzählen und szenisch-episodischer Erzählung als Erzählung zu erlebten Einzelsituationen. Bei der Gegenüberstellung berücksichtigen sie auch sprachwissenschaftliche Aspekte. So sind für das szenisch-episodische Erzählen nicht nur Spannungsaufbau und Expressivität, sondern auch Ankündigungs- und Ausleitungsformulierungen, Dialoge und szenisches Präsens sowie eine Evaluation typisch.[135]

Stegreiferzählungen können dazu führen, dass das Erlebte noch einmal durchlebt wird, ähnlich wie in einer Therapie. So heißt es bei Merton/Kendall (1984, S. 188): „Man versucht, Bedingungen zu schaffen, in denen die Befragten die Situation praktisch nochmals erleben [...] können". Dass dies ansatzweise gelingen kann, zeigte sich an Besonderheiten eines Interviews (vgl. zum Folgenden Zwengel 2013). Interviewt wurde eine Migrantin, die ein niedrigschwelliges Deutschkursangebot nutzte. Drei elizitierte Stegreiferzählungen wurden genauer betrachtet: der erste Besuch der Ausländerbehörde, ein Konflikt am Arbeitsplatz zu einem späteren Zeitpunkt sowie der Besuch eines Elternabends kurz vor dem Zeitpunkt

---

134 Es sei ein Beispiel hierfür aus einem Interview mit einem ehemaligen französischen Zwangsarbeiter genannt. Dieser arbeitete während des Nationalsozialismus in einem Materiallager der Organisation Todt und berichtete über die damalige, harte Zeit. Er erzählte von einem Botendienst, den er in der Stadt erledigen sollte. Begründend schob er nach, dies sei seine Aufgabe gewesen, weil er Vorarbeiter war. Bis zu diesem Zeitpunkt des Interviews hatte der Interviewte diese Position nicht erwähnt. Dies könnte damit zusammenhängen, dass sie mit einem Selbstbild als Opfer kontrastiert und dass in ihr eine gewisse Besserstellung im Vergleich zu anderen Zwangsarbeitern zum Ausdruck kommt (Riedel 1988, Anhang S. 10).

135 Sie schließen hier an Erzählungen im Sinne von Labov/Waletzky (1973) an.

des Interviews. Das sprachliche Niveau des Deutschen unterschied sich bei den drei Erzählungen auffällig. Je weiter die erzählte Situation zurücklag, desto rudimentärer waren die Formen des Deutschen. Die Wahl einer Lernervarietät, die dem Sprachstand zur Zeit der erzählten Begebenheit ähnelt, deutet darauf hin, dass ein Sich-Zurückversetzen gelingt.

- Bilden Sie Zweiergruppen und führen Sie nach einer kurzen Vorbereitungszeit ein narratives Interview zum Thema Erfahrungen in der Schule durch.

Quer zur Unterscheidung zwischen geschlossenem Interview, Leitfadeninterview und narrativem Interview verläuft die Frage nach der Position, die den Interviewten zugesprochen wird. Beim Expert*inneninterview werden die Interviewten verstanden als „Spezialisten für bestimmte Konstellationen" (Hopf 1979, zit. in Mayring 2007, S. 30). Es kann sich dabei um Expert*innen im engen Sinne handeln, die Entscheidungen jenseits von Alltagsroutinen treffen müssen, und Expert*innen im weiteren Sinne, die sich in einem bestimmten Gebiet gut auskennen. Einschlägiger Aufsatz zum Expert*inneninterview ist Meuser/Nagel (1991; Bogner/Menz 2005, S. 20).[136] Dort findet sich auch die Unterscheidung zwischen Betriebs- und Kontextwissen. Im ersten Fall sind „die ExpertInnen die Zielgruppe der Untersuchung". Im zweiten Fall „repräsentieren die ExpertInnen eine zur Zielgruppe *komplementäre* Handlungseinheit [Hervorhebung im Original]" (S. 444). Die beiden Arten von Expert*innen und die beiden Formen von Wissen sind unterschiedlich kombinierbar.[137] Es wurden für Expert*inneninterviews spezifische Auswertungsverfahren vorgeschlagen (S. 456–466; Gläser/Laudel 2006).

Nicht immer scheint eine formelle Rahmung als Expert*in sinnvoll. Manchmal ist es vielleicht zielführender, sich einem eher informellen Alltagsgespräch zwischen Vertrauten oder Bekannten anzunähern. So bemühte sich Lewis (1978, S. 24) in Mexiko um ein eher freundschaftliches Verhältnis zu seinen Befragten. Matthes (1984, S. 292) versuchte in Singapur, eine der *extended-family* ähnliche Beziehung zu den Interviewpartner*innen aufzubauen. Ein eher informelles Verhältnis der Nähe ist wahrscheinlich insbesondere dann sinnvoll, wenn die Befragten mit der Kommunikationsform Interview wenig vertraut sind und/oder wenn sie Interviews mit Zwangskommunikation assoziieren. Letzteres ist typisch für Geflüchtete, für die Interviews in erster Linie im Zusammenhang stehen mit einer Anhörung im Asylverfahren und ihren weitreichenden Konsequenzen.

---

136 Kritisiert wird eine vorgenommene Engführung auf Berufe (Bogner/Littig/Menz 2014, S. 12).

137 Zur Verdeutlichung ein Beispiel: Tucci (2010) untersuchte migrantisch geprägte Jugendliche im deutsch-französischen Vergleich. Die Studie begann mit einer Befragung von Sozialarbeitern. Es ging um Kontextwissens von Expert*innen im engen Sinne. Dann wurde für die Jugendlichen selbst interviewt. Fokus war nun das Betriebswissen von Expert*innen im weiten Sinne.

Enden wir mit einzelnen praxisorientierten Überlegungen. Es ist ein wichtiger Unterschied, ob ein Interview vermittelt wird über eine Institution oder über eine dem/der Interviewten vertraute Person. In beiden Fällen kann es trotz Zusicherung von Anonymisierung zu der Vermutung kommen, die Ergebnisse der Befragung würden an Vermittelnde weitergeleitet. Distanz und Nähe können von Interviewenden unterschiedlich eingesetzt werden. Für die Eingangserzählung eines narrativen Interviews ist es sinnvoll, dass dem Erzählenden wenig über den Zuhörer bekannt ist, damit nicht dessen vermeintliche Prioritäten, sondern die Relevanzen der befragten Person selbst zum Ausdruck kommen. Geht es aber darum, eine Vertrauensbeziehung aufzubauen, kann und muss die befragende Person Dinge über sich selbst preisgeben. Interviewende können den Eindruck vermitteln, sie seien mit der Thematik des Interviews stärker oder weniger vertraut. Dies beeinflusst die Art der Darstellung durch die Interviewten.[138] Es kann versucht werden, Beziehungsdefinitionen zu berücksichtigen, die der interviewten Person Handlungssicherheit verleihen. So kann eine einbettende Gastgeber*innenrolle hilfreich sein. Es ist häufig der Fall, dass es in den Phasen vor dem Einschalten und nach dem Ausschalten eines Aufnahmegerätes zu wichtigen Nebenbemerkungen kommt (Froschauer/Lueger 2020, S. 243). Diese sollten zeitnah notiert werden. Ein sensibles Feld ist der Umgang mit zumeist besonders relevanten heiklen Themen. Hier scheint es sinnvoll, zum einen Respekt für die Grenzsetzungen der befragten Person zu signalisieren und zum anderen Stimuli einzusetzen, die es der befragten Person erleichtern, sich zu öffnen. Sinnvoll kann hier nach Merton/Kendall (1984, S. 200, gestützt auf Rogers 1945) eine Reformulierung der von Befragten geäußerten Gefühle durch den/die Interviewenden sein. Diese kann das Äußern weiterer Gefühle durch den/die Interviewte/n erleichtern.

- Überlegen Sie sich zehn Tipps für ein gutes Interview.

8.1.2 Gruppendiskussion

Eine Gruppendiskussion ist „ein Interview, bei dem in einer abgesonderten Situation ein Interviewer zugleich mehreren Befragten gegenübertritt" (Hartfiel/Hillmann 1982, S. 280). Manchmal kennen sich die Befragten untereinander. Manchmal ist dies nicht der Fall. Bilden die Befragten außerhalb der Erhebungssituation

---

138 Zwei Beispiele für Zugänge, die auf geteilte Erfahrung setzen: Schröer/Nwokey/Zerisenai (2015) bereiteten Interviews mit internationalen Studierenden und mit Studierenden mit Migrationsgeschichte dadurch vor, dass Kontaktaufnahme und Vertrauensbildung zunächst durch eine internationale Studierende bzw. eine Studentin mit Einwanderungsgeschichte erfolgten. Für eine Sammlung von Interviews mit Menschen in schwierigen Lagen (Bourdieu 2017) wurden als Befragende nicht nur Sozialwissenschaftler*innen eingesetzt, sondern auch Personen mit ähnlichem Erfahrungshintergrund.

eine Gruppe, spricht man von Realgruppe. Gruppendiskussionen können eher heterogen oder eher homogen zusammengesetzt sein (vgl. z. B. Kühn/Koschel 2018, S. 275). So kann beispielsweise versucht werden, ein möglichst breites soziodemographisches Spektrum abzudecken (S. 72) oder möglichst unterschiedliche Perspektiven auf ein soziales Phänomen zu berücksichtigen. Möglich ist aber auch, Personen mit geteilten sozialen Merkmalen zusammenzuführen in der Erwartung, dass diese über ähnliche Erfahrungen verfügen. Bei eher heterogener Zielgruppe besteht auch die Möglichkeit des Aufsplittens in mehrere Gruppendiskussionen mit eher homogener Zusammensetzung (S. 71).

- Bitzer (2020) untersuchte Alkoholkonsum von jungen Männern in Fußballvereinen in einem Stadt-Land-Vergleich. Dazu führte sie zwei Gruppendiskussionen durch, und zwar mit Mitgliedern jeweils einer ländlichen und einer städtischen Fußballmannschaft. Beziehen Sie die eingeführten Unterscheidungen auf dieses Beispiel.

Je nach Fragestellung lassen sich mit Lamnek (1998, S. 329) drei Ansätze für Gruppendiskussionen unterscheiden. Vertreter des ersten Ansatzes ist Pollock. Sein Ziel war, in Gruppendiskussionen individuelle Meinungen zu aktuellen politischen Themen zu erheben. Solche Meinungen werden typischerweise in Alltagskommunikationen geäußert.[139] Gesucht wurde deshalb nach einer Erhebungssituation, die diesen ähnlicher ist als die klassische Fragebogenerhebung. Für die Diskussionen wurden Gruppen gebildet, die eher heterogen zusammengesetzt waren (vgl. Przyborski/Wohlrab-Sahr 2010, S. 103). Der zweite Ansatz fokussiert nicht auf individuelle, sondern auf kollektive Orientierungen. Angestrebt werden eher homogene Gruppenzusammensetzungen. Untersucht werden Realgruppen oder Gruppen aus Personen, die zentrale soziale Merkmale teilen, wie Generation, Geschlecht, Milieu (Bohnsack/Przyborski/Schäffer 2006, S. 12). Mangold (1960, zit. in Przyborski/Wohlrab-Sahr 2010, S. 103) setzt für solche Gruppen eine gemeinsame, geteilte „Gruppenmeinung" an. Bohnsack (2004, S. 377 f.) verwendet mit Bezug auf Mannheim den Begriff des konjunktiven Erfahrungsraumes, der kollektiv geteilt ist.[140] Wichtig für die beiden genannten Ansätze ist, dass die Orientierungen als der Erhebungssituation vorgängig betrachtet werden (S. 105). Genau dies zweifelt ein dritter Ansatz an. Nießen (1977, zit. in Lamnek 1998, S. 329) geht davon aus, dass nur eine situationsspezifische Gruppenmeinung zu erfassen sei. Die Einmaligkeit der Situation sei zu berücksichtigen, und deshalb

---

139 Aus heutiger Sicht wären *social media* zu berücksichtigen.
140 Bohnsack entwickelt ausgehend von der Gruppendiskussion einen eigenen Auswertungsansatz, die dokumentarische Methode (vgl. z. B. Przyborski/Wohlrab-Sahr 2010, S. 271–309).

eine darüberhinausgehende Verallgemeinerung nicht möglich (vgl. Przyborski/ Wohlrab-Sahr 2010, S. 103).[141]

Die Gruppendiskussion als Methode kann Interaktion als Mittel für Erkenntnis nutzen. Im Gruppenprozess entfaltet sich das fokussierte Thema in den für die Gruppe relevanten Aspekten. Durch die Gruppendynamik werden Mehrheitsmeinungen und Außenseiterpositionen sichtbar. Die Gruppe funktioniert als eine Kommunikationseinheit: „Die Sprecher bestätigen, ergänzen, berichtigen einander, ihre Äußerungen bauen aufeinander auf: man kann manchmal meinen, es spreche einer, so sehr passt ein Diskussionsbeitrag zum anderen" (Mangold 1960, zit. in Bohnsack/Przyborski 2006, S. 235). Dies betrifft besonders Realgruppen und Gruppen, in denen die Mitglieder zentrale Merkmale teilen. In Gruppendiskussionen hält sich der Moderierende eher zurück (Bohnsack 2004, S. 380–382). Er kann aber auch durch Provokationen einer abebbenden Diskussion neuen Schwung verleihen (Kühn/Koschel 2018, S. 329). Von besonders großer Relevanz sind häufig Phasen der Gruppendiskussion mit hoher Dichte. Es kann sich um interaktive Dichte mit „gemeinsamem Rhythmus" handeln oder um metaphorische Dichte, die durch „Bildhaftigkeit und Detailliertheit der Darstellung" entsteht (Bohnsack/Przyborski 2006, S. 234). Für die Gruppendiskussion werden Phasen in Anlehnung an Tuckman unterschieden (Kühn/Koschel 2018, S. 328 f.). Ein anderes Phasenmodell fokussiert stärker auf die Entstehung einer einheitlichen Gruppenmeinung über Prozesse wie wechselseitige Bezugnahmen, Freude an Bestätigung, Umgang mit abweichenden Meinungen und Erreichen von Konformität (S. 223, mit Bezug auf Pollock u. a. 1955; Nießen 1977; Spöhring 1989; Lamnek 2005).

- Achten Sie eine Woche lang auf gleichzeitiges Sprechen mehrerer und überlegen Sie, warum es dazu kommt.

8.1.3 Ethnographie

Die Ethnographie als Methode geht auf die Ethnologie zurück. Dort wurden zunächst und werden oft noch heute traditionelle Gesellschaften untersucht.

---

141 Kühn/Koschel (2018, S. 274–277) legen eine andere Systematisierung von Gruppendiskussionen vor. Sie berücksichtigen als eher psychologisch orientierte Ansätze die morphologische Gruppendiskussion und die themenzentrierte Gruppendiskussion. Letztere knüpft an die themenzentrierte Interaktion an. Als eher soziologische Ansätze unterscheiden sie die rekonstruktiv-dokumentarische Gruppendiskussion, die vor allem von Bohnsack und von zahlreichen in seinem Umfeld entstandenen Studien repräsentiert wird, sowie die problemzentrierte Gruppendiskussion, die sich auf den symbolischen Interaktionismus, das problemzentrierte Interview sowie die *grounded theory* stütze. Die Autoren selbst präferieren den letztgenannten Ansatz.

Die Soziologie dagegen fokussiert typischerweise auf moderne Gesellschaften. Soziolog*innen bemühen sich, ihrem Gegenstand mit einer ähnlichen Distanz zu begegnen, wie dies bei Forschenden aus modernen Gesellschaften mit Blick auf traditionelle Gesellschaften der Fall ist. Berühmt für eine solche Grundhaltung wurde die Formulierung von Hirschauer/Amann (1997) von der „Befremdung der eigenen Kultur". Die Ethnologie praktiziert eher längere und die Soziologie eher kürzere Feldaufenthalte, bei denen es darum geht, im „natürlichen Umfeld" (Dellwing/Prus 2012, S. 54) soziale Praktiken zu beobachten dank eigener Teilnahme. Berücksichtigung finden so unterschiedliche Mittel wie Beobachtung, Gespräch, Dokument, Artefakte und Quantifizierung (Lüders 2004, S. 394). Die Ergebnisse der Feldstudie werden dokumentiert, analysiert und als verschriftetes Ergebnis präsentiert (Breidenstein u. a. 2013, S. 32).

Beginnen wir mit interaktionsbezogenen Aspekten der Ethnographie. Ethnographie wurde (und wird) zum Teil auch teilnehmende Beobachtung genannt. Dabei ist zu unterscheiden zwischen teilnehmender Beobachtung, die den distanzierten Blick des Beobachtenden in den Mittelpunkt stellt, und beobachtender Teilnahme, die stärker die eigene Involviertheit des Forschers im Feld betont. Beide Ansätze kontrastieren Hitzler u. a. (2016). Dabei verwenden sie *old school* als Bezeichnung für den erstgenannten und *new school* als Bezeichnung für den zweiten Ansatz. Die eigene Involviertheit im Feld kann zu Erlebnissen und Gefühlen führen, die es erleichtern, die Perspektive der Fokussierten nachzuvollziehen. Ein Beispiel sei genannt. Während eines Feldaufenthaltes in einem *workcamp* in einem kleineren Ort in Westafrika war Hunger eine wesentliche eigene Erfahrung. Dies sensibilisierte den Blick für den Umgang mit Zeit. Beginn und Ende der Arbeitstätigkeit wurden sehr variabel gehandhabt und waren kein Gegenstand besonderer Aufmerksamkeit. Der Zeitpunkt der einzelnen Mahlzeiten aber wurde präzise im Gruppentagebuch festgehalten (vgl. Zwengel 2006, S. 244).

Eine besondere Form der Involviertheit kann auch dadurch entstehen, dass die forschende Person bereits vor Beginn der Studie Teil des Feldes ist, so bei der soziologischen Thematisierung der Hirnblutung einer Ehefrau (Eberle 2015) oder dem Koma einer vertrauten Person (Hitzler 2015). Maximale Involviertheit besteht bei einer Autoethnographie. Ein Beispiel hierfür wäre Hodes (2016) Untersuchung ihrer eigenen Krebserkrankung. Während eines Feldaufenthaltes kann die Gewichtung von Teilnahme und von Beobachtung variieren. Insbesondere wenn Krisen im Feld auftreten, stellt sich die Frage, ob nun stärker beobachtet oder teilgenommen werden soll.[142] Aus der genannten Studie zu Alltagspraktiken in Westafrika seien zwei Beispiele für derartige Konflikte genannt. Ein kleineres Problem bezog sich auf die Frage, ob für die Besichtigung eines Wasserfalls zu

---

142 unterscheiden Berk/Adams (1979, S. 104) als Möglichkeiten sich bei Konflikten im Feld zu positionieren Einschalten einer dritten, vermittelnden Partei, Verständnis zeigen für beide Seiten, Verweis auf geteilte Werte sowie Selbststeuerung durch die Konfliktparteien.

zahlen sei. Ein größerer Konflikt betraf den Ausschluss eines Teilnehmers aus dem *camp*. In beiden Fällen wurde eigene Partizipation präferiert (Zwengel 2016, S. 251 f., 255).

- Welche Vorteile hat eine stärker beobachtende und welche eine stärkere teilnehmende Positionierung im Feld?

Ähnlich gelagert wie das Spannungsverhältnis zwischen Teilnahme und Beobachtung ist das zwischen einfühlender, empathischer Partizipation und kognitiver, analytischer Distanz (vgl. Schütze 1987, S. 548; Dellwing/Prus 2012, S. 60). Geht die analytische Distanz verloren, kann es zu einem sogenannten *going native* kommen. Die forschende Person taucht ganz in das Feld ein. Für eine sozialwissenschaftliche Durchdringung aber sind zwei Perspektiven nötig, die der Feldteilnehmenden, im Sinne eines emischen Zugangs, und die der analytischen Außenperspektive, im Sinn eines etischen Zugangs. Klassischerweise wird von der Rekonstruktion der Orientierungen der Feldteilnehmenden ausgegangen und dann eine interpretative Ebene der forschenden Person hinzugefügt. Befremdung betrifft dabei nicht nur den Blick auf das Feld, sondern auch den Blick auf die eigenen Deutungen: „Nachdem die Eigenlogik verstanden ist, muss sie wieder befremdet werden" (S. 68).

Die forschende Person kann im Feld unterschiedliche Rollen einnehmen. Es ist möglich, sich als Forscher*in einzuführen und offen zu beobachten oder eine bereits im Feld bestehende Rolle einzunehmen und verdeckt zu erheben. Im ersten Fall können eher vage Auskünfte über das Projekt gegeben werden, ohne die Fragestellung zu präzisieren, um das Feldgeschehen möglichst wenig in eine für die Fragestellung relevante Richtung zu beeinflussen. Im zweiten Fall ist es auch möglich, neue Rollen im Feld zu schaffen. Ein Beispiel hierfür ist die von Goffman (1991, S. 7) in einer psychiatrischen Klinik eingenommene Rolle des Assistenten des Sportreferenten. Der verdeckten Teilnahme sind Grenzen gesetzt. Relevant sind zum einen Unterschiede und Gemeinsamkeiten der sozialen Merkmale der forschenden Person und der Personen des Feldes (Schatzmann/Strauss 1997, S. 86). So ist Whyte (1993) der von ihm erforschten Jugendgang nahe im Hinblick auf Alter und Geschlecht, unterscheidet sich aber in seiner Schichtzugehörigkeit. Eine geringe Vertrautheit mit den sozialen und kulturellen Besonderheiten des Feldes kann situationsangemessenes Handeln erschweren oder gar unmöglich machen (S. 87). Die Übernahme einer Rolle im Feld wird von manchen als ertragreicher angesehen (z. B. Lofland 1979, S. 120). Sie ist aber in vielen Feldern aus ethischen Gründen äußerst problematisch (z. B. Riley 1963, S. 72).

- Präferieren Sie eine offene oder eine verdeckte teilnehmende Beobachtung? Warum?

Innerhalb des Feldes kann der/die Forschende Nähe zu unterschiedlich positionierten Personen suchen. Wird eine Person mit hohem Prestige im Feld als primäre*r Informant*in gewählt, kann die forschende Person von ihrem Ansehen profitieren. So wurde Doc, der *leader* der von Whyte (1993) untersuchten Jugendgang, zu seinem zentralen Informanten. Es ist aber auch möglich, Randpersonen zu wählen, um das Feldgeschehen möglichst wenig zu beeinflussen. So kann es für eine Dorfstudie sinnvoll sein, bei einer wenig integrierten Person am Ortsrand zu wohnen. Die Nähe zu den einen kann Distanz zu anderen fördern (Riley 1963, S. 71). So verzichtete Goffman (1991) bewusst auf engen Bezug zum Personal der untersuchten, psychiatrischen Klinik, um das Vertrauen der Patienten zu gewinnen. Whyte (1993) ging auf Distanz zu Sozialarbeiter*innen des von ihm untersuchten Viertels, um eine größere Nähe zur fokussierten Jugendgang zu ermöglichen (Zwengel 2015, S. 182). Besonders entscheidend ist die Wahl von primäreren Ansprechpartner*innen bei einem hierarchischen Verhältnis zwischen wichtigen Informant*innen: „Autoritäten werden skeptisch, wenn man zu viel Zeit mit den ‚Rebellen' und Außenseitern verbringt, die ‚Bodentruppen' werden skeptisch, wenn man zu viel Zeit mit der Autorität verbringt" (Dellwing/Prus 2012, S. 102).

Ähnlich wie beim Interview, so ist auch bei der Ethnographie die Art des Feldzugangs relevant. Sie kann die Beziehung zu den Informanten nachhaltig beeinflussen. So wird der erhebenden Person Nähe zur vermittelnden Institution zugeschrieben. Als Beispiel sei eine Studie zum Allgemeinen Sozialdienst genannt, die „von oben" über mehrere Instanzen gehend angelegt war. In jeder Instanz wurde Nähe der Forschenden zur übergeordneten Instanz vermutet, was zu eingeschränktem Vertrauen führte (Lau/Wolff 1983, S. 421, 423). Geschieht dagegen eine Vermittlung über Bekannte oder Freunde, kann dies das Vertrauen in die forschende Person erhöhen. Ein solcher Zugang kann aber auch zu Zweifeln an der Vertraulichkeit führen. Relevant ist daneben, ob sich die forschende Person als eher statusniedrig oder als eher statushoch einführt. Verweise auf Titel, durchführende Organisation und einschlägige Geldgeber können die Seriosität der Untersuchung unterstreichen (vgl. z. B. S. 420).[143] Niedrigschwellige Einführung hingegen kann Hemmungen der Informant*innen reduzieren, dem Ganzen weniger Gewicht verleihen und ein *business as usual* fördern.

- Vergleichen Sie Vor- und Nachteile eines eher privat und eines eher professionell vermittelten Zugangs zum Feld?

---

143 Wolff (2004, S. 349) hält solche Statusmarkierungen wohl für sinnvoll. Er ergänzt fachliche Kompetenz. Er frage sich, ob der Forschende „von seinem Feld wirklich noch ernst genommen wird, wenn er nicht ein gewisses Mindestmaß an Expertise signalisiert".

Zur Förderung des *commitment* kann eine eher private oder eine eher professionelle Einbindung gesucht werden. Ersteres ist möglich durch Ansetzen einer freundschaftsartigen Beziehung. Dabei ist allerdings zu berücksichtigen, dass echte Freundschaft keinen anderen Zielen untergeordnet ist und dass sie nicht als befristet angelegt ist (Zwengel 2015, S. 180).[144] Klassisches Beispiel für einen freundschaftsartigen Zugang ist das bereits angesprochene Vorgehen von Wythe. Er führt sich – auf Vorschlag von Doc – als dessen Freund in die Jugendgang ein und wird bald von Doc selbst als Freund betrachtet (S. 178). Doch es bleibt eine Beziehung auf Zeit. Whyte hält zwar noch lockeren Kontakt nach dem Feldaufenthalt, aber die Beziehung ist geprägt von Distanz und Entfremdung (S. 177–179). Ähnlich angelegt, wie die freundschaftsnahe Beziehung, ist der Versuch, durch kleine Gefälligkeiten einen gewissen Ausgleich zu schaffen.[145] Eine andere Möglichkeit, *commitment* zu fördern, ist, Interesse zu wecken für den Forschungsprozess selbst. Dies kann geschehen durch gemeinsame Dateninterpretation, durch Gegenlesen von Manuskripten oder durch Erfahrungsberichte im akademischen Kontext (S. 179 f.). Ähnlich gelagert ist das Bemühen darum, die Relevanz der Forschungsergebnisse für mögliche Verbesserungen im Feld herauszustreichen (S. 182). Dabei geht es aber eher nicht um eine individuelle Besserstellung der Befragten. Eine in diese Richtung gehende Gegenleistung ist oft nicht realisierbar. Vergütungen über eine Aufwandsentschädigung hinaus sind nicht möglich. Bei einer Studie zu Arbeitslosigkeit war eine von Betroffenen gewünschte sozialarbeiterische Unterstützung nicht leistbar (vgl. Jahoda/Lazarsfeld/Zeisel 1975).

In den auf Interaktion bezogenen Überlegungen wurde deutlich, dass ein eher distanzierter, Professionalität signalisierender, formeller Zugang möglich ist oder aber ein eher niedrigschwelliger, informeller Zugang, der persönliche Nähe in den Vordergrund stellt. Im Hinblick auf Interaktion unterscheidet sich die Ethnographie aber grundlegend von den beiden zuvor dargestellten Methoden der Datenerhebung. Während Interviews und Gruppendiskussionen auf eine oder wenige Begegnungen begrenzt sind, nimmt die Ethnographie eine Vielzahl von Interaktionen in den Blick. Während Interview und Gruppendiskussion vom Forschenden initiierte Interaktionen sind, werden bei der Ethnographie Interaktionen beobachtet, die unabhängig vom Forschenden entstehen. Bei Interview und Gruppendiskussion greift die forschende Person selbst relativ stark strukturierend ein. Die Ethnographie hingegen ist die der drei genannten Erhebungsmethoden, bei der am stärksten versucht wird, sich an von anderen gestalteten Interaktionen anzuschmiegen.

---

144 Przyborski/Wohlrab-Sahr (2010, S. 59, 89) raten eher ab von einem freundschaftsartigen Zugang.

145 Beide Ansätze lassen sich aber auch kontrastieren: „Once Doc asked me to do something for him, and I said that he had done so much for me that I welcomed the chance to reciprocate. He objected. 'I don't want it that way, I want you to do this for me because you're my friend. That's all' " (Whyte 1993, S. 257).

Kommen wir zu eher praktischen Tipps. Während bei Interview und Gruppendiskussion eine erste Versprachlichung durch die Informant*innen selbst erfolgt, ist ein Spezifikum der Ethnographie die Versprachlichung von Beobachtungen durch den/die Beobachtende/n selbst (Breidenstein u.a. 2013, S. 32). Diese kann bereits im Feld beginnen, und zwar offen oder verdeckt. Möglich ist es, erste Notizen „in unbeobachteten und abgeschirmten Augenblicken" niederzuschreiben (Lofland 1979, S. 112) oder auditiv aufzuzeichnen. Genutzt werden können z. B. kurzen Aufenthalte auf der Toilette (Whyte 1992, S. 58) oder ein kleiner Spaziergang. Manchmal können Notizen während des Feldaufenthaltes über eigene Rollen legitimiert werden. So können Aufgaben übernommen werden, die mit Verschriftlichungen verbunden sind, wie die Anfertigung von Sitzungsprotokollen (Whyte 1992, S. 58) oder das Führen eines (Gruppen-)Tagebuchs (Zwengel 2016, S. 249, 253). Wichtig ist, dass ein Verfassen erster Notizen zeitnah erfolgt. Spätestens am Morgen nach der Beobachtung sollte sich die forschende Person zum Schreiben zurückziehen (Lofland 1979, S. 111 f.). Gute Erfahrungen machte ich mit Tagesprotokollen und thematisch gegliederten Memos. Sinnvoll ist es, zwischen Beobachtungen und analytischen Kommentaren zu trennen. Letztere können z. B. in eckigen Klammern (S. 116) oder kursiv notiert werden. Lofland empfiehlt zudem, zu notieren, wie man/sie sich selbst während der Erhebung gefühlt hat (S. 116 f.). Dies kann nützlich sein, weil die Gefühle die eigene Interpretation beeinflussen und weil Reflexionen über diese weitergehende Interpretationen ermöglichen.[146] Die ersten Feldnotizen können später erweitert oder verändert werden (Dellwing/Prus 2012, S. 177). Es ist aber auch möglich, diese unverändert als eigenständiges Datenmaterial zu betrachten, das es ebenso wie andere Daten zu analysieren gilt (Breidenstein u.a. 2013, S. 180). In der Phase der Datenanalyse kommt es – wie bei der Analyse anders erhobenen Daten auch – im Allgemeinen zu zahlreichen, unterschiedlichsten Verschriftlichungen. Am Ende der Auswertung steht dann eine abschließende Verschriftlichung der zentralen Ergebnisse der Untersuchung.

- Machen Sie sich selbst zum Untersuchungsgegenstand im Sinne einer Autoethnographie. Schreiben Sie zu Ihrem Alltag eine Woche lang jeden Abend Tagesprotokolle und thematisch orientierte Memos. Fassen Sie zentrale Ergebnisse zusammen und stellen Sie diese anderen vor.

---

146 So war mir während eines *work camps* in Westafrika unangenehm, dass ein europäischer Teilnehmer sich Mahlzeiten durch eigene Bananen aufstockte. Vermutlich hing das Unwohlsein damit zusammen, dass die anderen auch wenig zu essen hatten, und damit, dass die Einheimischen versuchten, die Camp-Teilnehmer*innen gastfreundlich zu versorgen (vgl. auch Zwengel 2006, S. 244 f.; 2016, S. 250 f.).

Praktische Tipps zur Ethnographie werden von Wolff (1997) und von Girtler (Dellwing/Prus 2012, S. 110) in jeweils zehn Empfehlungen gefasst. Im Folgenden werden die zehn Tipps von Wolff (1997) benannt und kurz kommentiert.

1) Selektiere bei der Erhebung und bei der Auswertung gemäß eigener Relevanzen. Eine Auswahl ist nötig, denn „die Vielfalt von Phänomenen, denen gegenüber Beobachter sensibel sind, ist beträchtlich" (Lofland 1979, S. 118). Es scheint sinnvoll, sich selbstbewusst auf die eigenen, sich im Laufe des Forschungsprozesses verändernden Perspektiven und Relevanzen zu beziehen. Dabei gilt es, Neues und Überraschendes besonders zu berücksichtigen, bevor Gewöhnung eintritt.

2) Gehe davon aus, dass der Untersuchungsgegenstand eine innere Ordnung hat. Dieser Rat ist aus interkulturellen Trainings bekannt. Was einem fremd ist, scheint auf den ersten Blick oft unsinnig. Aber bei längerem Kontakt und weitergehender Analyse sollte die innere Ordnung zunehmend klarer werden.

3) Berücksichtige die Orientierungen, die die Handelnden im Feld zugrunde legen. Hier geht es um die Sichtweise der Informant*innen selbst. Zu berücksichtigen ist dabei, dass Orientierungen nicht nur sprachlich ausgedrückt werden, sondern auch durch nichtsprachliche Handlungen und durch Verhalten deutlich werden können.

4) Untersuche eingehend abweichende Fälle. Anders als bei der quantitativen Sozialforschung sind Häufigkeiten bei der qualitativen Sozialforschung nicht entscheidend. Es geht nicht um das Erkennen von möglichst häufigen, sondern von theoretisch interessanten Fällen. Abweichungen sind auch deshalb von besonderem Interesse, weil das Typische manchmal durch eine Kontrastierung mit dem Nicht-Typischen besonders deutlich wird.

5) Versuche nicht, Probleme des Feldes zu lösen. Derartige Erwartungen von Informant*innen sollten zurückgewiesen werden. Es ist aber durchaus möglich, dass für Akteure im Feld relevante und nützliche Forschungsergebnisse zurückgespielt werden.

6) Komme zu einer über die Perspektive der Feldteilnehmer*innen hinausweisenden Beschreibung zweiter Ordnung. Es geht also darum, die Rekonstruktion der Orientierungen der Handelnden im Feld durch eine eigenständige, analytische, theoriegenerierende Durchdringung des Gegenstandes zu ergänzen.

7) Nutze die Reaktion der Personen des Feldes auf die wissenschaftliche Intervention selbst als Informationsquelle. In der Haltung der Informant*innen

zum Forschungsprojekt können bereits Selbstbilder, Interessen und Handlungsperspektiven deutlich werden.[147]

8) Behalte die sequenzielle Struktur von Erfahrungen bei. Tagesprotokolle können sicherstellen, dass das Fortschreiten von Erkenntnis sichtbar bleibt. Auch sind spezifische Auswertungsverfahren möglich, die eine sequenzielle Analyse von Daten vornehmen.

9) Versuche nicht, verschiedenartige Datentypen gegeneinander auszuspielen. Eine Berücksichtigung unterschiedlicher Methoden im Sinne einer Methodentriangulation kann die Sicherstellung von Perspektivenvielfalt erleichtern.

10) Diskutiere deine Ergebnisse mit Personen mit engem Feldbezug. Praktiker*innen und Forscher*innen haben unterschiedliche Relevanzen. Es kann aber überprüft werden, ob eigene Argumentationen von mit dem Feld Vertrauten für plausibel gehalten werden. Auch dieser Rat zeigt, dass es günstig ist, Außen- und Binnenperspektive zu berücksichtigen und diese zueinander in Beziehung zu setzen.

Schließen wir mit einer grundsätzlichen Frage: Wie kommt es bei der Ethnographie zu Erkenntnis? Drei Ansätze scheinen möglich (vgl. Zwengel 2016).

1) Das Miterleben führt zu Sensibilität auf der Grundlage eigener Erfahrungen. Ein Beispiel aus der eigenen, kleinen Feldstudie in Westafrika war das Erleben von Hunger.

2) Ein zweiter möglicher Ansatz ist die Fokussierung auf *critical incidents*. Dieses Verfahren ist aus der interkulturellen Forschung und aus interkulturellen Trainings bekannt. Es geht um Interaktionssituationen, in denen Vertreter*innen von unterschiedlichen Kulturen aufeinanderstoßen. Die Situation erscheint den Vertreter*innen der einen Kultur als „konfliktär, rätselhaft oder ambivalent". Bei mehr Wissen über die andere Kultur kommt es zu einer plausiblen Deutung (Fieller/Mitchel/Triandis 1971, zit. in Heringer 2007, S. 220). Ein Beispiel hierfür aus der genannten Studie wäre der Ausschluss eines *Camp*-Teilnehmers.

---

147 Zwei Beispiele aus eigenen Untersuchungen seien genannt:
1) Der Informant Maged sagte in einem, von mir untersuchten, von Algerischstämmigen betriebenen Café in einem Pariser Vorort erklärend, ich würde, als Deutsche, deutsche und französische Cafés miteinander vergleichen. Interessant dabei ist, dass hier Nordafrikanischstämmige klar als Franzos*innen eingeordnet werden (vgl. Zwengel 2004).
2) Auf der Suche nach gedolmetschten Elterngesprächen in Schulen erhielt ich eine Absage. Obwohl Einzelfälle in der eigenen Schule bekannt waren, erklärten sich die Verantwortliche für nicht zuständig. Man sei schließlich keine Problemschule. In dieser Absage wird eine Stigmatisierung von Eltern mit geringen Deutschkenntnisse besonders deutlich (Zwengel 2015c, S. 130).

3) Drittens können kleinere, zunächst unbedeutend erscheinende Beobachtungen interessant sein. Dieser Zugang erwies sich in der genannten Studie als der ertragsreichste. Alle entwickelten Forschungsfragen entstanden aus kleineren Alltagsbeobachtungen. Dies gilt für die Professionalisierung des Haareflechtens, für die Dynamik von Streitgesprächen sowie für Erzählungen zu einer *soap opera*. Erkenntnisfördernd dürfte sich eine spezifische Grundhaltung auswirken. Günstig sein könnten Neugierde, Offenheit und Flexibilität. Becker (1996, S. 70) formuliert mit Bezug auf Whyte (1993): wichtig seien „imagination" und „[to] smell a good problem and find a good way to study it". Mit Hitzler u.a. (2018) ist zu empfehlen: „Herumschnüffeln, aufspüren, einfühlen". Dabei geht es um ein Gespür für Relevanz.

- Überlegen Sie sich für jede der drei in Kap. 8.1 vorgestellten Erhebungsformen ein kleines Untersuchungsdesign.

8.2 Datenanalyse

8.2.1 Typenbildung

Das Spektrum qualitativer Auswertungsverfahren ist breit und wird unterschiedlich systematisiert. So unterscheiden Przyborski/Wohlrab-Sahr (2010, S. 183–309) *grounded theory*, Narrationsanalyse, objektive Hermeneutik und dokumentarische Methode. Ich selbst halte Typenbildung, *grounded theory* und objektive Hermeneutik für zentral und möchte ergänzend auf die qualitative Inhaltsanalyse (Mayring 2007) und auf die Diskursanalyse (Keller 2007) verweisen.

Beginnen wir mit der Typenbildung. Es gilt ein einfaches Prinzip: „Die in einer Typologie verorteten Fälle sollen möglichst hohe interne Homogenität und möglichst hohe externe Heterogenität aufweisen" (Kluge 1999, zit. in Kreitz 2020, S. 112). Zu unterscheiden ist dabei zwischen den konkreten Einzelfällen als *token* und den abstrakten Typen als *types* (S. 115). Es geht also um über Einzelfälle hinausweisende Verallgemeinerungen (S. 113).[148] Ein wichtiges Verfahren zur Entwicklung von Typologien ist das Vergleichen.

Das Konzept der Idealtypen geht im Wesentlichen zurück auf Max Weber.[149] Was hat er darunter verstanden? „Ideal" verweist nicht auf Vorbild oder Handlungsmaxime (Kluge 1999, S. 65). Gemeint ist *„in rein logischem Sinn ideal* [Hervorhebung im Original]" (Amann 1987, S. 169). Typen entstehen als Abstraktionen aus konkreten Einzelerscheinungen, indem sie ihre „schärfsten, konkretesten

---

148 daher auch der eingängige Titel von Kelle/Kluge (1999): Vom Einzelfall zum Typus.
149 Der Begriff des Idealtyps wurde schon vor Weber verwandte. Außerdem nahmen spätere Autor*innen Veränderungen vor (Kaesler 2012, S. 224).

Ausprägungen" berücksichtigen (Weber 1904, zit. in Weiß 1992, S. 67); es geht um eine „Isolierung und Überspitzung bestimmter Aspekte" (Kluge 1999, S. 62). Die Entwicklung von Idealtypen ist ein schwieriger Prozess. Wichtig ist, dass trotz Abstraktion die Kernelemente erhalten bleiben (Przyborski/Wohlrab-Sahr 2010, S. 336 f.). Weber beschreibt das Verfahren folgendermaßen: Idealtypen werden

> „gewonnen durch einseitige *Steigerung eines* oder *einiger* Gesichtspunkte und durch Zusammenschluß einer Fülle von diffus und diskret, hier mehr, dort weniger, stellenweise gar nicht, vorhandenen *Einzel*erscheinungen, die sich jenen einseitig herausgehobenen Gesichtspunkten fügen, zu einem in sich einheitlichen *Gedanken*bilde [Hervorhebung im Original]" (Weber 1904, zit. in Kluge 1999, S. 62).

Webers Idealtypen kommen so in der empirischen Wirklichkeit nicht vor. Es handelt sich immer nur um Annäherungen (a. a. O.). Von der entwickelten Typologie ausgehend kann anschließend das tatsächliche Geschehen als Abweichung hiervon präzisiert werden (S. 66). Idealtypen ermöglichen es, Ordnung zu bringen „in das ‚Chaos unendlich differenzierter und höchst widerspruchsvoller Gedanken- und Gefühlszusammenhänge aller Art' [Hervorhebung im Original]" (Weber 1904, zit. a. a. O., S. 63). Idealtypen werden von Weber (1980, S. 4) abgegrenzt gegen Verstehen „des durchschnittlich und annäherungsweise gemeinten (bei soziologischer Massenbetrachtung)". Er interessiert sich eher nicht für solche statistischen Häufigkeitsverteilungen. Beide Ansätze werden aber berücksichtigt, wenn die Bildung von Realtypen und von Idealtypen kontrastiert wird (Tippelt 2020, S. 212).

Typenbildungen können sich im Hinblick auf eher formale Merkmale unterscheiden. Sie können sich auf ein oder auf mehrere Merkmale stützen. Es ist möglich, dass die einbezogenen Eigenschaften bei den berücksichtigten Fällen in gleicher oder in ähnlicher Form vorliegen. Eine Dimension kann als ein Kontinuum oder als aus diskreten Einheiten bestehend gefasst werden. Möglich ist, eine Dimension über eine Kategorie oder bipolar über zwei kontrastierende Kategorien zu erfassen (vgl. Kluge 1999, S. 78–90). Auch die Darstellungsformen sind unterschiedlich. Verbreitet sind insbesondere Auflistungen von Typen, Bildung diverser Arten von Mehrfeldertafeln (a. a. O. passim) und Zeichnung von Baumdiagrammen.

Exemplarisch soll nun eine Studie vorgestellt werden. Pflüger/Schmidt (2004) untersuchten welche Witze sich iranischstämmige Immigranten in Deutschland erzählen (S. 8). Sie berücksichtigten vier bereits 15–25 Jahre in Deutschland lebende, politisch engagierte Männer mit akademischer Vorbildung (S. 3 f.), die bei einem zur Erhebung angesetzten geselligen Abend (S. 8) 49 Witze erzählten (transkribiert im Anhang). Während der Auswertung entwickelten sie ein Baumdiagramm, das die angesprochenen Themen idealtypisch strukturiert. Es wurde zunächst unterschieden zwischen deutschen und iranischen Witzen. Auf der nächsten Ebene wurden die iranischen Witze untergliedert in die Themen Kulturen, Religion, Tod, Politik, Lebensweisheit, Stereotype, Arzt-Patient-Verhältnis und Sexualität. Auf einer nächsten Ebene wurde weiter differenziert. So wurde z. B. für Stereotype unterschieden zwischen Impotenz, abnormale Sexualpraktiken, Freizügigkeit, Maßlosigkeit, Angeberei, Geschäftssinn, Armut, Rauchen, Essgewohnheiten, Dummheit, Einfältigkeit und Zeitgefühl. Es wurden weitere Ausdifferenzierungen vorgenommen. Am stärksten untergliedert wurde die Kategorie Kulturen. Alle Witze wurden mindestens einer Kategorie der untersten Ebene zugeordnet. Das entwickelte Baumdiagramm liegt als „Papierschlange" vor. Ergänzend wurden dann exemplarisch für die Bereiche Stereotypen und Sexualität jeweils drei Witze vertiefend analysiert. Dabei wurde Bezug genommen auf landeskundliche Informationen zum Iran sowie theoretisch auf Ansätze zur Entstehung von Stereotypen und Vorurteilen (vgl. hierzu Zick 1997, zit. a. a. O., S. 22 f.). Drei Ergebnisse scheinen zentral. Es zeigte sich, dass zum Verstehen der Pointe oft ein kulturbezogenes Vorwissen nötig ist (S. 48), dass die untersuchten Witze zumeist ausgesprochen ausführlich und komplex angelegt sind (S. 51) und dass die Themen Politik und Sexualität miteinander verbunden werden (S. 52). Die in der Studie entwickelten Kategorien überschneiden sich zum Teil, doch die Gesamtanlage überzeugt. Auch didaktisch ist die Arbeit von Interesse. Wer die „Papierschlange" kennt, vergisst sicher nicht, was unter Typenbildung zu verstehen ist.

Eine kritische Einschätzung des Ansatzes der Idealtypen kann insbesondere Bezug nehmen auf einen gegenwärtigen Diskurs. Eine Kategorisierung über Typen wird zurzeit häufig als „Schubladenbildung" kritisiert. Die Bildung von Kategorien ist aber wohl ein universelles und notwendiges Phänomen (vgl. Zwengel 2015b, S. 245 f.). Problematisch zu sein scheint nicht das Kategorisieren an sich, sondern ein starres Kategorisieren. Dem kann insbesondere begegnet werden durch sogenannte *crossed categorization* (Hewstone 2000, S. 411). Gemeint sind damit Kategorisierungen, die quer verlaufen zu gängigen Mustern. Nützlich scheint auch die Unterscheidung von Rokeach (1960, zit. in Zick 1997, S. 88 f.) zwischen offenen und geschlossenen Überzeugungssystemen. Offenere Überzeugungssysteme führen zu einer genaueren und angemesseneren Berücksichtigung von Informationen. Menschen mit offenen Überzeugungssystemen sind also flexibler und offener für neue Typologien.

- Entwickeln Sie für ein zu untersuchendes soziales Phänomen Ihrer Wahl eine erste Typologie.

8.2.2 Grounded theory

Die *grounded theory* ist nicht nur, aber auch eine Methode der qualitativen Datenanalyse. Sie wurde von Barney Glaser und Anselm Strauss beginnend in den 60'er Jahren entwickelt und entstand aus ihren eigenen, medizinsoziologischen Untersuchungen heraus. Es handelt sich um den gegenwärtig international verbreitetsten Ansatz der qualitativen Datenanalyse im weiteren Sinne (Zwengel 2020, S. 534 f.). Die Datenanalyse wird bei der *grounded theory* nicht separat betrachtet. Ein zentraler Vorschlag ist, Erhebung, Analyse und Theoriebildung nicht als drei aufeinander folgende Forschungsphasen zu konzipieren, sondern zwischen diesen Phasen hin- und herzuspringen. Dies wird durch ein weit verbreitetes Schaubild verdeutlicht (vgl. z. B: Strübing 2004, S. 15). Für die Erhebung wird keine repräsentative Stichprobe angestrebt. Es geht um die Auswahl theoretisch interessant erscheinender Fälle. Dabei werden Minimal- und Maximalkontraste besonders berücksichtigt (Zwengel 2020, S. 537). Bei der Datenanalyse im engeren Sinne sind Vergleichen und Codieren die zentralen Verfahren (S. 536–542). Für eine Theoriebildung wird während des gesamten Untersuchungsprozesses das Schreiben von Memos genutzt. So können theorierelevante Ideen und Argumentationen festgehalten und erweitert werden (S. 537).

Untersuchungsziel ist die Entwicklung von Theorie aus den empirischen Daten heraus. Dies wird bereits in der Bezeichnung deutlich. Die Theory ist *grounded* in der Empirie. Ziel ist „die Entdeckung von Theorie auf der Grundlage von in der Sozialforschung systematisch gewonnenen Daten" (Glaser/Strauss 2005, S. 12). „Eine Grounded Theory wird aus den Daten gewonnen und nicht aus logischen Annahmen abgeleitet" (S. 39). Es geht also nicht um die Überprüfung von außen an das Datenmaterial herangetragenen Hypothesen. Dies führt zu einem spezifischen Umgang mit einschlägiger Fachliteratur:

> „Es ist eine wirksame und sinnvolle Strategie, die Literatur über Theorie und Tatbestand des untersuchten Feldes zunächst buchstäblich zu ignorieren, um sicherzustellen, daß das Hervortreten von Kategorien nicht durch eher anderen Fragen angemessene Konzepte kontaminiert wird" (S. 47).

Ob dieser Umgang mit der Fachliteratur sinnvoll ist, ist eine gerade in der deutschen Fachdiskussion stark umstrittene Frage. In späteren Veröffentlichungen von Strauss und vor allem in Strauss/Corbin (1996) kommt es zu einer etwas offeneren Haltung gegenüber der Fachliteratur (vgl. Zwengel 2020, S. 543). Dies scheint sinnvoll. Der Forschende ist durch Fachsozialisation, durch Nähe zu bestimmten Paradigmen und durch fallbezogenes empirisches und theoretisches Vorwissen geprägt. Dieses ist nur begrenzt auszublenden. Selbst wenn es weitgehend gelingt, führt das Alltagswissen der forschenden Person zu einer Vorstrukturierung, die nicht notwendig zu ertragreicheren Perspektiven führt als der fachwissenschaftliche Hintergrund (S. 547). Möglichst ausgeblendet werden soll aber auch dieses. Es gelte: „Ihre Gedanken aus den Grenzen der Fachliteratur und der persönlichen Erfahrung herauszuloten" (Strauss/Corbin 1996, S. 57). Das angestrebte Ausblenden von Vorstrukturierungen insgesamt scheint nicht möglich. Sinnvoller ist es wohl, sich die eigenen Vorstrukturierungen bewusst zu machen und sie heuristisch zu nutzen. Fachliteratur könnte dann einbezogen werden zur Bildung sensibilisierender Konzepte. In diese Richtung verweist bereits der Titel von Glaser (1978): „Theroretical Sensitivity". Unstrittig ist aber wohl, dass die *grounded theory* nicht mit aus der Fachliteratur abgeleiteten Fragestellungen und Hypothesen an das Datenmaterial herantritt, sondern versucht, sich möglichst offen und möglichst tief auf die Daten selbst einzulassen (Zwengel 2020, S. 538).

• Versuchen Sie, Ihre eigenen Vorstrukturierungen zu explizieren im Hinblick auf einen Untersuchungsgegenstand Ihrer Wahl.

Die Datenanalyse im engeren Sinne erfolgt methodisch kontrolliert über ein in der klassischen Variante Dreischrittiges Codierungsverfahren. Unter Codieren wird ein Überführen von Daten in Analysekategorien verstanden (a. a. O.). Während der ersten Phase, dem *open coding*, werden die vorliegenden Transkripte oder anderen Textdokumente an relevanten Stellen mit Begriffen versehen. Dabei können die gleichen Kodes durchaus wiederholt auftauchen. Zu unterscheiden ist zwischen eher theoretischen Kodes, den „sociological constructs", und *in-vivo*-Kodes, die Formulierungen aus dem Datenmaterial aufgreifen (Strauss 1987, S. 33). Letztere sind für eine Theoriebildung aus den Daten heraus von besonderem Interesse. Codiert werden kann konkreter oder abstrakter, thematisch enger oder thematisch breiter. Bei Strauss heißt es: „Don't worry, almost any option will yield useful results" (S. 62). Wichtig ist ein starkes, eigenes Erkenntnisinteresse. Es gilt, sich zu wundern, zu spekulieren und Hypothesen zu bilden (S. 63).

Während der zweiten Phase, dem *axial coding*, wird versucht, Beziehungen zwischen den in der ersten Phase gewonnenen Kodes zu erkennen und eine für die Daten zentrale Kernkategorie zu entwickeln. Dazu werden Kodes zu sogenannten *codefamilies* zusammengefasst und Schaubilder und Diagramme entwickelt, sogenannte *networks* (vgl. Zwengel 2020, S. 539). An die Kernkategorie werden gewisse Anforderungen gestellt. Sie soll eine Antwort geben auf die Frage „What is the main story here?" (Strauss 1987, S. 35). Sie soll häufig sein, über maximale Beziehungen zu anderen Kodes verfügen, beziehbar sein auf Dimensionen, Merkmale, Bedingungen, Folgen und Strategien, die meiste Variation des zentralen Handlungsmusters erklären und einen Theoriebezug aufweisen (S. 34, 36). Während der Phase des *axial codings* kann es sinnvoll sein, sich auf allgemeinsoziologische Grundstrukturierungen zu beziehen. Dazu gibt es in der *grounded theory* insbesondere zwei Ansätze. Strauss/Corbin (1996, S. 78) berücksichtigen in einem Prozessmodell mehrere aufeinander folgende Schritte: ursächliche

Bedingung, Phänomen, Kontext, intervenierende Bedingungen, Handlungs- und Interaktionsstrategien, Konsequenzen. Glaser (1978, S. 73–82) entwickelt 18 Kodierfamilien, wobei zwischen formalen und inhaltlichen Kategorien zu unterscheiden ist (vgl. auch Mey/Mruck 2011, S. 37). Eingängig und zentral sind dabei die 6 C: „Causes, Contexts, Contingencies, Consequences, Covariances and Conditions" (Glaser 1978, S. 74). Beide Systematisierungen erleichtern es, Ordnung zu bringen in die zahlreichen und vielfältigen Kodes, die in der Phase des *open coding* entwickelt wurden. Die Anwendung allgemeinsoziologischer Strukturierungen unterscheidet sich aber nicht prinzipiell von der Berücksichtigung feld- und theoriespezifischer Fachliteratur, auf die ja in dieser Phase noch weitgehend verzichtet werden soll (Zwengel 2020, S. 540). So werden diese allgemeinsoziologischen Vorstrukturierungen auch von manchen Vertreter*innen der *grounded theory* kritisiert. Charmaz (2014, S. 215) schreibt: „[they] may force data into preconceived frameworks."

Der dritte und letzte Kodierungsschritt ist das *selective coding*. Dies ist eine Phase „des systematischen In-Beziehung-Setzens der Kernkategorie mit anderen Kategorien" (Strauss/Corbin 1996, S. 94). Was keine Bezüge zur Kernkategorie aufweist, bleibt nun unberücksichtigt. Der entstehende theoretische Zusammenhang kann eher gegenstandsnah oder abstrakter sein. So unterscheiden Glaser/ Strauss (2005, S. 42) zwischen materialer Theorie „für ein bestimmtes Sachgebiet oder empirisches Feld der Sozialforschung" und formaler Theorie „für einen formalen oder konzeptuellen Bereich der Sozialforschung".

Verschiedene Autor*innen haben Varianten des Kodierungsverfahrens entwickelt (vgl. Zwengel 2020, S. 544–546). In der eigenen Praxis ergaben sich insbesondere folgende Abweichungen. Während des *open coding* wurden häufig zwei Teilgruppen kontrastierend kodiert. So sollten beispielsweise Auswirkungen des Besuchs des landeskundlichen Teils von Integrationskursen untersucht werden. Dafür wurden die Interviews vor und nach der Teilnahme zunächst separat kodiert (Zwengel 2009). Beim *axial coding* entstanden manchmal nicht eine, sondern mehrere Kernkategorien. Für die Verstetigung ehrenamtlichen Engagements für Geflüchtete beispielsweise wurden als Kernkategorien Erfolg, Dankbarkeit und Anerkennung herausgearbeitet (Zwengel 2019). Die beim *selective coding* entstandene Gesamtstruktur bestimmte zumeist die Gliederung des Auswertungstextes. Es gab aber auch Darstellungen, die den Entstehungsprozess der Ergebnisse nachzeichneten, so ein Aufsatz zu Interkulturalität in der TV-Serie Lindenstraße (Zwengel 2018a). Letzteres kann aus didaktischen Gründen von Interesse sein.

Exemplarisch soll nun eine die *grounded theory* im weiteren Sinne anwendende Studie vorgestellt werden (Zwengel 2011). 2008 wurden in einer Stadt mittlerer Größe 20 lokale Expert*innen aus dem Bereich Migration und Integration mit Hilfe von Leitfadeninterviews befragt. Es ging um einen Monitoringbericht der Stadtverwaltung, der mit einem Lehrforschungsprojekt verknüpft wurde. 17 der

Interviews lagen als Audiodateien vor und wurden von Studierenden transkribiert und analysiert. Es schloss sich eine eigene Untersuchung an. Um letztere geht es im Folgenden. Ausgangspunkt waren drei Fragen: In welchen Bereichen versuchen Expert*innen Migrant*innen zu unterstützen? Welche Entwicklungsziele setzen sie an? Wann schätzen die Expert*innen ihr eigenes Handeln als erfolgreich ein? (S. 145). Im Vorfeld waren in den Interviews narrative Sequenzen erhoben worden. Es wurde erwartet, dass in diesen die Relevanzen der Befragten deutlicher werden als in argumentativen Passagen. Am Interviewanfang wurde nach einer Einzelsituation gefragt, in der die befragte Person Integration erfolgreich unterstützen konnte. Später wurde dann nach einer Situation gefragt, in der dies nicht der Fall war. Insgesamt wurden 29 Stegreiferzählungen erhoben, die für eine Auswertung berücksichtigt werden konnten (S. 147). Es zeigte sich, dass sich die referierten Einzelsituationen besonders häufig auf sozialstrukturelle Integration von Individuen bezogen. Dabei wurde die Abfolge Spracherwerb, Ausbildung, Berufstätigkeit eingehalten. Bei der Ausbildung reichte das Spektrum von Führerschein bis zur Berufsausbildung. Besonders verbreitet war das Muster in der professionellen Migrationsberatung. Es zeigte sich aber beispielsweise auch bei einem Mitglied des Ausländerbeirates (S. 148–150). Die starke Fokussierung auf sozialstrukturelle Integration führte zur Ausblendung anderer Integrationsebenen. Spracherwerb als Teil kognitiver Integration wurde nur im Hinblick auf seine Bedeutung für sozialstrukturelle Integration berücksichtigt. Soziale Integration wurde nicht thematisiert, selbst wenn sie Beziehungen zur sozialstrukturellen Integration aufweisen könnte, wie Zugang zu Positionen über Bekannte oder soziale Einbindung durch Kontakt zu Mitschüler*innen oder Kolleg*innen. Identifikative Integration, die auf lokaler Ebene oft schneller gelingt als auf nationaler Ebene, wurde ebenfalls nicht berücksichtigt. Nur in zwei Fällen war von politischer und kultureller Partizipation die Rede (S. 150 f.). Die Kernkategorie der Untersuchung ergab sich aus einem *In-vivo*-Kode: „seinen Weg gehen". Diese Formulierung ist in Varianten in vier Stegreiferzählungen belegt. So heißt es auch „seinen Weg finden". Die Kernkategorie verweist auf einen Prozess, auf Interessen und Fähigkeiten des Individuums und auf Unterstützungsleistungen von Expert*innen (S. 151 f.). Sie weist enge Beziehungen auf zu den *codefamilies* Eigenständigkeit als Ziel, Langfristigkeit als Prozess und Interaktion als Ansatzpunkt für Expert*innen (S. 153). Zentral ist, dass Integration nicht als Prozess der Angleichung an die Aufnahmegesellschaft verstanden wird, sondern als Suche nach einer je individuellen sozial-strukturellen Eingliederung. Fokussiert wird dabei auf Individuen und nicht auf kollektive Akteure wie Haushalte, Familien, Communities. Die zentralen Ergebnisse sind anschlussfähig. Die Suche nach individuellen Lebenswegen passt zu Individualisierung als Zunahme individueller Entscheidungsmöglichkeiten und -notwendigkeiten (vgl. Beck 1986). Die Fokussierung auf individuelle statt auf kollektive Akteure passt zu Intersektionalität, worunter hier die Vorstellung von einer je individuellen Positionierung durch je spezifische Situierung im Hinblick auf unterschiedliche Dimensionen sozialer Ungleichheit verstanden wird (vgl. Zwengel 2018, S. 97–99). Im Hinblick auf die praktische Relevanz der Ergebnisse ist festzuhalten, dass es sinnvoll sein könnte, über sozial-strukturelle Integration hinauszugehen, und dass es wichtig sein könnte, kollektive Akteure stärker einzubeziehen (Zwengel 2011, S. 153–155).

- Wie schätzen Sie die *grounded theory* ein?

Drei eigene Einschätzungen zur *grounded theory* stammen aus eher praktischen Erfahrungen mit ihrer Anwendung.

1) Die starke Fokussierung auf Kodes und Kategorien führt zu einem verstärkten Denken in Begriffen. Argumentationen sind komplexer und deshalb häufig hilfreicher. Einbezogen werden können sie aber durch ein verstärktes Nutzen von Memos.
2) Die Suche nach Beziehungen zwischen Kodes führt zu einem relativ frühen Abstrahieren von den konkreten Verwendungskontexten und zu einer gewissen Textferne. Auch dem kann entgegengewirkt werden. Software wie ATLAS-ti oder MAXQDA ermöglichen es, jederzeit zu den Textstellen, auf die sich die Kodes beziehen, zurückzuspringen.
3) Das dreischrittige Kodierverfahren kann zu einer eher technisch sortierenden Haltung führen (vgl. z. B. Przyborski/Wohlrab-Sahr 2010, S. 185). Dem kann begegnet werden durch ein Kodieren in einer möglichst „freien, flexiblen, kreativ-spielerischen" Weise (Breuer/Muckel/Dieris 2019, S. 146).

8.2.3 Objektive Hermeneutik

Als dritte und letzte der drei ausgewählten Verfahren zur qualitativen Datenanalyse sei die objektive Hermeneutik vorgestellt. Sie geht auf Ulrich Oevermann zurück, der an der Goethe-Universität in Frankfurt lehrte. Insbesondere in seinem Umfeld fanden zahlreiche Interpretationsgruppen, Workshops, Schulungen und Tagungen statt, die sich auf diese Methode bezogen. Im Gegensatz zur *grounded theory* ist die objektive Hermeneutik international recht wenig verbreitet (vgl. Titscher u. a. 2000). Beginnen wir mit den theoretischen Grundannahmen des Ansatzes. In der Bezeichnung objektive Hermeneutik werden bereits zwei Bezüge deutlich. Hermeneutik verweist auf verstehen, auf interpretieren. Sie schließt insbesondere das Schließen vom Einzelnen auf das Ganze und das Schließen vom Ganzen auf das Einzelne ein (vgl. Leibfried 1980, S. 44). Objektiv meint, dass das Ergebnis der Interpretationen eindeutig sei. Diese werden also nicht an den Standpunkt des Interpreten gebunden, an seine gesellschaftliche Position und an seine historische Eingebundenheit. Objektiv suggeriert zudem, dass der

Prozess der Interpretation abschließbar ist. Nach Oevermann (1986, S. 78) ist also eine zentrale „Prämisse der objektiven Hermeneutik [...], daß [...] die objektive Sinnstruktur eines Textes sinnlogisch vollständig determiniert ist, [...]": Untersuchungsgegenstand sind Protokolle „von Äußerungen oder Handlungen einer je konkreten Lebenspraxis" (Ders. 1993, S. 255). Für sie sollen „latente Sinnstrukturen" herausgearbeitet werden (S. 249). Dabei geht es nicht um einen subjektiv gemeinten Sinn im Sinne von Weber (S. 250) und auch nicht um die interaktive Herstellung von Sinn. Gemeint sind objektive Bedeutungsstrukturen (S. 249). Ziel der Untersuchung ist, diese durch eine Fallrekonstruktion zu erfassen. Dabei sollen nicht Einzelaspekte des Falles interpretiert werden. Es geht um seine „Gesamtgestalt, seine Totalität" (Ders. 1996, S. 35). Die Ergebnisse der Analyse sollen „in der ‚Sprache des Falles' " präsentiert werden (S. 26). Die Untersuchung zielt also ab auf eine „Rekonstruktion der Strukturiertheit von Einzelfällen" (Ders. 1986, S. 68). Fallvergleiche sind weniger im Fokus.

- Inwiefern unterscheiden sich Grundannahmen von Idealtypenbildung, *grounded theory* und objektiver Hermeneutik? Wo sehen Sie Gemeinsamkeiten?

Kommen wir zum konkreten methodischen Vorgehen. Manche der Untersuchenden beginnen mit der Analyse des externen Kontextes des Protokolls, andere verzichten zunächst darauf. Unter externem Kontext kann mit Reichertz (1994, S. 129 f.) Kontext, Sozialdaten der Akteure und Interaktionstyp gefasst werden. Reichertz selbst nimmt vor der Textinterpretation eine Analyse der Sozialdaten vor (a. a. O.). Oevermann verfährt unterschiedlich. In Oevermann u. a. (1979) wird bei der Analyse des Protokolls zu einer innerfamiliären Interaktionssituation zunächst der externe Kontext betrachtet. In Oevermann (1993, S. 263) dagegen heißt es: „Wissen über den *äußeren historischen oder kulturellen fallspezifischen Kontext* eines Protokolls" [Hervorhebung im Original]" sei zunächst auszuklammern.

Die Ausdeutung von Protokollen erfolgt über die genaue Betrachtung einzelner Textpassagen mit Hilfe der sogenannten Sequenzanalyse. Dabei bleibt die chronologische Reihenfolge innerhalb der betrachteten Textpassage erhalten. Grundidee ist, dass jede Handlungsmöglichkeit durch die vorhergehende Handlung eingeschränkt wird und zugleich einen Möglichkeitsraum schafft für die nächste Handlung (S. 252). Deshalb wird für die einzelne Textstelle nach möglichen Anschlüssen gefragt. Diese werden dann mit dem tatsächlichen Anschluss verglichen. Aus der Differenz zwischen beidem wird die Interpretation entwickelt. Bei Oevermann (1996, S. 8) heißt es, dass „die je eröffneten Möglichkeiten gedankenexperimentell expliziert werden müssen, bevor man sich anschaut, welche dieser Möglichkeiten faktisch eingetreten ist". Die unterschiedlichen Annahmen und Interpretationsvorschläge werden Lesarten genannt. Zu ihrer Bildung kann auf Alltagswissen und auf fachwissenschaftliche Hintergründe Bezug genommen werden. So heißt es: Möglich ist die Nutzung von „Vorwissen [...] zur Motivierung von Lesartvorschlägen". Verwendet werden dürfe das Vorwissen aber „nicht zum Ausscheiden von kompatiblen Lesarten" (Oevermann 1986, S. 36). Dieses geschehe allein durch Überprüfen am Protokoll und durch kontroverse Diskussion von einzelnen Textstellen (vgl. auch Sutter 1994, S. 52).

Zur Umsetzung des Verfahrens wird in der klassischen Veröffentlichung Oevermann u. a. (1979) ein achtstufiges Verfahren der Feinanalyse vorgeschlagen, welches sich auf einen *turn*, also ein Sprecherbeitrag bezieht, der auch Interakt genannt wird.

- *Schritt 0:* Es werden Handlungsalternativen für den nächsten Interakt formuliert.
- *Schritt 1:* Der tatsächlich realisierte Interakt wird paraphrasiert.
- *Schritt 2:* Die vermutliche Intention des Sprechenden wird expliziert.
- *Schritt 3:* Es wird eine objektive Sinnstruktur herausgearbeitet.
- *Schritt 4:* Die Organisation des Sprecherwechsels wird genauer betrachtet.
- *Schritt 5:* Die sprachlichen Merkmale des Interakts werden genauer untersucht.[150]
- *Schritt 6:* Eine von der Sequenz abstrahierende Fallstruktur wird erarbeitet.
- *Schritt 7:* Es kommt zu einer Verallgemeinerung und Einordnung mit Bezugnahme auf fachwissenschaftliche Theorien und Begriffe (S. 395, 399–402).

Die Schritte sollen mit einem Beispiel illustriert werden. Ausgangspunkt: Eine Dozentin kommt zu Beginn einer Lehrveranstaltung in den Seminarraum und sagt „Hallo".

- *Schritt 0:* Ein einzelner oder mehrere Studierende sagen Hallo / guten Tag / Moin.
- *Schritt 1:* Eine Studierende sagt: Guten Tag Frau X. Es handelt sich um einen Gegengruß mit persönlicher Ansprache.
- *Schritt 2:* Beabsichtigt scheint eine individuelle, respektvolle Begrüßung.
- *Schritt 3:* Es handelt sich um eine Interaktionssituation, in der eine größere Anzahl von Personen einer Einzelperson gegenüberstehen. Zudem besteht ein Rangunterschied.
- *Schritt 4:* Die Dozentin eröffnet die Interaktion. Ihre Begrüßung richtet sich an eine größere Zahl von Interaktionsteilnehmer*innen. Sie wird von einer Einzelperson erwidert.

---

150 Die besondere Beachtung sprachlicher Merkmale ist ein Spezifikum der objektiven Hermeneutik (vgl. z. B. Oevermann 1996, S. 17 f., 32). Oevermann (1993a, S. 126) spricht sich für eine „Berücksichtigung selbst der unscheinbarsten Text-Details" aus. Er geht damit über die Betrachtung einzelner Ausdrücke – wie bei der Explikation im Sinne der qualitativen Inhaltsanalyse (Mayring 2007, S. 80–82) – hinaus. Generell sind sprachliche Aspekte oft nützliche Indikatoren für soziale Phänomene (vgl. z. B. Zwengel 2004).

- *Schritt 5:* Es wird eine standardsprachliche Begrüßungsformel gewählt, verknüpft mit einer Anrede, die einen Eigennamen berücksichtigt, und zwar den Nachnamen.
- *Schritt 6:* Es besteht eine Interaktion zwischen einer einzelnen Lehrperson und einer größeren Anzahl von Studierenden. Sie scheint von der Lehrenden eher informell und von den Studierenden eher formell eingeordnet zu werden.
- *Schritt 7:* Es handelt sich um die Begrüßungsphase einer asymmetrischen Interaktion, in der die dominierende Person die Situation eher informell und die Dominierten die Situation eher formell rahmen.

Sequenzanalytisch wird nur eine relativ kurze Protokollpassage untersucht. Die daraus abgeleitete Strukturhypothese, die den Kern des Falles erfassen soll, wird dann am Gesamtprotokoll überprüft und gegebenenfalls verändert (Oevermann 1986, S. 67). In unserem Beispiel dürfte sich zeigen, dass sich die Zuordnung von formellem und informellem Register im Laufe der Interaktion umkehrt. Die Dozentin grüßt informell, wählt aber während der Seminarsitzung vermutlich ein eher formelles, fachsprachennahes Register. Die Studierenden dagegen grüßen formell, sprechen im Verlauf des Seminars aber vermutlich alltagssprachennäher und somit informeller als die Dozentin. Hier zeigt sich, dass zu unterscheiden ist zwischen der Rahmung der Interaktion durch Begrüßung (und Verabschiedung) einerseits und der Transaktion im engeren Sinne andererseits. Während der Rahmung wird vor allem der Beziehungsstatus angezeigt. In der Transaktion im engeren Sinne geht es dann stärker um die Realisierung des Interaktionsziels. Am Beispiel zeigt sich, dass es nicht ganz unwichtig ist, welcher Teil des Protokolls für eine vertiefende Sequenzanalyse ausgewählt wird. Oevermann selbst (Sommerkurs der objektiven Hermeneutik, 16.–20.9.1996 in Frankfurt am Main) geht davon aus, dass eine beliebige Textstelle ausgewählt werden kann, weil sich die herausgearbeitete Fallstruktur, wenn sie denn zutrifft, in allen Teilen des Protokolls zeigen müsste.[151]

Eine die objektive Hermeneutik anwendende Analyse sei exemplarisch vorgestellt. Studer (1996, S. 17–23) untersucht den Brief, den eine Johanna genannte Drogenabhängige von einem Gefängnis aus an die Drogentherapieeinrichtung „Start again" richtete. Sie erkundigte sich nach einem Therapieplatz, um den sie sich bereits früher von der Entzugsstation einer Klinik aus beworben hatte (S. 17). Zentrale Aspekte der den ganzen Brief umfassenden Sequenzanalyse seien genannt. Johanna verzichtet auf einen Betreff. Dies suggeriert, die Adressierten

---

151 Ein anschauliches Beispiel hierfür ist Watzlawick/Beavin/Jackson (1982, S. 106–113). Drei schon lange zusammenlebende Ehepaare wurden gefragt, wie sie sich kennengelernt haben. Untersucht wurde dann die jeweilige Interaktionsstruktur dieses Interviewteils. Da es sich bei den Ehepaaren um eingespielte Teams handelte, dürften sich die herausgearbeiteten Muster der Interaktion an anderen Teilen des jeweiligen Interviews in gleicher Weise zeigen.

wüssten, worum es geht. Auf eine Unterscheidung zwischen therapeutischem Zusammenhang und administrativem Rahmen wird verzichtet. Das Schreiben beginnt mit „ich". Dies „gilt eher als unfein" und *suggeriert gewissermaßen eine symbiotische Nähe*". In der Formulierung „Leider musste ich, wegen Regelverstoßes, die Klinik verlassen" fehlt das Agens bezogen auf den Regelverstoß und somit die Übernahme individueller Verantwortung (S. 18). Wie auch an anderer Stelle zeigt sich Emotionalität „auf der Ebene der kleinen Wörter" (S. 20). Johanna schreibt, sie „möchte [...] [die] Therapiestation besichtigen", und bittet um „einen neuen Vorstellungstermin". Sie blendet aus, dass im Hinblick auf einen Therapiebesuch *„die Entscheidung nicht bei ihr liegt"* (S. 19). Johanna beabsichtigt, „endlich meine Drogensucht in den Griff zu bekommen" (S. 19 f.). Diese wird so als etwas Äußeres betrachtet. Therapie dient *„instrumentell als Wegmachen von Drogenabhängigkeit"* (S. 20) ohne Bezugnahme auf die Gesamtpersönlichkeit und auf den eigenen Lebenszusammenhang. Mit dem Sozialdienst „nehmen Sie bitte Kontakt [...] auf" ist als *„Anweisung"* formuliert. Studer verdichtet die Ergebnisse seiner Sequenzanalyse zu einer Fallstrukturhypothese. Bei Johanna zeige sich zugleich *„Handlungsantrieb oder Tatkraft"* und *„Hilfslosigkeit"*. Sie *„oszilliert [...] zwischen persönlicher [...] Nähe und formaler Distanz"*. Sie übernimmt keine *„Verantwortung fürs eigene Handeln"*, zeigt hinsichtlich der Drogensucht eine Haltung des *„Abrückens dieser von der eigenen Person* [alle Hervorhebungen in diesem Absatz im Original]" (S. 22) und schätzt, so ließe sich hinzufügen, die Grenzen ihrer Handlungsmöglichkeiten unrealistisch ein. Johanna nahm schließlich etwa ein Jahr lang an einer Therapie bei „Start again" teil (a. a. O.).

Für eine kritische Einschätzung der objektiven Hermeneutik können mit Wohlrab-Sahr (2003, S. 127 f.) drei Aspekte genannt werden. Zum einen komme es zu einer „Überbetonung [...] ‚objektiver Regelstrukturen' " (S. 127, mit Bezug auf Reichertz 1988 und Reckwitz 2000). Zudem verlange die Bildung von Anschlussmöglichkeiten, das Entwickeln unterschiedlicher Lesarten den Bezug auf eine „Normalitätsfolie" (S. 128, mit Bezug auf Bohnsack 2000 und Fischer/Kohli 1987). Letzteres kann die Interpretation insbesondere dann erschweren, wenn es um eine dem/der Forschenden eher fremde Lebenswelt geht (Oevermann 1986, S. 42). Oevermann sieht hier allerdings auch den Vorteil, dass es zu allgemeineren, die eigene und die fremdkulturelle Perspektive übergreifenden Deutungen kommen könne (S. 35). Eine pragmatische Lösung zum Umgang mit dem Problem der Normalitätsfolie ist die Bildung von Interpretationsgruppen (Kellerhof/ Witte 1990). Diese können gezielt heterogen zusammengesetzt werden. Ein dritter Kritikpunkt ist: Fallstruktur und Typenbildung werde gleichgesetzt (Wohlrab-Sahr 2003, S. 128). So heißt es beispielsweise bei Oevermann (1996, S. 14): „Jede einzelne Fallrekonstruktion ist schon als solche eine Strukturgeneralisierung". Genannt wird ein „je konkretes Ergebnis, das man früher als Darstellung eines Typus bezeichnet hätte". Hier fehlt ein Analyseschritt, den Kelle/Kluge (1999) als „vom Einzelfall zum Typus" fassen. Eine Gleichsetzung von Fall und Typus geschieht vermutlich auch deshalb, weil sich die Anwender*innen der objektiven Hermeneutik zumeist auf die Analyse von Einzelfällen beschränken (Przyborski/ Wohlrab-Sahr 2010, S. 265). Diese Fallorientierung kann auch als eine Stärke der objektiven Hermeneutik angesehen werden. Für viele Berufsgruppen ist nicht Wissen um Typen wesentlich, sondern das Verstehen des jeweils einzelnen Falles die zentrale berufliche Kompetenz. Deshalb wird das Verfahren der objektiven Hermeneutik auch eingesetzt in der „Supervision bei Berufen, die selbst fallorientiert mit Klienten in einem Arbeitsbündnis tätig sind" (Oevermann 1996, S. 37).

- Bilden Sie, gestützt auf eine Internetrecherche, einen Datenkorpus von 20 Witzen einer Rubrik Ihrer Wahl (Blondinenwitze, Ossiwitze, Coronawitze u. ä.). Werten Sie dreimal aus, indem Sie die Idealtypenbildung, die *grounded theory* und die objektive Hermeneutik anwenden. Vergleichen Sie Ihre Ergebnisse.

9. Exemplarische Vertiefung: zwei Lehrforschungsprojekte

9.1 Interkulturalität in der TV-Serie „Lindenstraße"

Es werden nun zwei eigene, kleinere Lehrforschungsprojekte vorgestellt, um das Vorgehen der qualitativen Sozialforschung exemplarisch zu verdeutlichen. Die folgende Darstellung zur „Lindenstraße" stützt sich auf Zwengel (2017; 2018a; 2018b). Bei der „Lindenstraße" handelt es sich um eine TV-Serie, die das Alltagsleben in einer fiktiven Straße in München thematisierte. Sie wurde von Hans W. Geißendörfer und später (auch) von seiner Tochter Hana produziert. Die Serie hatte eine erhebliche Präsenz. Sie wurde von 1985 bis 2020 ausgestrahlt. Jede Woche kam eine neue Folge hinzu. In der Anfangszeit wurden 14,8 Millionen Zuschauer und ein Marktanteil von 39 % erreicht (Huth 1998, zit. in Zwengel 2018a, S. 694). Die Serie galt als progressiv. So kam es beispielsweise zum ersten homosexuellen Kuss im öffentlich-rechtlichen Fernsehen und zur Platzierung der Attrappe eines Atomkraftwerks im Garten des Umweltministers Töpfer.

Untersucht werden sollte die „Lindenstraße" im Hinblick auf die Darstellung von Interkulturalität. Hierunter wurden präsentierte Interaktionen gefasst, an denen mindestens eine Figur mit Migrationshintergrund wesentlich beteiligt ist. Dies erschien sinnvoll, weil in der „Lindenstraße" eine hohe Zahl von Figuren mit Migrationshintergrund präsent ist und weil unterschiedliche ethnisch-nationale Hintergründe Berücksichtigung finden. Es wurde vermutet, dass auch beim Thema Interkulturalität ein eher progressiver Ansatz dominiert und dass sich die Darstellung von Interkulturalität im Laufe der Zeit verändert hat. Wie diese Veränderung im Einzelnen aussieht, sollte Gegenstand der Untersuchung sein.

- Die „Lindenstraße" wird auch als *soap opera* bezeichnet. Recherchieren Sie, was darunter verstanden wird.

Beginnen wir mit einer kurzen Einordnung zentraler Figuren der „Lindenstraße". Autochthon deutsche Figuren werden häufig in Familien eingebunden. Dies gilt beispielsweise für die Familie der Kernfigur „Mutter Beimer", für die Patchworkfamilie eines Taxifahrers, für eine aus der Entwicklungszusammenarbeit nach Deutschland zurückgekehrte Familie sowie für die zerfallende Familie einer Politesse. Bei migrantisch geprägten Familien zeigt sich oft eine Bindung an ethnische Kleinbetriebe, so beispielsweise an einen türkisch geprägten Imbiss, ein italienisch geprägtes Lebensmittelgeschäft und ein griechisch geprägtes Restaurant. Kommen neue migrantisch geprägte Figuren hinzu, sind sie zumeist besonders stark mit Problemen konfrontiert. Dies ist beispielsweise der Fall bei einer aus Moldawien stammenden Zwangsprostituierten, bei einer Nigerianerin ohne Papiere und bei einem Roma aus dem Kosovo, dessen Familie von Abschiebung bedroht ist. Es gibt zudem Personen, die nicht immer als migrantisch geprägt erkennbar sind, so eine Österreicherin, einen Schweizer und einen Kanadier.[152] Biethnische bzw. binationale Paare sind präsent und werden häufiger. Insgesamt zeigt sich, dass die Figuren mit Migrationshintergrund ein breites Spektrum abdecken. Häufigkeit und Vielfalt gehen dabei tendenziell über einen abbildenden, realistischen Ansatz hinaus.[153]

Zum methodischen Vorgehen: Weil die Veränderung der Darstellung von Interkulturalität untersucht werden sollte, wurden Folgen in Fünfjahresabständen für den Zeitraum 1986–2011 berücksichtigt. Da in einer Folge zumeist drei Handlungsstränge auftreten, von denen einer beginnt, einer auf seinem Höhepunkt ist und ein dritter endet, schien es sinnvoll, vier aufeinanderfolgende Folgen zu berücksichtigen. In das Korpus sollten aber nur Folgen aufgenommen werden, in denen in mindestens einem Handlungsstrang eine Person mit Migrationshintergrund deutlich präsent ist. Dies war nur in drei der in Frage kommenden Folgen nicht der Fall (Zwengel 2017, S. 695 f.).[154] Studierende transkribierten für die berücksichtigten Folgen alle Handlungsstränge mit deutlicher Migrationspräsenz und werteten diese Daten aus im Hinblick auf den Wandel der Darstellung von Interkulturalität. Dabei wurden Arbeitsgruppen zu sechs Unterthemen gebildet: kulturelle Unterschiede, Irrelevanz ethischer Herkunft, Konflikte und Kooperation, binationale Paare, Lebensmittelverkauf und Herkunftssprachen. Eine eigene Auswertung fokussierte auf die Veränderung der Darstellung von Interkulturalität insgesamt (Dies. 2018a), auf den Umgang mit Mehrsprachigkeit (Dies. 2018b) und aufbleibende Muster der Darstellung von Interkulturalität (Dies. 2017). Alle vorgenommenen Auswertungen orientierten sich am Kodierungsverfahren der *grounded theory*.

Die zentralen Ergebnisse der eigenen Auswertungen seien vorgestellt. Beginnen wir mit der vermuteten Veränderung der Darstellung von Interkulturalität

---

152 Streit (2008, zit. in Zwengel 2018a, S. 694 f.) unterscheidet für Figuren aus der „Lindenstraße" zwischen häufigen „Fremden im Inneren" mit hoher kultureller Distanz und selteneren „einheimischen Fremden" mit geringer kultureller Distanz.

153 Ein Beispiel: Eine polnischstämmige Figur unterhält zahlreiche Liebesbeziehungen, so zu je einem Partner mit russischen, vietnamesischen, südafrikanischen und italienischen Wurzeln und zu zwei autochthon Deutschen (Zwengel 2017, S. 6).

154 Berücksichtigt wurden 1986 (Folgen 22, 23, 24, 25), 1991 (Folgen 279, 280, 281, 282, 283 – Erweiterung wegen geringer Präsenz in einer Folge), 1996 (Folgen 539, 540, 541, 542), 2001 (Folgen 805, 906, 808, 809), 2006 (Folgen 1066, 1067, 1068, 1071), 2011 (Folgen 1321, 1322, 1323, 1324).

(vgl. zum Folgenden Dies. 2018a). Bezugspunkt zur Entwicklung der Frage-stellung ist ein herausgearbeiteter Paradigmenwechsel (Dies. 2010): Zunächst dominierte das Paradigma der kulturellen Differenz. Es wurde vermutet, dass Migrierte und ihre Nachkommen durch spezifische kulturelle Hintergründe in Herkunftsländern und in ethnischen *communities* geprägt seien. Ein besseres Verständnis dieser kulturellen Besonderheiten erleichtere das Zusammenleben. Abgelöst wurde diese Vorstellung vom Paradigma Kultur der Differenz. Dabei wird davon ausgegangen, dass alle Individuen je spezifisch positioniert sind im Hinblick auf grundlegende soziale Dimensionen wie Klasse, Milieu, Eth-nie, Geschlecht, sexuelle Orientierung, Behinderungen etc. Angesetzt wird eine gemeinsame Wir-Gruppe, in der die Vielfalt der je spezifischen, individuellen Positionierungen und Orientierungen genutzt werden könne. Vermutet wurde, dass sich dieser Paradigmenwechsel auch in der „Lindenstraße" zeige, und zwar zu einem recht frühen Zeitpunkt (Dies. 2018a, S. 707).

Diese Hypothese bestätigte sich nicht. Dies zeigte sich unter anderem an deutlichen Gegenbeispielen. Bereits in einer Folge des ersten berücksichtigten Jahrgangs ist ein *undoing ethnicity* belegt. So gab eine aus Österreich stammende Frau einem aus Vietnam stammenden Mann Ratschläge zum Umgang mit einer eine Beziehung wünschenden Frau. Sie fokussierte dabei gerade nicht auf kultu-relle Differenz, sondern auf Geschlechterverhältnisse im Allgemeinen und auf die Persönlichkeit des Gesprächspartners im Besonderen (S. 708 f.). Auch im letzten berücksichtigten Jahrgang zeigten sich Kulturalisierungen nach dem Muster der kulturellen Differenzen. Eine Feier anlässlich der Geburt eines Kindes wurde in spezifisch türkischer Weise gestaltet. Dies zeigte sich an Anwesenden, an Formen der Gastfreundschaft, an typischen Getränken und Speisen (S. 697 f.).[155]

• Nennen Sie Beispiele für *(un)doing ethnicity* und für *(un)doing gender*. Berücksichtigen Sie dabei auch Kapitel 2.1.

Die Analyse führte schließlich zu zwei ganz anderen Kernkategorien: von politi-scher Solidarität zu privater Fürsorge. Insbesondere neu in die Serie eingeführte migrantisch geprägte Figuren sind problembelastet, so durch prekären Aufent-haltsstatus oder Zwangsprostitution. Sie sind zunächst zentrales Handlungsfeld für alteingesessene Akteur*innen, die sich politisch mit ihnen solidarisieren. Dies schließt auch rechtlich problematische Handlungen wie Verstecken und Eingehen einer Schein-/Schutzheirat ein. Sie werden positiv bewertet. Je länger die Figuren in der „Lindenstraße" präsent sind, umso enger werden die privat-persönlichen

---

155 Bemerkenswert ist, dass es immer wieder zu Hybridisierungen auch zwischen unter-schiedlichen Herkunftskulturen kommt, so wenn ein Vietnamesischstämmiger in einem griechisch geprägten Restaurant auf spezifische Weise kocht oder wenn ein türkischstäm-miger Arzt afrikanische Skulpturen aufstellt (Zwengel 2018a, S. 707).

Beziehungen. Migrierte und ihre Nachkommen verlieben sich, bekommen Kinder, trennen sich etc. Sie sind in binationalen Paaren oft die psychisch stabilere und die sympathischer wirkende Figur. Die migrantisch Geprägten werden nun selbst zu Fürsorge praktizierenden, insbesondere in binationalen Paaren und gegenüber Kindern. Kommt es zu moralisch problematischem Verhalten migrantisch geprägter Akteure werden diese zumeist auf höherer Ebene aufgelöst durch Sätze wie: Es geschah durch Liebe. Der sich abzeichnende Wandel von politischer Solidarität, bei der sich Einheimische für Migrant*innen engagieren, hin zu privater Fürsorge, bei der sich migrantisch geprägte Personen im privaten Bereich um andere kümmern, kann zugleich als Entpolitisierung und als Egalisierung eingeordnet werden (S. 709).[156]

- Wie schätzen Sie die Verschiebung von politischer Solidarität hin zu privater Fürsorge ein?

Kommen wir zur Mehrsprachigkeit (vgl. zum Folgenden Dies. 2018b). Theoretischer Bezugspunkt für diese Auswertung ist das Konzept des monolingualen Habitus von Gogolin (1994; 2010), mit dem diese an das Habitus-Konzept von Bourdieu anknüpft. In Institutionen wie der Schule werde ein monolingualer Habitus als Norm angesetzt. Diese Norm kontrastiere mit der faktischen, alltagsweltlichen Präsenz von Mehrsprachigkeit. Hypothese war nun, dass die „Lindenstraße" dem monolingualen Habitus entgegenwirkt, indem diese alltägliche Vielsprachigkeit aufgreift und diese positiv bewertet. Diese Annahme hat sich bestätigt.

Schauen wir uns die Ergebnisse im Einzelnen an, beginnend mit der Mehrsprachigkeit. Die vielfältigen ethnisch-nationalen Herkünfte der Figuren verweisen auf zahlreiche Sprachen, die in der Serie jeweils sehr häufig, regelmäßig oder praktisch gar nicht gesprochen werden.[157] Zunächst beschränkte sich die Verwendung der Herkunftssprachen vor allem auf einzelne Ausdrücke, bei Anrede und Begrüßung, bei Gebrauch von Kosenamen und bei Äußerungen mit hoher emotionaler Beteiligung. Bei diesen Verwendungen scheinen die sprachlichen Mittel vor allem der ethnischen Markierung von Figuren zu dienen. Später dann

---

156 Weniger gewichtet, aber auch belegt ist politisches Handeln der migrantisch geprägten Figuren selbst. Dabei wird eine thematische Entwicklung deutlich. Es beginnt mit Engagement für migrationsbezogene Themen, wie kommunalem Wahlrecht, kommt dann zu herkunftslandbezogenen Themen, wie AIDS in Nigeria, und führt schließlich zu generellen politischen Themen in Deutschland, wie dem Umgang mit Stalkern. Hervorzuheben ist daneben, dass sich migrantisch Geprägte für andere Diskriminierte einsetzen. So solidarisiert sich ein Griechischstämmiger mit einem Homosexuellen und einem Linken. Beide Figuren wurden von rechten Jugendlichen angegriffen (Zwengel 2018a, S. 710).

157 Im Einzelnen handelt es sich um Englisch, Griechisch, Italienisch, Französisch, Spanisch, Moldawisch, Österreichisch, Russisch, Schweizerdeutsch, Tschechisch, Türkisch, Yoruba und Vietnamesisch (Zwengel 2018b, S. 87).

werden Herkunftssprachen vor allem als selbstverständliches Kommunikations-
mittel zwischen migrantisch geprägten Personen präsentiert, und zwar insbesondere innerhalb von türkisch, griechisch oder italienisch geprägten Familien.
Hierdurch entsteht eine eingeschränkte Verständnismöglichkeit für autochthon
deutsche Figuren und für migrantisch geprägte Figuren anderer ethnisch-nati-
onaler Herkunft, die es auszuhalten gilt.[158] Diese Figuren zeigen eine positive,
zugewandte Grundhaltung, indem sie einzelne Ausdrücke von ihnen fremden
Sprachen aufgreifen.

Relevant ist auch das Ausmaß von Deutschkenntnissen, das den migrantisch
geprägten Figuren zugeschrieben wird. Das Spektrum reicht von kaum verständ-
lichem Sprechen bis hin zu muttersprachlichem Niveau. Bei manchen Figuren
bleibt die Sprachkompetenz recht konstant, bei anderen verbessert sie sich im
Laufe der Zeit in unterschiedlichem Ausmaß. Auch bei der Kommunikation im
Deutschen gilt es, Nichtverstehen auszuhalten. So spricht die vietnamesischstäm-
mige Figur Gung durchgehend ein Deutsch, das kaum zu verstehen ist. Auch hier
zeigt sich eine positive Grundhaltung anderer Figuren. Man/frau nimmt sich Zeit,
reagiert emphatisch und begnügt sich mit Globalverständnis.

Sprachliche Kompetenzen sind Gegenstand von Metakommunikation. Figu-
ren beschweren sich, dass in einer Sprache geredet werde, die sie nicht verstehen.
Migrantisch geprägte Figuren korrigieren sich untereinander im Deutschen.
Kompetentere Sprecher*innen amüsieren sich über Lernervarietäten anderer.

An manchen Stellen wird von Produktion und/oder Regie durch die Art
der Präsentation klar Position bezogen. So wird Fehlen von standardsprachli-
chem Deutsch von Figuren kritisiert, die selbst stark dialektal gefärbtes Deutsch
sprechen. Dies entwertet ihre Position. Infantilisierende Sprechweise gegenüber
Personen mit geringen Deutschkenntnissen wird so überzeichnet dargestellt,
dass sich eine negative Bewertung geradezu von selbst ergibt. Bei Kommunikation zwischen auf gleiche Weise mehrsprachigen Sprecher*innen ist der Wechsel
zwischen Sprachen so häufig, dass er als alltäglich und so als selbstverständlich
erscheint. Insgesamt scheint die Annahme vertreten zu werden, dass alle Teile
der sprachlichen Repertoires gleichrangig sind und dass sie in vielfältiger Art für
Verständigung genutzt werden können. Dieses Gesamtbild hat deutliche Grenzen.
Einschränkend ist zu berücksichtigen, dass fast ausschließlich Alltagskommuni-
kation in informellen Situationen konstruiert wird. Formelle Kommunikation in
Organisationen wird nur ganz vereinzelt zum Gegenstand.

Die dritte Auswertung der zur „Lindenstraße" vorliegenden Transkripte bezog
sich auf den Korpus als Ganzes. Dies hat zwei Gründe. Zum einen zeigten die bis
dahin durchgeführten Analysen, dass neben Wandel breit Kontinuität zu beobachten ist. Dies ist an sich nicht überraschend. Schließlich handelt es sich um eine
Serie, um weitgehend gleichbleibende Verantwortung für die Produktion und um

---

158 Dies gilt, soweit nicht Untertitel verwendet werden, auch für die Zuschauer.

konstruierte Figuren, die zumeist über viele Jahre hinweg Teil der „Lindenstraße" sind. Zudem wurde ein offener Zugang zum Material gewählt ohne vorherige Einschränkungen über Thema oder Fragestellung, um zu einer Orientierung an der *grounded theory* zu kommen, die über die Übernahme des Kodierungsverfahrens hinausgeht.

Kernkategorie wurde Nähe. Diese besteht zum einen räumlich. Fast alle Szenen spielen in der fiktiven Münchner Lindenstraße. Es handelt sich um ein Wohnviertel. Neben oft migrantisch geprägten Kleinbetrieben sind Arbeitsplätze wenig präsent. Die spezifische Bebauungsweise ermöglicht Begegnungen in Hausfluren und Hinterhöfen. Es besteht keine für Großstädte oft typische Anonymität. Die Engführung auf ein lokales *setting* blendet andere Räume weitgehend aus. Dies gilt auch für die gerade für migrantisch geprägte Figuren wichtigen transnationale Räume.

Eine soziale Nähe entsteht zum einen durch Nachbarschaft. Figuren treffen sich zufällig oder verabredet in öffentlichen, semi-öffentlichen oder privaten Räumen. Sie unterhalten sich insbesondere über Privates und über Politik. Wichtig erscheint, dass migrantisch geprägte Kleinbetriebe auch von Autochthonen für Begegnungen genutzt werden. Große soziale Nähe entsteht durch das Zusammenleben in der gleichen Wohnung. Vielfältigste Haushaltszusammensetzungen sind präsent. Neben der klassischen Kleinfamilie stehen Mehrgenerationenhaushalte, Ein-Eltern-Familien, Patchwork-Familien, Wohngemeinschaften, Paarhaushalte und allein Wohnende. Dargestellt werden vor allem Alltagshandlungen wie gemeinsame Mahlzeiten, Hausarbeit, Aufenthalte in Bad und Schlafzimmer. Die wohl größte soziale Nähe entsteht in Paarbeziehungen. Besonders berücksichtigt werden eheliche Beziehungen und (andere) homosexuelle Paare. Präsent sind aber auch bezahlte Begleitung, Affären und Dreiecksbeziehungen. Bei den im Hinblick auf Interkulturalität besonders interessierenden binationalen Paaren kommt es zum Teil zu spezifischen Konflikten, die Bezüge zu kultureller Differenz aufweisen. Der Umgang mit Konflikten unterscheidet sich aber nicht von dem, der bei anderen Paaren zu beobachten ist. Es kommt zumeist zu diskursiver, oft erfolgreicher Bearbeitung.

Implizit präsent scheint ein mehrschrittiges Modell. Räumliche Nähe erleichtert Interaktion. Interaktion ermöglicht Verständigung. Verständigung führt zu Verständnis und Verständnis ermöglicht den Aufbau tragfähiger (vor allem privater) Beziehungen. Diese Logik ist nicht zwingend. Kontakt kann auch zu Ablehnung und zu einer Entstehung oder Verstärkung von Stereotypen und Vorurteilen führen, wenn bestimmte Bedingungen nicht erfüllt sind (vgl. Allport 1979, S. 261–281; Zwengel 2015b). Dieses Muster zeigt sich auch in der „Lindenstraße". So werden bei Interaktionen zwischen Einheimischen und migrantisch geprägten Personen auch Fremdenfeindlichkeit und Rassismus deutlich. Diese werden jedoch spezifisch situiert. Ablehnende Äußerungen werden dadurch relativiert, dass sie eher negativ bewerteten Personen zugeschrieben werden. Zudem wird ihnen – in möglichst überzeugenderer Weise – widersprochen. Insgesamt zeigt sich in der „Lindenstraße" eine hohe soziale Dichte. Es geht um soziale Integration nicht nur von Zu- und Eingewanderten, sondern auch von Alteingesessenen. Die konstruierte Nähe geht dabei weit über das Maß hinaus, das für „das echte Leben" zu erwarten wäre.[159]

Die Analyse von Interkulturalität in der „Lindenstraße" ermöglicht nicht nur die Rekonstruktion zentraler Aspekte einer *soap opera*. Die herausgearbeiteten Dimensionen und Begriffe können auch für eine Betrachtung von Interkulturalität außerhalb medial vermittelter Konstruktionen genutzt werden. Dabei kann das eher idealisierende Bild von interkulturellem Zusammenleben als Orientierungspunkt dienen oder zur Formulierung eigener, anderer Leitbilder herausfordern.

• Was verstehen Sie unter gelingendem interkulturellen Zusammenleben?

9.2 Ehrenamtliches Engagement für Geflüchtete

Das zweite vorgestellte Lehrforschungsprojekt bezieht sich auf ehrenamtliches Engagement für Geflüchtete. Unter ehrenamtlichem Engagement wird dabei mit Bezug auf Sicker (2011, S. 165–169, zit. in Zwengel 2019b, S. 510) eine Tätigkeit verstanden, die freiwillig, nicht erwerbstätig und gemeinwohlorientiert ist, die außerhalb des sozialen Nahraums stattfindet, regelmäßig durchgeführt wird und an eine Gruppe gebunden ist. Ab 2015 kam es aufgrund einer durch massive Zuwanderung Geflüchteter entstehenden humanitären Notlage zu einem ehrenamtlichen Engagement für Geflüchtete in einem bisher unbekannten Ausmaß. An der Unterstützung Geflüchteter beteiligten sich Ende Oktober 2015 10 % aller über 14-Jährigen in Deutschland (Ahrens 2015, zit. a. a. O.). Es entstand eine Willkommenskultur mit vielfältigsten Projekten im zivilgesellschaftlichen Bereich (Schiffauer/Eilert/Rudloff 2017). Das ehrenamtliche Engagement für Geflüchtete ist inzwischen zurückgegangen, doch es ist zu erwarten, dass es nach dem Sommer der Migration verbreiteter geblieben ist als es vor der humanitären Krise war. An diesem Punkt setzt die eigene Untersuchung an. Unter welchen Bedingungen kommt es zu einer Verstetigung des ehrenamtlichen Engagements für Geflüchtete (vgl. zum Folgenden Zwengel 2019)?

---

159 667 Zuschauer der Lindenstraße bewerteten folgende Statements auf einer Skala von 1 für vollständige Zustimmung und 5 für vollständige Ablehnung: Die Nachbarschaft in der Lindenstraße ähnelt meiner gegenwärtigen Nachbarschaft (4.28). Sie ist so wie eine meiner früheren Nachbarschaften (4.09). Ich habe nie eine solche Nachbarschaft erlebt, könnte mich jedoch dort wohlfühlen (3.64). Die Nachbarschaft unterscheidet sich sehr von meiner eigenen (2.02) (Frey-Vor 1996, S. 232).

Zum methodischen Zugang: Im Rahmen des Lehrforschungsprojektes sollten narrativ orientierte Leitfadeninterviews mit zehn kurzzeitig Engagierten (maximal 2 Monate) und zehn langfristig Engagierten (mindestens 9 Monate) durchgeführt werden. Während der Erhebungsphase (Ende 2016 bis Anfang 2017) war es erheblich leichter, langfristig Engagierte zu befragen. Dadurch kam es zu Verschiebungen. Als Grenze zwischen kurz- und langfristig Engagierten wurde schließlich ein Jahr Engagement angesetzt. Angesichts der Lage wurde bei der eigenen Auswertung weniger kontrastiert und stärker nach Eigenlogiken für langfristig Engagierte gesucht. Es wurden mehr Interviews durchgeführt als zunächst vorgesehen. Die Studierenden werteten die Transkripte aller 25 Interviews aus. Die eigene Analyse berücksichtigte vertiefend nur 17 der Interviews. Es wurden unterschiedliche Auswertungsperspektiven verfolgt. Die Datenanalysen studentischer Arbeitsgruppen fokussierten auf je eins der folgenden Themen: Motivation, persönliche Situation, Erfahrungen mit Flüchtlingen, Erfahrungen mit anderen (auch hauptamtlich) Unterstützenden, Anerkennung. Die eigene Datenauswertung betraf die drei Perspektiven Verstetigung des Engagements, Geschlechterverhältnisse und thematisch offener Zugang (S. 512–514).

Beginnen wir mit der Auswertungsperspektive Verstetigung (vgl. zum Folgenden Zwengel 2019). Auf den ersten Blick schienen zwei Aspekte wesentlich. Zum einen ist wohl die Persönlichkeit der Unterstützenden relevant. Sie halten sich selbst zumeist für besonders offen und/oder für besonders kompetent und verfügen so über ein positives, vielleicht auch idealisierendes Selbstbild (S. 515). Daneben scheint die Art der Unterstützungsleistung ein wesentlicher Faktor. Chancen für Langfristigkeit ergeben sich bei klar begrenzten Aktivitäten (z. B. ein wöchentlicher Spielenachmittag für Kinder), bei Unterstützungsleistungen, die zum Aufbau enger persönlicher Beziehungen führen (z. B. Begleitung eines Tumorpatienten) sowie bei Tätigkeiten, die zum Aufbau institutioneller Strukturen führen (z. B. Begegnungscafé) (S. 516).

Nach eingehenderer Analyse erscheinen drei Kernkategorien zentral für die Verstetigung des Ehrenamtes. Eine erste ist Erfolg. Die Ehrenamtlichen schätzen ihr Handeln als erfolgreich ein in dem Sinne, dass es zu einer Verbesserung der Situation Geflüchteter komme. Diese Einordnung muss sich nicht mit der Einschätzung der Geflüchteten selbst oder der Einschätzung Dritter decken. Eine solche Einordnung ist nicht selbstverständlich. So ergaben sich aus dem Datenmaterial folgende Kodes für die *codefamily* Misserfolg: keine vorhergehenden Kontakte zu Geflüchteten, unzureichende Wahrnehmung von Projekten durch Geflüchtete, Abbruch wegen Abwanderung Geflüchteter, fehlende Vorkenntnisse, geringes eigenes Engagement im Vergleich zu anderen Ehrenamtlichen, Zeitmanagement (S. 516). Ein Fall für Erfolg sei als Ankerbeispiel genannt. Ein Ehrenamtlicher fährt eine Gruppe geflüchteter Mädchen mit seinem Auto einmal wöchentlich zum Basketballtraining. Durch den Gegensatz zwischen der Haltung der Mädchen auf der Hinfahrt und auf der Rückfahrt wird für ihn deutlich, wie sehr sie vom gemeinsamen Sport profitieren. Weil der Ehrenamtliche durch seinen Fahrdienst die Sportpraxis ermöglicht, schreibt er sich selbst diesen Erfolg zu: „in dem Moment denkst du dir halt das ist gut was du machst". Erfahren wird Selbstwirksamkeit (S. 517).

Die zweite Kernkategorie ist Dankbarkeit. Die ehrenamtlich Engagierten erfahren Dankbarkeit über Mimik und Gestik, über sprachliche Äußerungen, über kleine Geschenke, über Einladungen und über kleine Hilfeleistungen. Auch dieses Ergebnis ist nicht selbstverständlich. So wurden zur *codefamily* Undankbarkeit folgende Kodes zusammengeführt: Belastung, Leid, Enttäuschung, Frustration. Geringe Dankbarkeit kann auch entstehen durch eine für Geflüchtete nicht immer deutliche Unterscheidung zwischen familienähnlicher Hilfe, professionell-beruflicher Unterstützung und ehrenamtlichem Engagement (S. 518). Dankbarkeit sei durch ein Ankerbeispiel veranschaulicht. Ein junger Mann mit arabischen Wurzeln sprach in einem Bus einen desorientiert wirkenden Flüchtling auf Arabisch an und begleitete ihn zu seiner neuen Flüchtlingsunterkunft. Der unterstützte Geflüchtete weinte vor Rührung. Dieses Erlebnis sei zum Auslöser für das ehrenamtliche Engagement geworden: „dass man halt einen Menschen mit so wenig glücklich machen kann […] hat mich letzten Endes so hat mir den letzten Schubser gegeben" (S. 519). Die Kernkategorie Dankbarkeit verweist auf eine Interaktion zwischen Geflüchtetem und Ehrenamtlichem. In ihr kommt die Asymmetrie der Beziehung zum Ausdruck.

Dritte Kernkategorie schließlich ist Anerkennung durch Dritte. Sie erfolgt u. a. durch Freunde, Familienangehörige, Nachbarschaft, andere ehrenamtlich oder hauptamtlich für Geflüchtete Engagierte und insbesondere durch Lokalpolitiker*innen und Medien. Gewünschte und tatsächliche Anerkennung müssen nicht zusammenfallen (S. 520). So wurde eine Anerkennung durch Politiker*innen negativ kommentiert („diese Einladung vom Landratsamt oder so kannste dir in der Pfeife rauchen", S. 521). Geäußert wurde der Wunsch nach einer verstärkten Präsenz in den Medien, die nach Abklingen der humanitären Notlage deutlich abgenommen habe (S. 521 f.). Als ein Ankerbeispiel sei die Begleitung Kranker durch eine Ehrenamtliche genannt: „ja des passiert dann auch mal dass im Krankenhaus jemand einen anschaut und sacht ‚find ich klasse dass Sie des machen!' […] da freut ma sich natürlich auch ganz arch drüber" (S. 521). Anerkennung verweist über das Verhältnis zwischen Ehrenamtlichen und Geflüchteten hinaus auf ein soziales Drittes. Sie situiert die Unterstützungsleistung in einem größeren gesellschaftlichen Kontext.

Die drei unterschiedenen Aspekte Erfolg, Dankbarkeit und Anerkennung können zusammenwirken. Es ist möglich, dass der ein oder andere von ihnen in den Vordergrund tritt. Abhängen dürfte dies unter anderem von der Person des Ehrenamtlichen und vom spezifischen Unterstützungskontext. Hauptamtlichen, die ehrenamtlich Engagierte unterstützen, kann die Unterscheidung zwischen Erfolg, Dankbarkeit und Anerkennung zur Orientierung dienen. Sie können überlegen, in welchem der drei Bereiche eine Verstärkung möglich wäre und in welchem sie sinnvoll erscheint. Generell gilt, dass Defizite in einem der drei Bereiche durch Stärken in anderen Bereichen ausgeglichen werden können. Bei einer mehrfachen Absicherung wird das Engagement möglicherweise weniger anfällig für Krisen (S. 523 f.).

• Nennen Sie mögliche Konflikte zwischen Ehrenamtlichen und Hauptamtlichen bei der Unterstützung Geflüchteter.

Eine weitere Datenauswertung betraf das Thema Geschlechterverhältnisse (vgl. zum Folgenden Zwengel 2019a).[160] Dieses schien aus drei Gründen relevant. Erstens kommt es häufig zu Interaktionen zwischen männlichen Geflüchteten und weiblichen Ehrenamtlichen. Zu vermuten ist, dass bei diesen Interaktionen der Geschlechtsunterschied relevant gesetzt wird. Zweitens stammen viele Geflüchtete aus dem arabisch-muslimen Kulturkreis, der im Hinblick auf das Geschlechterverhältnis Besonderheiten aufweist. Es gilt kulturelle Prägungen und Fremdzuschreibungen in den Bereichen Sexualität, Geschlechtertrennung, Öffentlichkeit, Frauen als Vorgesetzte und Emanzipation zu berücksichtigen (Dies. 2018, S. 154–160), ohne in eine homogenisierende, statische oder deterministische Sicht auf Kultur zu verfallen (S. 92–96). Drittens schließlich wird im Zusammenhang mit dem Geschlechterverhältnis zwischen arabisch-muslimisch geprägten Männern und in Deutschland lebenden Frauen auf die Gefahr von sexueller Übergriffigkeit verwiesen, die nach den massiven Belästigungen in Köln zu Silvester 2015/16 stark im Fokus stand (vgl. Zwengel 2016a). Mit solchen problematischen Begegnungen dürften die hier fokussierten Interaktionen kontrastieren.

Aus der Analyse der Daten ergab sich die Kernkategorie Separierung der Geschlechter. Beginnen wir mit dem in dieser Hinsicht naheliegendsten Aspekt, der im arabisch-muslimischen Kulturkreis verbreiteten Geschlechtertrennung. Bezüge zu diesem Kulturkreis zeigen sich in unterschiedlicher Weise. Zum einen stammen die meisten der unterstützten Geflüchteten aus Syrien, Afghanistan und dem Irak; sie kommen aber auch aus Eritrea oder dem Iran. Zudem haben manche ehrenamtlich Engagierte selbst einen arabisch-muslimen Migrationshintergrund. Schließlich unternahmen (auch andere) Ehrenamtliche häufigere und/oder längere Reisen in arabische Länder (Zwengel 2019a, S. 145). Die Geschlechtertrennung ist ganz besonders relevant für geflüchtete Frauen. Ein Beispiel sei genannt. Geflüchtete Frauen kritisierten, dass sie in Familienzimmern mit anderen Familien und somit auch mit nicht zu ihrer Familie gehörenden Männern untergebracht werden sollten. Sie forderten von den Ehemännern, ihre Interessen gegenüber

---

160 Divers wurde in den zugrunde gelegten Daten weder als Selbst- noch als Fremdbezeichnung gewählt.

der Leitung der Unterkunft durchzusetzen (S. 151). Die Ehrenamtlichen reagieren auf die der Herkunftskultur zugeschriebene Separierung der Geschlechter unterschiedlich. Ein Ehrenamtlicher bemühte sich um Sensibilität beim Zugang zu familiären Räumen (S. 147). Während des Deutschunterrichtes verlangte eine Lehrende Aufhebung von Geschlechtertrennung quasi als Integrationsleistung: „Ich sach hier in Deutschland nicht da Mann Frau sondern zusammen immer [...] ich hab immer wieder von Anfang an gesagt gleich" (S. 150). Der Umgang mit der Herkunftskultur zugeschriebenen Separierung der Geschlechter ist auch deshalb besonders relevant, weil es vermittelt über die Separierung auch um eine Hierarchisierung der Geschlechter geht.

Separierung der Geschlechter zeigt sich auch bei zahlreichen Geflüchteten unterstützenden Aktivitäten. Dies liegt zum einen daran, dass Frauen geschlechterübergreifende Angebote nicht wahrnehmen möchten oder aus Sicht von Männern nicht wahrnehmen sollten. Dies zeigte sich bei Begegnungscafés und beim Deutschunterricht. Es liegt aber auch daran, dass ganz unabhängig von (vermeintlicher) kultureller Differenz Aktivitäten speziell für (junge) Frauen angeboten werden, wie Nähgruppe, Beauty-day oder Basketballtraining. Dabei geht es um das Schaffen geschützter Räume für und die Stärkung von Frauen. Angeknüpft werden kann an die Konzepte Empowerment und Emanzipation (S. 146).

Weniger deutlich, aber dennoch interessant ist die Separierung der Geschlechter auf Seiten der Ehrenamtlichen. Die Ehrenamtlichen selbst sind häufig weiblich. Oft werden sie von Frauen für ihr Engagement rekrutiert. Sie arbeiten dann zusammen mit häufig ebenfalls weiblichen Hauptamtlichen. Es zeigen sich also zum Teil überraschend geschlechtshomogene Unterstützungsnetzwerke (S. 147).

Was passiert nun, wenn es zu Geschlechterübergreifenden Interaktionen kommt? Mehrere Einzelbeobachtungen seien genannt. Ältere engagierte Frauen setzen eine familienähnliche Beziehung an. Sie führen sich selbst als Mutter ein, werden so wertschätzend von Geflüchteten bezeichnet und betrachten Unterstützte geradezu als eigene Kinder (S. 148, 150). Bei jüngeren engagierten Frauen dagegen geht es um Parallelen zu Freundschaften, um Abgrenzung zu Paarbeziehungen und um Suche nach neuen Beziehungsdefinitionen (S. 149). Sexuelle Übergriffigkeit ist kaum belegt. Eine Ehrenamtliche erlebte allerdings Nachstellungen und Morddrohungen. Verbreiteter scheint eine gewisse Schüchternheit (S. 147). Zudem bestehen Versuche Geflüchteter, ‚ihre' Frauen zu beschützen („die haben so einen Beschützerinstinkt und das finde ich auch ganz süß"). Diese ‚Fürsorge' wird ein wenig belächelt (S. 150). Auffällige Gemeinsamkeit der Einzelbeobachtungen ist, dass die Interaktionen eher als privat gerahmt werden. Das ist bemerkenswert, denn Separierung der Geschlechter im ethnisch-kulturellen Sinne betrifft insbesondere private Beziehungen.

Es zeigen sich Zusammenhänge zwischen der Separierung der Geschlechter und der Gestaltung geschlechterübergreifender Interaktionen, und zwar vor allem in den Bereichen Unsicherheiten bei der Kontaktaufnahme und

Beziehungsdefinition (S. 147–150). Im Vordergrund steht die ethno-kulturelle Definition von Separierung der Geschlechter. Dabei sind zwei Perspektiven zu unterscheiden. Geflüchtete können durch eine arabisch-muslimische Sozialisation geprägt sein und Ehrenamtliche können ihnen eine spezifisch arabisch-muslimische Prägung zuschreiben. Beides muss nicht zusammenfallen. In der vorliegenden Studie ist die Perspektive der Geflüchteten nur über den Blick der Ehrenamtlichen zu fassen. Für diesen scheint die Interpretationsfolie der kulturellen Differenz zentral (S. 151).

- Ist kulturelle Differenz ein Konzept, das zum Verständnis von Handlungen Geflüchteter beitragen kann, oder sollte auf Kulturalisierungen möglichst verzichtet werden?

Die dritte bei der eigenen Auswertung verfolgte Perspektive schließlich betrifft das Datenmaterial im Allgemeinen (vgl. zum Folgenden Zwengel 2021). Statt von einer spezifischen Fragestellung auszugehen, wurde gefragt: „What is the main story here?" (Strauss 1987, S. 35). Als Kernkategorien wurden die beiden *In-vivo*-Kodes „Spaß" und „Respekt" angesetzt. Spaß wird unspezifisch, bezogen auf bestimmte Tätigkeiten und im Zusammenhang mit situativem Erleben genannt. Die Unterstützung Geflüchteter erscheint dabei als eine außeralltägliche, intensive Sondersituation (Zwengel 2021, S. 447). Bemerkenswert ist, dass mit Willkommenskultur nicht nur auf das Verhältnis zu Geflüchteten, sondern auch auf das eigene, Sich-angenommen-Fühlen im Unterstützungsnetzwerk verwiesen wird (S. 445). Unterstützungen gelten als erfolgreich, wenn sie den Beteiligten im Allgemeinen oder den Geflüchteten im Besonderen Spaß oder Freude bereitet haben (S. 446 f.). Die besondere Gewichtung einzelner Interaktionssituationen und die Betonung eigener positiver Gefühle sind bemerkenswert. Es könnte auch auf Leid von Geflüchteten, auf die Mühen der Unterstützung, auf längerfristige Beziehungen oder auf politische Forderungen fokussiert werden.

Die zweite Kernkategorie, Respekt, war in den vertieft ausgewerteten Interviews nur vereinzelt präsent. Die dabei deutlich werdenden Interpretationsmöglichkeiten schienen aber so interessant, dass das Vorkommen von „Respekt" in allen vorliegenden Interviews berücksichtigt wurde. Respekt wird als eine von Seiten der Geflüchteten und von Seiten der Unterstützenden notwendige Haltung betrachtet. Beide Seiten seien darum im Allgemeinen bemüht. Besonders auffällig ist, dass Ehrenamtliche im Zusammenhang mit Konflikten Respekt einfordern. Konkret genannt werden u. a. fehlende Bereitschaft zur Übernahme von Putzaufgaben, Konsum von Kaffee und Kuchen, ohne zu spenden, sowie fehlende Wertschätzung des Ausbaus einer Küche. Auch in anderen Kontexten befragte Geflüchtete fordern Respekt ein.[161] Respekt scheint ein von Ehrenamtlichen und

---

161 Ergebnisse einer Bachelorarbeit weisen in diese Richtung. Tangermann/Nuha (2016, zit. in Zwengel 2018, S. 20) baten zehn unbegleitete, minderjährige Flüchtlinge, einen Brief an

von Geflüchteten akzeptierbares Konzept. Es ermöglicht eine Begegnung auf Augenhöhe und bietet einen Ansatzpunkt zur positiven Rahmung von Konflikten.

• Kontrastieren Sie einen situations- und einen beziehungsorientierten Ansatz der Unterstützung Geflüchteter.

Beim betrachteten ehrenamtlichen Engagement für Geflüchtete wird deutlich, dass zwischen zwei Phasen zu unterscheiden ist. Auf Hilfe während einer humanitären Notsituation folgten Normalisierung und Veralltäglichung von Unterstützung. Auf starke Anerkennung durch Dritte folgte eine Phase von Unterstützungsleistungen, denen geringere Aufmerksamkeit entgegengebracht wird. Erfahrungen der ersten Phase sind nutzbar für die zweite Phase. Aus der Vielfalt und Kreativität von Projekten (vgl. Schiffauer/Eilert/Rudloff 2017) ergeben sich Anregungen für neue Projekte. Dabei sind Langfristigkeit, Professionalisierung und Politisierung möglich. Reflexion über Stärken und Schwächen der Kooperation zwischen Haupt- und Ehrenamtlichen in der ersten Phase können zu einer Sensibilisierung von Professionellen der zweiten Phase führen. Dies betrifft insbesondere die Achtung der Autonomie von Ehrenamtlichen. Auch die Lebenssituation der Geflüchteten selbst ist in der ersten und in der zweiten Phase unterschiedlich. Manche Geflüchteten leben inzwischen seit vielen Jahren in Deutschland. Neuzuwanderer erleben ihre Anfangszeit in Deutschland deutlich anders als dies im Sommer der Migration 2015 der Fall war. Daraus folgt, dass die Interessen und Bedürfnisse der Geflüchteten immer wieder neu in den Blick genommen werden müssen.

• Unterscheiden Sie zwischen ehrenamtlichem Engagement für Geflüchtete, ehrenamtlichem Engagement für andere Zielgruppen und zivilgesellschaftlichem Engagement gemeinsam mit Geflüchteten.

---

einen Freund zu schreiben und darin ihren Alltag zu schildern. Sieben der Jugendlichen schrieben einen Brief. Doch alle richteten ihren Brief nicht an einen Freund, sondern an die Leitung der Einrichtung. Es handelte sich um Beschwerdebriefe, in denen immer wieder die Forderung auftauchte, man wolle wie ein Mensch behandelt werden.

10. Zusammenführung unterschiedlicher Perspektiven

Die vorliegende Einführung versucht, Themen, theoretische Ansätze und methodische Zugänge vorzustellen, die für die Soziologie zentral sind. Dabei wurde ein Schwerpunkt gelegt auf Interaktion, interpretativem Paradigma und qualitativer Sozialforschung. Bezogen auf diese drei Aspekte sollen nun noch einmal wesentliche Aspekte dieses Lehrbuchs zusammengefasst werden. Beginnen wir mit Interaktion.

1) *Interaktion ist ein eigenständiger soziologischer Untersuchungsgegenstand.* Dies zeigt sich an den Studien von zwei klassischen Autoren. Georg Simmel thematisierte kleinerer Alltagsphänomene in kultursoziologisch orientierten Essays. Als Beispiel sei Scham genannt, die entsteht, wenn sich jemand wegen der Verletzung einer Norm in der Aufmerksamkeit anderer hervorgehoben fühlt (Kap. 4.4). Erving Goffman fokussierte auf *face-to-face*-Situationen. Er spricht von *face-work*, als dem Versuch, in Interaktionen das eigene „Gesicht" und das des Interaktionspartners zu wahren (Kap. 5.1). Auch beim Ausgehen von einzelnen Themen der Soziologie zeigte sich, dass Interaktion ein eigenständiger Untersuchungsgegenstand ist. So handelt es sich bei Kleingruppen im Wesentlichen um Interaktionen zwischen Mitgliedern, die durch ihre jeweils spezifische Positionierung innerhalb der Gruppe gekennzeichnet sind. Handlungsvorschläge beziehen sich auf die Interaktion in Kleingruppen. Bei Favorisierung eines demokratischen Ansatzes wird vorgeschlagen, Hinweise für sinnvolles Handeln von Gruppenleiter*innen zu ergänzen durch Vorschläge, die sich an alle Gruppenmitglieder richten (Kap. 3). Ein praktischer Ansatz für ein solches Vorgehen ist die themenzentrierte Interaktion, die Regeln formuliert wie „Sei dein eigener *chairman*" und „Störungen haben Vorrang" (Kap. 6.2). Die Eigenständigkeit von Interaktion zeigte sich schließlich in zwei Fallstudien zum methodischen Vorgehen. Zum einen wurden Interaktionen einer Fernsehserie untersucht. Es wurde deutlich, wie in medial konstruierten Interaktionen Leitbilder zu erfolgreichem interkulturellem Zusammenleben aufgegriffen, variiert und neu geschaffen werden können (Kap. 9.1). Ein zweites Projekt fokussierte auf Interaktionen zwischen Geflüchteten und Personen, die sich ehrenamtlich für diese engagieren. Hier zeigte sich, dass ein positives Erleben von Interaktionen durch die Ehrenamtlichen selbst ein zentraler Faktor des Geschehens ist (Kap. 9.2).

2) *Interaktionen sind die fundamentale Ebene des Sozialen.* Zentraler Vertreter dieser Position ist George Herbert Mead. Er geht davon aus, dass sich das *I* über das *me*, über die Wahrnehmung der eigenen Person durch andere konstituiert. Dies geschieht in der Interaktion. Die für die Identitätsentwicklung entscheidende Fähigkeit der Perspektivübernahme wird im Spiel eingeübt (Kap. 1.2). Ein solches Ausgehen von der Interaktion unterscheidet sich von zwei anderen möglichen Zugängen. Es kann am Individuum angesetzt werden. So wählt Max Weber die sozialen Handlungen des/der Einzelnen zum Ausgangspunkt. Er versteht dabei unter Handlungen Tätigkeiten, die mit einem subjektiv gemeinten Sinn verknüpft sind und unter sozial, dass diese auf Andere bezogen und in ihrem Ablauf an ihnen orientiert sind (Kap. 4.2). Die andere Möglichkeit ist, von der Gesamtgesellschaft auszugehen. So setzt Marx an der ökonomischen Grundstruktur einer jeweiligen Gesellschaft an, die geprägt ist durch den Entwicklungsstand der Produktivkräfte sowie durch eine je spezifische Verteilung des Besitzes an Produktionsmitteln, die zu Ausbeutungsverhältnissen führen kann (Kap. 4.1).

3) *Es bestehen Wechselwirkungen zwischen Interaktionen und anderen Ebenen des Sozialen.* Zum einen bestehen Zusammenhänge zwischen Mikro- und Mesoebene. Dies zeigt sich insbesondere durch eine Situierung von Interaktionen in je spezifischen Organisationen, durch die ihre Gestaltung geprägt wird. So haben sich die hierarchischen Strukturen innerhalb von Betrieben gewandelt. Es kommt heute häufiger zu flachen Hierarchien, wechselnden Projektgruppen und überlappenden Aufgabenbereichen. Dies führt zu veränderten Interaktionen (Kap. 7.2). Zu spezifischen Interaktionen kommt es in Organisationen, die Goffman als totale Institutionen bezeichnet, wie Psychiatrie, Gefängnis, Kloster, Kaserne und Arbeitslager. Hier stehen sich Insassen und Personal gegenüber. Das Personal versucht u. a. negative Selbstbilder bei den Insassen durchzusetzen. Diese können sich zu Wehr setzen durch sekundäre Anpassungen und durch *underlife* (Kap. 7.3). Die Situation in Gefängnissen ist spezifisch. Nach Michel Foucault kann bei passender architektureller Gestaltung eine potentiell jederzeit mögliche Beobachtung der Gefangenen sichergestellt werden. Dies führt zu einer Selbstbeobachtung und zu einer Verinnerlichung der Perspektive des potentiell Beobachtenden durch den Gefangenen (Kap. 7.4).

Zusammenhänge gibt es auch zwischen Mikro- und Makroebene. Dabei sind Prozesse der Modernisierung von besonderer Bedeutung. So kontrastiert Emile Durkheim segmentäre und funktionell differenzierte Gesellschaften, indem er für sie je unterschiedlich geartete soziale Beziehungen ansetzt. Die zunächst bestehende mechanische Solidarität führt zu einer eingespielten Interaktion zwischen weitgehend gleich Positionierten. Die spätere, organische Solidarität zeigt sich in vielfältigeren und komplexeren Interaktionen zwischen sehr unterschiedlichen, funktional voneinander abhängigen Akteuren (Kap. 4.3). Simmel ergänzt für moderne Gesellschaften den Aspekt Arbeitsteilung um die Bereiche Geldwirtschaft und Urbanisierung. Beide führen zu spezifischen psychischen Dispositionen, die die Interaktionen prägen. Typische psychische Dispositionen für Geldwirtschaft sind Präzision, Berechenbarkeit und das Absehen von qualitativen Unterschieden. Es kommt zu Austausch von Geld gegen Ware beschränkten Interaktionen. Kennzeichnend für Urbanisierung ist eine permanente Reizüberflutung. Typisch für das Individuum werden Blasiertheit und eine gewisse innere Distanziertheit. Die Zahl der Interaktionspartner wächst immens. Die Interaktionen selbst werden oberflächlicher (Kap. 4.4).

Ein zentraler Aspekt gegenwärtigen sozialen Wandels auf der Makroebene ist die Globalisierung.[162] Unter Globalisierung kann verstanden werden: der nationale Grenzen überschreitenden Transfers von Kapital, Produkten, Dienstleitungen. Informationen und Personen nehmen zu. Für all diese Transfers sind Interaktionen relevant. Durch das Überschreiten nationaler Grenzen durch Personen werden Interaktionen häufiger zwischen Personen, die durch unterschiedliche Nationalgesellschaften geprägt wurden. Es kommt zu einmaligen oder wiederholten Grenzüberschreitungen von Personen, zu kurzfristigen, längerfristigen oder dauerhaften Aufenthalten, zu Rück-, Weiter- und Nachzugsmigration. Insbesondere für Migrierte ist das Entstehen transnationaler Räume relevant. Sie sind zumeist zugleich an unterschiedliche Nationalstaaten und an verschiedene Orte sozial gebunden (Kap. 6.5 und 6.6). Globalisierung führt ganz generell dazu, dass viele Interaktionen nicht mehr in einzelnen Nationalstaaten zu verorten sind, sondern deren Grenzen überschreiten.

- Stellen Sie für eine Interaktion Ihrer Wahl Bezüge zwischen Mikro-, Meso- und Makroebene her.

Zweiter Kernbegriff dieses Lehrbuchs ist das *interpretative Paradigma*. Dabei geht es um Verstehen, um Deutung, um Wechselseitigkeit. Betont wird der Aushandlungscharakter gesellschaftlicher Ordnung. Die unterschiedlichen Richtungen innerhalb des Paradigmas setzen verschiedene Schwerpunkte. So geht es beim symbolischen Interaktionismus stärker um die Aushandlung von Bedeutungen, die die „Dinge" für Interagierende haben. Bei der Ethnomethodologie hingegen liegt der Fokus eher darauf, wie durch Interpretationen „soziale Ordnung" entsteht. Gemeinsam ist den unterschiedlichen Strömungen der Bezug auf

---

162 Zu theoretischen Ansätzen, die sich auf weitere grundlegende Veränderungen auf der Makroebene beziehen, vgl. z. B. Schimank/Volkmann (2007). Besonders hervorgehoben sei die dort erwähnte Kommunikations- bzw. Informationsgesellschaft. Mir selbst erscheinen die drei Schritte Modernisierung, Individualisierung und Globalisierung zentral.

„Intersubjektivität", auf eine wechselseitige Orientierung aneinander (Kap. 1.2). Auch hier geht es um Interaktion und so kann wieder gegen Ansätze abgegrenzt werden, die vom Individuum oder von der Gesamtgesellschaft ausgehen. Solche Zugänge finden sich nicht nur bei den Klassikern. Ein Beispiel für das Ausgehen vom Individuum ist die *rational-choice*-Theorie, die sich für Kosten-Nutzen-Abwägungen individueller Akteure interessiert (Kap. 2.2, 4.2). Ein Beispiel für das Ansetzen an der Gesamtgesellschaft ist die Systemtheorie, die Differenzierungen innerhalb sozialer Systeme und Wechselbeziehungen zwischen sozialen Systemen und ihrer Umwelt betrachtet (Kap. 2.4).

* Entwickeln Sie ein kleines Forschungsdesign zum Übergang zwischen Grundschule und Sekundarstufe I. Verwenden Sie dazu entweder einen interpretativen, einen systemtheoretischen oder einen *rational-choice*-Ansatz.

Das interpretative Paradigma wurde in unterschiedlichen Zusammenhängen berücksichtigt.

1) Es war wichtig *bei der Definition grundlegender Begriffe*. Zwei Beispiele seien genannt. Unter Gruppe kann gemäß einer Definition verstanden werden, dass sowohl Mitglieder als auch Außenstehende Personen als Zugehörige kategorisieren – oder eben interpretieren (Kap. 2.2). Bei der Definition von *doing gender* und anderem *doing* geht es darum, ob bestimmte Merkmale situativ relevant gesetzt werden. Es geht also nicht um das Vorhandensein oder Nichtvorhandensein objektiver Merkmale. Das Relevantsetzen von Merkmalen kann als Interpretationsleistung der Interagierenden gefasst werden.

2) Auch *für Aushandlungsprozesse auf Makro-, Meso- und Mikroebene* sind Interpretationen wichtig. So stellt sich auf der gesamtgesellschaftlichen Makroebene die Frage, ob zentrale Konflikte eher Verteilungskonflikte sind, die sich auf den Zugang zu Ressourcen beziehen, und/oder ob es sich um Anerkennungskonflikte handelt, die auf Wertschätzung von Individuen im Allgemeinen und kulturellen Besonderheiten im Besonderen verweisen. Für die Zuordnung spielen Interpretationen wesentlicher kollektiver Akteure eine bedeutende Rolle (vgl. Kap. 2.7). In den Organisationen der Mesoebene bestehen eher symmetrische oder stärker asymmetrische soziale Beziehungen. Asymmetrien zeigen sich insbesondere zwischen Befehlendem und Gehorchendem in Herrschaftsverhältnissen (Kap. 7.1), zwischen Vorgesetzten und Mitarbeiter*innen im Betrieb (Kap. 7.2), zwischen Personal und Insassen in totalen Institutionen (Kap. 7.3) sowie zwischen Beobachtenden und Beobachteten im Gefängnis (Kap. 7.4). Damit eine Organisation funktioniert, müssen die zugrunde gelegten Rollen von den beteiligten Personen übernommen, also zutreffend interpretiert werden. Auf der Mikroebene schließlich beziehen

sich Interpretationsleistungen z. B. auf die Rahmung von Interaktionen bzw. Interaktionsphasen. Hier geht es darum, als was etwas zu verstehen ist, z. B. als witzige Bemerkung oder als Angriff. Derartige Zuordnungen entstehen über die Anwendung eines *schemata of interpretation* (Kap. 5.3).

3) Um Interpretation geht es schließlich auch bei den zwei *exemplarisch vorgestellten, eigenen, kleineren Studien*. Bei der Untersuchung der TV-Serie „Lindenstraße" wurde versucht, über Interpretation der konstruierten Interaktionen ein zugrunde liegendes Weltbild herauszuarbeiten (vgl. Kap. 9.1). Bei der Studie zur Unterstützung Geflüchteter durch ehrenamtlich Engagierte ging es darum, wie Ehrenamtliche ihre eigene Praxis interpretieren. Dabei zeigten sich eine starke Bedeutung der Interpretationsfolie „kulturelle Differenz" sowie eine positive Rahmung von Interaktionen im Zusammenhang mit dem Engagement über die Kategorien „Spaß" und „Respekt" (Kap. 9.2).

Für den dritten Schwerpunkt dieser Einführung, die *qualitative Sozialforschung*, wurden zunächst die drei zentralen Formen der Datenerhebung Interview, Gruppendiskussion und Ethnographie vorgestellt. Bei Interviews ist insbesondere zu unterscheiden zwischen geschlossenen Interviews, die sich auf Fragebögen stützen, Leitfadeninterviews, die gewisse Themen, aber nicht die genaue Formulierung der Fragen vorgeben, und narrativen Interviews, die sich auf *eine narrative Eingangssequenz und Erzählungen zu erlebten Einzelsituationen* stützen (Kap. 8.1.1). Bei Gruppendiskussionen stehen einem Interviewenden mehrere Befragte gegenüber. Drei Ziele sind möglich. Es kann versucht werden, individuelle Meinungen zu erheben, die im Gespräch offener, ungezwungener und stärker aus der Perspektive der Befragten geäußert werden können als bei einer auf einen Fragebogen gestützten Erhebung. Ziel kann aber auch sein, eine Gruppenmeinung von Realgruppen oder von Personen mit geteilten sozialen Merkmalen zu erheben. Diese werden in Interaktionen zwischen den Gruppenmitgliedern besonders deutlich. Dritter Ansatz schließlich ist die Erhebung situationsspezifischer Einstellungen, deren Verallgemeinerbarkeit nicht angestrebt wird. In allen drei Fällen ist die *Nutzung der Gruppendynamik* das entscheidende Element (Kap. 8.1.2). Eine weitere wichtige Erhebungsmethode ist die Ethnographie. Hier geht es darum, dass sich der/die Forschende „im natürlichen Umfeld" der untersuchten Personen aufhält. Dabei ist eine stärkere Fokussierung auf Bobachtung oder eine stärkere Fokussierung auf Teilnahme möglich. Wichtig ist, *ein going native zu vermeiden*. Es gilt, möglichst tief in das Feld „einzutauchen" und dennoch eine innere, analytische Distanz zu wahren (Kap. 8.1.3).

- Führen Sie eine kleine Erhebung durch zum Thema Zugang zu Clubs und Diskotheken. Verwenden Sie dabei die Methode des Interviews, der Gruppendiskussion oder der Ethnographie.

Alle drei Erhebungsformen nutzen Interaktion auf unterschiedliche Weise. Für die Erhebungsform Interview ist das narrative Interview von besonderem Interesse. Hier wird versucht, den Einfluss der Interaktion zu reduzieren. So soll eine narrative Eingangssequenz des/der Befragten seine eigenen Strukturierungen verdeutlichen. Auch Stegreiferzählungen nutzen die Dynamik, die sich durch das Fokussieren auf das Erzählen ergibt. In der Gruppendiskussion wird nicht versucht, den Einfluss der Interaktion zu reduzieren, sondern diese als zentrales Element für Erkenntnis zu nutzen. Dabei geht es um Übereinstimmungen, um gegenseitige Abgrenzungen, um Passagen mit besonders hoher Dichte. Während bei Interview und Gruppendiskussion die Begegnungen zwischen Forschenden und Untersuchten im Allgemeinen auf je eine Interaktionssituation beschränkt sind, kommt es bei der Ethnographie zu zahlreichen Interaktionen zwischen Untersuchendem und Personen des Feldes. Es werden längerfristiger soziale Beziehungen aufgebaut.

Die Verfahren zur Datenauswertung sind bei der qualitativen Sozialforschung sehr vielfältig. Hier wurden drei Methoden ausgewählt, die unterschiedliche Grundprinzipien verfolgen, und zwar Typenbildung, *grounded theory* und objektive Hermeneutik. Das erste Verfahren, die Typenbildung geht im Wesentlichen auf Max Weber zurück. Beabsichtigt ist, eine möglichst große Homogenität innerhalb und eine möglichst große Heterogenität zwischen den Typen zu erreichen. Da Weber Handeln als Tun oder Unterlassen definiert, das *mit einem subjektiven Sinn verbunden* ist, werden Idealtypen typischerweise für Sinneinheiten gebildet. Dies ist allerdings nicht zwingend. Typenbildungen sind auch für andere soziale Phänomene möglich (Kap. 4.2 und 8.2.1). Das zweite Verfahren, die *grounded theory*, zielt darauf ab, Theorie aus empirischen Daten heraus zu entwickeln. Es wird *ein dreischrittiges Kodierungsverfahren* vorgeschlagen, dass zur Entwicklung einer Kernkategorie führt, auf die dann die anderen Teile der Analyse bezogen werden. Dieser Ansatz versucht, fachwissenschaftliches Vorwissen und Alltagswissen der Forschenden möglichst auszublenden und von den Daten selbst auszugehen (Kap. 8.2.2). Die *objektive Hermeneutik* schließlich nähert sich den untersuchten „Protokollen" über *eine Sequenzanalyse*. Bei dieser werden zunächst mögliche Anschlüsse für einen Interakt entwickelt. Dann werden diese mit dem tatsächlichen Fortgang verglichen. Ziel ist es, eine objektive Fallstruktur zu entwickeln, die die wesentlichen Elemente des untersuchten Falles erfasst (Kap. 8.2.3). Die drei Verfahren beenden die Analyse zu einem je spezifischen Zeitpunkt. Bei der Typenbildung muss ein kohärenter Gesamtzusammenhang von Typen geschaffen werden, bei dem jeder berücksichtigte Fall zuzuordnen ist. Bei der *grounded theory* ist eine „theoretische Sättigung" zu erreichen. Bei der objektiven Hermeneutik gilt die Strukturhypothese als gesichert, wenn sie sich durch keine Textstelle des Protokolls widerlegen lässt.

- Bilden Sie ein Datenkorpus aus sechs Videoclips auf YouTube, die Ihnen besonders gefallen. Interpretieren Sie sie mit Hilfe der Typenbildung, der *grounded theory* oder der objektiven Hermeneutik. Berücksichtigen Sie dabei auch nichtsprachliche Elemente.[163]

Die drei vorgestellten Auswertungsverfahren haben unterschiedliche Schwächen. An der Typenbildung wird kritisiert, sie fördere „Schubladendenken" und verstärke so Stereotypen und Vorurteile (vgl. Zwengel 2015b; 2016a). Die *grounded theory* setzt stark auf Kodes, Begriffe, Kategorien. Diese sind weniger explizit und differenziert als Argumentationen. Die objektive Hermeneutik schließlich lebt von der Entwicklung von Hypothesen zu möglichen Anschlüssen, die eine Normalitätsfolie voraussetzt.

Alle drei Verfahren können dem interpretativen Paradigma zugeordnet werden. Sie haben dadurch zwei zentrale Probleme gemeinsam. Zum einen sind Interpretationen an die Person des/der Interpretierenden gebunden. Diese ist geprägt durch soziodemografische Merkmale und durch einen spezifischen sozialen Status, durch gesellschaftliche und durch historische Eingebundenheit. Dadurch kommt es zu je spezifischen Interpretationen. Interpretationen sind zudem – trotz der genannten Vorschläge zur Beendigung der Analyse – im Prinzip unabschließbar. Es können immer wieder neue Deutungen hervorgebracht werden. Dies relativiert mögliche Ergebnisse. Wie ist mit diesen Problemen umzugehen? Sinnvoll ist wohl immer wieder der Blick auf das Datenmaterial selbst, um hierdurch Interpretationen zu bestätigen, zu erweitern oder zu verändern.

Die drei zentralen Begriffe dieser Einführung hängen zusammen. Dies soll noch einmal durch ein pointiertes Zusammenführen von je zwei der Bezugspunkte verdeutlicht werden. Für den Zusammenhang zwischen Interaktion und interpretativem Paradigma gilt, dass letzteres vor allem bei ersterem ansetzt. Für das Verhältnis zwischen Interaktion und qualitativer Sozialforschung ist wesentlich, dass erstere für die Erhebung von Daten für letztere genutzt wird. Für den Bezug zwischen interpretativem Paradigma und qualitativer Sozialforschung ist festzuhalten, dass letztere ersteres für Auswertungsverfahren verwendet. Von den drei Bezugspunkten wird Interaktion am stärksten gewichtet. Sie ist ein zentraler Gegenstand der Soziologie.

- Tragen Sie zehn für Sie interessante Argumentationen aus dem Lehrbuch zusammen. Tauschen Sie sich über Ihre Ergebnisse aus und entwickeln Sie in der Diskussion neue, eigene Gedanken.

---

163 Hilfreich sein kann Fachliteratur zur Fotoanalyse (z. B. Kauppert/Leser 2014) und zur Videoanalyse (z. B. Moritz/Corsten (2018).

Literatur

Abels, Heinz (2001/2004): Interaktion, Identität, Präsentation. Kleine Einführung in interpretative Theorien der Soziologie. 2. Auflage/3. Auflage. Wiesbaden: Westdeutscher Verlag, VS Verlag für Sozialwissenschaften und GWV Fachverlage.

Abels, Heinz (2006): Identität. Über die Entstehung des Gedankens, dass der Mensch ein Individuum ist, den nicht leicht zu verwirklichenden Anspruch auf Individualität und die Tatsache, dass Identität in Zeiten der Individualisierung von der Hand in den Mund lebt. Wiesbaden: VS Verlag für Sozialwissenschaften und GWV Fachverlage.

Abels, Heinz (2018): Einführung in die Soziologie. Band 2: Die Individuen in ihrer Gesellschaft. 5. Auflage. Wiesbaden: Springer VS.

Abels, Heinz (2019): Einführung in die Soziologie. Band 1: Der Blick auf die Gesellschaft. 5. Auflage. Wiesbaden: Springer VS.

Abendroth, Wolfgang (1978): Aufstieg und Krise der deutschen Sozialdemokratie. Das Problem der Zweckentfremdung einer politischen Partei durch die Anpassungstendenz von Institutionen an vorgegebene Machtverhältnisse. 4. Auflage. Köln: Pahl-Rugenstein.

Aden, Hartmut (2004): Herrschaftstheorien und Herrschaftsphänomene – Governance und Herrschaftskritik. In: Aden, Hartmut (Hrsg.): Herrschaftstheorien und Herrschaftsphänomene. Wiesbaden: VS Verlag für Sozialwissenschaften und GWV Fachverlage, S. 9–22.

Allmendinger, Jutta/Solga, Heike (2020): 14. Bildung. In: Joas, Hans/Mau, Steffen (Hrsg.): Lehrbuch der Soziologie. 4. Auflage. Frankfurt am Main: Campus, S. 471–503.

Allport, Gordon W. (1979): The Nature of Prejudice. 25th Anniversary Edition. New York: Basic Books.

Amann, Andreas (2004): Gruppendynamik als reflexive Vergemeinschaftung. In: Antons, Klaus/Amann, Andreas/Clausen, Gisela/König, Oliver/Schattenhofer, Karl (Hrsg.): Gruppenprozesse verstehen. Gruppendynamische Forschung und Praxis. 2. Auflage. Wiesbaden: VS Verlag für Sozialwissenschaften, S. 28–39.

Amann, Andreas (2015): Der Prozess des Diagnostizierens – Wie untersuche ich eine Gruppe? In: Edding, Cornelia/Schattenhofer, Karl (Hrsg.): Handbuch. Alles über Gruppen: Theorie, Anwendung, Praxis. 2. Auflage. Weinheim und Basel: Beltz, S. 416–448.

Amann, Anton (1987/1996): Soziologie. Ein Leitfaden zu Theorien, Geschichte und Denkweisen. Grundlagen des Studiums. 2./4. Auflage. Wien und Köln: Böhlau.

Antons, Klaus (2004): Der gruppendynamische Raum. In: Antons, Klaus/Amann, Andreas/Clausen, Gisela/König, Oliver/Schattenhofer, Karl (Hrsg.): Gruppenprozesse verstehen. Gruppendynamische Forschung und Praxis. 2. Auflage. Wiesbaden: VS Verlag für Sozialwissenschaften, S. 307–312.

Artamonova, Olga V. (2016):'Ausländersein' an der Hauptschule. Interaktionale Verhandlungen von Zugehörigkeit im Unterricht. Bielefeld: transcript.

Ausubel, David (2003): Die Funktion der Gruppe gleichaltriger Jugendlicher. In: Nörber, Martin (Hrsg.): Peer-Education. Bildung und Erziehung von Gleichaltrigen durch Gleichaltrige. Weinheim und Basel: Beltz, S. 116–118.

Ausubel, David P. (1979): Das Jungendalter. Fakten, Probleme, Theorien. 6. Auflage. München: Juventa, S. 368–370. Zuerst ersch. 1979.

Bäcker, Gerhard/Naegele, Gerhard/Bispinck, Reinhard/Hofemann, Klaus/Neubauer, Jennifer (2010) (Hrsg.): Sozialpolitik und soziale Lage in Deutschland. 2 Bände. 5. Auflage. Wiesbaden: Springer VS.

Baecker, Dirk (2014): Systemtheorie. In: Endruweit, Günter/Trommsdorff, Giesela/Burzan, Nicole (Hrsg.): Wörterbuch der Soziologie. 3. Auflage. Konstanz und München: UVK Verlagsgesellschaft und UVK/Lucius, S. 528–534.

Bahrdt, Hans Paul (2014): Schlüsselbegriffe der Soziologie. Eine Einführung mit Lehrbeispielen. 10. Auflage. München: C. H. Beck.

Balzer, Nicole (2014): Spuren der Anerkennung. Studien zu einer sozial- und erziehungswissenschaftlichen Kategorie. Wiesbaden: Springer VS.

Bango, Jenö (1994): Soziologie für soziale Berufe. Grundbegriffe und Grundzüge. Stuttgart: Ferdinand Enke.

Beauvoir, Simon de (2011): Das andere Geschlecht. Reinbek: Rowohlt Taschenbuchverlag. Zuerst ersch. franz. 1949.

Beck, Ulrich (1986): Risikogesellschaft. Auf dem Weg in eine andere Moderne. Frankfurt am Main: Suhrkamp.

Beck, Ulrich (1997): Weltrisikogesellschaft, Weltöffentlichkeit und globale Subpolitik. Wien: Picus.

Beck, Ulrich (2010): Risikogesellschaft und die Transnationalisierung sozialer Ungleichheiten. In: Beck, Ulrich/Poferl, Angelika (Hrsg.): Große Armut, großer Reichtum. Zur Transnationalisierung sozialer Ungleichheit. Berlin: Suhrkamp, S. 25–52.

Beck, Ulrich/Sopp, Peter (1997) (Hrsg.): Individualisierung und Integration. Neue Konfliktlinien und neuer Integrationsmodus? Opladen: Leske + Budrich.

Becker, Howard S. (1996): The Epistemology of Qualitative Research. In: Jessor, Richard/Colby, Anne/Shweder, Richard A. (Hrsg.): Ethnography and Human Development. Context and Meaning in Social Inquiry. Chicago: The University of Chicago Press, S. 53–71.

Berger, Peter A./Schmidt, Volker H. (2004): Welche Gleichheit, welche Ungleichheit? Einleitung. In: Berger, Peter A./Schmidt, Volker H. (Hrsg.): Welche Gleichheit, welche Ungleichheit? Grundlagen der Ungleichheitsforschung. Wiesbaden: VS Verlag für Sozialwissenschaften, S. 7–26.

Bergmann, Jörg R. (1991): Goffmans Soziologie des Gesprächs und seine ambivalente Beziehung zur Konversationsanalyse. In: Hettlage, Robert/Lenz, Karl (Hrsg.): Ervin Goffman – ein soziologischer Klassiker der zweiten Generation. Bern und Stuttgart: Paul Haupt, S. 301–326.

Berk Richard A./Adams, Joseph M. (1979): Kontaktaufnahme zu devianten Gruppen. In: Gerdes, Klaus (Hrsg.): Explorative Sozialforschung. Einführende Beiträge aus ‚Natural Sociology‘ und Feldforschung in den USA. Stuttgart: Ferdinand Enke, S. 94–109. Zuerst ersch. engl. 1970.

Berking, Helmuth (2001): Kulturelle Identitäten und kulturelle Differenz im Kontext von Globalisierung und Fragmentierung. In: Loch, Dietmar/Heitmeyer, Wilhelm (Hrsg.): Schattenseiten der Globalisierung. Rechtsradikalismus, Rechtspopulismus und separatistischer Regionalismus in westlichen Demokratien. Frankfurt am Main: Suhrkamp, S. 91–110.

Bernsdorf, Wilhelm (1980): Weber, Max. In: Bernsdorf, Wilhelm/Knospe, Horst (Hrsg.): Internationales Soziologenlexikon. Band 1. Beiträge über bis Ende 1969 verstorbene Soziologen. Stuttgart: Ferdinand Enke, S. 485–493.

Bernstein, Basil (1987): 68. Social Class, Codes and Communication. In: Ammon, Ulrich/Dittmar, Norbert/Mattheier Klaus J. (Hrsg.): Sociolinguistics. Soziolinguistik. An International Handbook oft the Science of Language and Society. Ein internationales Handbuch zur Wissenschaft von Sprache und Gesellschaft. Erster Halbband. Berlin und New York: Walter de Gruyter, S. 563–579.

Betz, Joachim (2006): Politische Bedingungen für Wachstum: Globalisierung und Entwicklungsländer. In: Schirm, Stefan A. (Hrsg.): Globalisierung. Forschungsstand und Perspektiven. Bonn: Bundeszentrale für politische Bildung, S. 191–214.

Beyerle, Hubert (2019): In der Tourismusfalle. In: Mahlke, Stefan (Hrsg.): Atlas der Globalisierung. Welt in Bewegung. 2. Auflage. Berlin: Le Monde diplomatique und taz, S. 84–85.

Bielefeld, Ulrich (2001): Exklusive Gesellschaft und inklusive Demokratie. Zur gesellschaftlichen Stellung und Problematisierung des Fremden. In: Janz, Rolf-Peter (Hrsg.): Faszination und Schrecken des Fremden. Frankfurt am Main: Suhrkamp, S. 19–51.

Bitzer, Julia (2020): Ist Fußball mehr als Bier? Eine Analyse der Rolle des Alkoholkonsums. Hochschule Fulda. Fachbereich Sozial- und Kulturwissenschaften. Abschlussarbeit im Bachelorstudiengang Sozialwissenschaften mit Schwerpunkt Interkulturelle Beziehungen.

Blau, Peter M. (1964): Exchange and Power in Social Life. New York, London und Sydney: John Wiley & Sons Inc.

Blumer, Herbert (2015): Der methodologische Standort des Symbolischen Interaktionismus. In: Burkart, Roland/Hömberg, Walter (Hrsg.): Kommunikationstheorien. Ein Textbuch zur Einführung. 8. Auflage. Wien: new academic press, S. 24–41. Zuerst ersch. 1973.

Bogner, Alexander/Menz, Wolfgang (2005): Das theoriegenerierende Experteninterview. Erkenntnisinteresse, Wissensformen, Interaktion. In: Bogner, Alexander/Littig, Beate/Menz, Wolfgang

175

(Hrsg.): Das Experteninterview. Theorie, Methode, Anwendung. 2. Auflage. Wiesbaden: VS Verlag Sozialwissenschaften, S. 7–29.

Bogusz, Tanja/Delitz, Heike (2013): Renaissance eines *penseur maudit*: Émile Durkheim zwischen Soziologie, Ethnologie und Philosophie. In: Bogusz, Tanja/Delitz, Heike (Hrsg.): Émile Durkheim. Soziologie – Ethnologie – Philosophie. Frankfurt am Main und New York: Campus, S. 11–43.

Bohnsack, Ralf (2004): Gruppendiskussion. In: Flick, Uwe/von Kardorff, Ernst/Steinke, Ines (Hrsg.): Qualitative Forschung. Ein Handbuch. 3. Auflage. Reinbek: Rowohlt Taschenbuch, S. 369–384.

Bohnsack, Ralf/Przyborski, Aglaja (2006): Diskursorganisation, Gesprächsanalyse und die Methode der Gruppendiskussion. In: Bohnsack, Ralf/Przyborski, Aglaja/Schäffer, Burkhard (Hrsg.): Das Gruppendiskussionsverfahren in der Forschungspraxis. Opladen: Barbara Budrich, S. 233–248.

Bohnsack, Ralf/Przyborski, Aglaja/Schäffer, Burkhard (2006): Einleitung: Gruppendiskussionen als Methode rekonstruktiver Sozialforschung. In: Bohnsack, Ralf/Przyborski, Aglaja/Schäffer, Burkhard (Hrsg.): Das Gruppendiskussionsverfahren in der Forschungspraxis. Opladen: Barbara Budrich, S. 7–22.

Boissevain, Jeremy (1974): Friends of Friends. Networks, Manipulators and Coalitions. Oxford: Blackwell.

Boissevain, Jeremy (1987): Social Network. In: Ammon, Ulrich/Dittmar, Norbert/Mattheier Klaus J. (Hrsg.): Sociolinguistics. Soziolinguistik. An International Handbook oft the Science of Language and Society. Ein internationales Handbuch zur Wissenschaft von Sprache und Gesellschaft. Erster Halbband. Berlin und New York: Walter de Gruyter, S. 164–169.

Böll, Heinrich (1963): „Anekdote zur Senkung der Arbeitsmoral". https://calleo.at/pdf/deutsch/9/boell.pdf (Abfrage: 1.11.2022).

Boos-Nünning, Ursula/Karakaşoğlu, Yasemin (2005): Viele Welten leben. Zur Lebenssituation von Mädchen und jungen Frauen mit Migrationshintergrund. Münster, New York, München und Berlin: Waxmann.

Bourdieu, Pierre (1982): Ce que parler veut dire. L'économie des échanges linguistiques. Paris: Fayard.

Bourdieu, Pierre (1983): Ökonomisches Kapital, kulturelles Kapital, soziales Kapital. In: Kreckel, Reinhard (Hrsg.): Soziale Ungleichheiten. Göttingen: Otto Schwartz & Co, Soziale Welt Sonderband 2, S. 183–198.

Bourdieu, Pierre (1983a): Vous avez dit ,populaire'? In: Actes de la recherche en sciences sociales H. 46, S. 98–105.

Bourdieu, Pierre (1989): Antworten auf einige Einwände. In: Eder, Klaus (Hrsg.): Klassenlage, Lebensstil und kulturelle Praxis. Beiträge zur Auseinandersetzung mit Pierre Bourdieus Klassentheorie. Frankfurt am Main: Suhrkamp, S. 395–410.

Bourdieu, Pierre (1997): Zur Genese der Begriffe Habitus und Feld. In: Bourdieu, Pierre (Hrsg.): Der Tote packt den Lebenden. Hamburg: VSA-Verlag, S. 59–78. Zuerst ersch. engl. 1985.

Bourdieu, Pierre (1999): Die feinen Unterschiede. Kritik der gesellschaftlichen Urteilskraft. 11. Auflage. Frankfurt am Main: Suhrkamp Taschenbuch Verlag. Zuerst ersch. franz. 1979.

Bourdieu, Pierre (2017) (Hrsg.): Das Elend der Welt. Zeugnisse und Diagnosen alltäglichen Leidens an der Gesellschaft. Köln: Herbert von Halem. Zuerst ersch. franz. 1993.

Bourdieu, Pierre/Passeron, Jean-Claude (1965): Language et rapport au language dans la situation pédagogique 21, H. 232, S. 435–466.

Bräu, Karin (2015): Soziale Konstruktionen in Schule und Unterricht – eine Einführung. In: Bräu, Karin/Schlickum, Christine (Hrsg.): Soziale Konstruktionen in Schule und Unterricht. Zu den Kategorien Leistung, Migration, Geschlecht, Behinderung, soziale Herkunft und deren Interdependenzen. Opladen, Berlin und Toronto: Barbara Budrich, S. 17–32.

Bräu, Karin/Schlickum, Christine (2015) (Hrsg.): Soziale Konstruktionen in Schule und Unterricht. Zu den Kategorien Leistung, Migration, Geschlecht, Behinderung, soziale Herkunft und deren Interdependenzen. Opladen, Berlin und Toronto: Barbara Budrich.

Breidenstein, Georg/Hirschauer, Stefan/Kalthoff, Herbert/Nieswand, Boris (2013): Ethnografie. Die Praxis der Feldforschung. Konstanz und München: UVK Verlagsgesellschaft und UVK/Lucius.

Breuer, Franz/Muckel, Petra/Dieris, Barbara (2019): Reflexive Grounded Theory. Eine Einführung für die Forschungspraxis. 4. Auflage. Wiesbaden: Springer VS.

Brost, Marc/Pörksen, Bernhard (2020): Wenn Worte nicht mehr wirken. Verspätet geht Deutschland in den harten Lockdown. Was ist falsch gelaufen bei der Corona-Strategie und der Verständigung zwischen Regierung und Volk? Eine Erkundung. In: Die Zeit Nr. 53, 17.12.2020, S. 2.

Brown, Penelope/Levinson, Stephen C. (2004): Politeness. Some Universals in Language Usage. New York, Port Melbourne, Madrid, Cape Town und Cambridge: Cambridge University Press. Zuerst ersch. 1978.

Bude, Heinz (1987): Deutsche Karrieren. Lebenskonstruktionen sozialer Aufsteiger aus der Flakhelfer-Generation. Frankfurt am Main: Suhrkamp.

Bühler-Niederberger, Doris (2008): Jugend in soziologischer Perspektive – Annäherung und Besonderung. In: Neuland, Eva (Hrsg.): Jugendsprache – Jugendliteratur – Jugendkultur. Interdisziplinäre Beiträge zu sprachkulturellen Ausdrucksformen Jugendlicher. 3. Auflage. Frankfurt am Main, Berlin, Bern, Bruxelles, New York, Oxford und Wien: Peter Lang, S. 11–27.

Burns, Tom (1992): Ervin Goffman. London und New York: Routledge.

Busch, Hans-Joachim (1984): Sozialisation. In: Kerber, Harald/Schmiederer, Arnold (Hrsg.): Handbuch Soziologie. Zur Theorie und Praxis sozialer Beziehungen. Reinbek: Rowohlt Taschenbuch Verlag, S. 528–534.

Büschges, Günter/Abraham, Martin (1997): Einführung in die Organisationssoziologie. 2. Auflage. Stuttgart: B. G. Teubner.

Castells, Manuel (2002): Die Netzwerkgesellschaft. In: Kemper, Peter/Sonnenschein, Ulrich (Hrsg.): Globalisierung im Alltag. Frankfurt am Main: Suhrkamp Taschenbuch Verlag, S. 167–172. Zuerst ersch. engl. 1996.

Cavalli, Alessandro (2018): Weber, Max. In: Müller, Hans-Peter/Reitz, Tilman (Hrsg.): Simmel-Handbuch. Begriffe, Hauptwerke, Aktualität. Berlin: Suhrkamp, S. 584–588.

Charmaz, Kathy (2014): Constructing Grounded Theory. 2. Auflage. London, Thousand Oaks, New Delhi und Singapore: Sage.

Clausen, Gisela (2015): Führung: Das sensible Zusammenspiel. In: Edding, Cornelia/Schattenhofer, Karl (Hrsg.): Handbuch. Alles über Gruppen: Theorie, Anwendung, Praxis. 2. Auflage. Weinheim und Basel: Beltz, S. 360–415.

Cohn, Ruth C. (1983): Von der Psychoanalyse zur themenzentrierten Interaktion. Von der Behandlung einzelner zu einer Pädagogik für alle. 6. Auflage. Stuttgart: Klett-Cotta.

Cohn, Ruth C. (1983a): Zur Grundlage des themenzentrierten interaktionellen Systems: Axiome, Postulate, Hilfsregeln. In: Cohn, Ruth C. (Hrsg.): Von der Psychoanalyse zur themenzentrierten Interaktion. Von der Behandlung einzelner zur Pädagogik für alle. 6. Auflage. Stuttgart: Klett-Cotta, S. 120–128. Zuerst ersch. 1974.

Cooley, Charles Horton (1909): Social Organization. A Study of the Lager Mind. New York: Charles Scribner's Sons. https://ia801901.us.archive.org/22/items/socialorganiza00cool/socialorganiza-00cool.pdf (Abfrage: 2.11.2022).

Correll, Martin (2016): Der Begriff der Anerkennung und seine politische Bedeutung. Versuch einer theoretischen Ausdifferenzierung. Berlin: Duncker & Humblot.

Corsten, Michael/Kauppert, Michael/Rosa, Hartmut (2008): Quellen Bürgerschaftlichen Engagements. Die biographische Entwicklung von Wir-Sinn und fokussierten Motiven. Wiesbaden: VS Verlag für Sozialwissenschaften und GWV Fachverlage.

Cot, Jean-Pierre/Mounier, Jean-Pierre (1974): Pour une sociologie politique. Band 1. Paris: Seuil.

Dahme, Heinz-Jürgen/Rammstedt, Otthein (1995) (Hrsg.): Georg Simmel. Schriften zur Soziologie. Eine Auswahl. Frankfurt am Main: Suhrkamp.

Dahme, Heinz-Jürgen/Rammstedt, Otthein (1995): Einleitung. In: Dahme, Heinz-Jürgen/Rammstedt, Otthein (Hrsg.): Georg Simmel. Schriften zur Soziologie. Eine Auswahl. Frankfurt am Main: Suhrkamp, S. 7–34.

Dahrendorf, Ralf (2006): Homo Sociologicus. Ein Versuch zur Geschichte, Bedeutung und Kritik der Kategorie der sozialen Rolle. 16. Auflage. Wiesbaden: VS Verlag für Sozialwissenschaften und GWV Fachverlage. Zuerst ersch. 1958.

Dahrendorf, Ralf/Henning, Christoph (2012): Karl Marx (1818–1883). In: Kaesler, Dirk (Hrsg.): Klassiker der Soziologie. Band 1. Von Auguste Comte bis Alfred Schütz. München: C. H. Beck, S. 58–81.

Davies, Christie (2000): Goffman's Concept of the Total Institution. Criticisms and Revisions. In: Fine, Gary A./Smith, Georgy W. H. (Hrsg.): Erving Goffman. Band 3. London: Sage, S. 239–254. Zuerst ersch. 1989.

Dechmann, Birgit/Ryffel, Christiane (1983/2015): Soziologie im Alltag. Eine Einführung. 2./14. Auflage. Weinheim und Basel: Beltz Juventa.

Degele, Nina/Dries, Christian (2005): Modernisierungstheorie. Eine Einführung. München: Wilhelm Fink.

Dellwing, Michael/Prus, Robert (2012): Einführung in die interaktionistische Ethnografie. Soziologie im Außendienst. Wiesbaden: VS Verlag für Sozialwissenschaften und Springer Fachmedien.

Diewald, Martin (2014): Makro- und Mikrosoziologie. In: Endruweit, Günter/Trommsdorff, Giesela/Burzan, Nicole (Hrsg.): Wörterbuch der Soziologie. 3. Auflage. Konstanz und München: UVK Verlagsgesellschaft und UVK/Lucius, S. 279–280.

Domscheit-Berg, Anke (2019): Asoziale Netzwerke. In: Mahlke, Stefan (Hrsg.): Atlas der Globalisierung. Welt in Bewegung. 2. Auflage. Berlin: Le Monde diplomatique und taz, S. 174–175.

Dreitzel, Hans Peter. (1972): Das gesellschaftliche Leiden und das Leiden an der Gesellschaft. Vorstudien zu einer Pathologie des Rollenverhalten. Stuttgart: Enke. Zuerst ersch. 1968.

Dünnwald, Stephan (2006): Der pädagogische Griff nach dem Fremden. Zur Haltung lokaler Initiativen gegenüber Flüchtlingen in der Bundesrepublik Deutschland. Frankfurt am Main und London: IKO-Verlag für Interkulturelle Kommunikation.

Durkheim, Émile (1970): Die Regeln der soziologischen Methode. 3. Auflage. Neuwied und Berlin: Hermann Luchterhand. Zuerst ersch. franz. 1895.

Durkheim, Émile (1983): Les reglès de la méthode sociologique. 21. Auflage. Paris: Quadrige und Presses Universitaires de France.

Durkheim, Émile (1983a): Der Selbstmord. Frankfurt am Main: Suhrkamp Taschenbuch Verlag. Zuerst ersch. franz. 1897.

Durkheim, Émile (1988): Über soziale Arbeitsteilung. Studie über die Organisation höherer Gesellschaften. 2. Auflage. Frankfurt am Main: Suhrkamp. Zuerst ersch. franz. 1930.

Eberle, Thomas S. (2015): Plötzlich mitten hinein geschubst – Der schockartige Feldzugang. In: Poferl, Angelika/Reichertz, Jo (Hrsg.): Wege ins Feld – Methodologische Aspekte des Feldzugangs. Beiträge der 4. Fuldaer Feldarbeitstage 5./6. Juli 2013. Essen: Oldib, S. 57–71.

Eckert, Roland/Reis, Christa/Wetzstein, Thomas A. (2000): ‚Ich will halt anders sein wie die anderen‘. Abgrenzung, Gewalt und Kreativität bei Gruppen Jugendlicher. Opladen: Leske + Budrich.

Eder, Klaus (1989): Klassentheorie als Gesellschaftstheorie. Bourdieus dreifache kulturtheoretische Brechung der traditionellen Klassentheorie. In: Eder, Klaus (Hrsg.): Klassenlage, Lebensstil und kulturelle Praxis. Beiträge zur Auseinandersetzung mit Pierre Bourdieus Klassentheorie. Frankfurt am Main: Suhrkamp, S. 15–43.

Elias, Norbert (1989): Über den Prozess der Zivilisation. Soziogenetische und psychogenetische Untersuchungen. Band 1. Wandlungen des Verhaltens in den weltlichen Oberschichten des Abendlandes. 14. Auflage. Frankfurt am Main: Suhrkamp Taschenbuch Verlag. Zuerst ersch. 1939.

Elias, Norbert (1989a): Über den Prozess der Zivilisation. Soziogenetische und psychogenetische Untersuchungen. Band 2. Wandlungen der Gesellschaft. Entwurf einer Theorie der Zivilisation. 14. Auflage. Frankfurt am Main: Suhrkamp Taschenbuch Verlag. Zuerst ersch. 1939.

El-Mafaalani, Aladin (2018): Das Integrationsparadox. Warum gelungene Integration zu mehr Konflikten führt. 4. Auflage. Köln: Kiepenheuer & Witsch.

Elwert, Georg (1980): Die Elemente der traditionellen Solidarität – eine Fallstudie in Westafrika. In: Kölner Zeitschrift für Soziologie und Sozialpsychologie 32, H. 2, S. 681–704.

Erikson, Erik H. (1973): Identität und Lebenszyklus. Drei Aufsätze. Frankfurt am Main: Suhrkamp Taschenbuch Verlag. Zuerst ersch. engl. 1959.

Erikson, Erik H. (1980): Identity and the Life Cycle. New York und London: Norton and Company. Zuerst ersch. 1959.

Erikson, Erik H. (1982): The Life Cycle Completed. A Review. New York und London: Norton and Company.

Etzioni, Amitai (1978): Soziologie der Organisationen. 5. Auflage. München: Juventa. Zuerst ersch. engl. 1964.

Evers, Hans-Dieter (2007): Globale Integration und globale Ungleichheit. In: Joas, Hans (Hrsg.): Lehrbuch der Soziologie. 3. Auflage. Frankfurt am Main und New York: Campus, S. 541–568.

Faist, Thomas/Fauser, Margit/Reisenauer, Eveline (2014): Das Transnationale in der Migration. Eine Einführung. Weinheim und Basel: Beltz Juventa.

Feldmann, Klaus (2006): Soziologie kompakt. Eine Einführung. 4. Auflage. Wiesbaden: VS Verlag für Sozialwissenschaften und GWV Fachverlage.

Fetscher, Iring (Hrsg.) (1962): Der Marxismus. Seine Geschichte in Dokumenten. Band 1. Philosophie, Ideologie. München: R. Piper & Co.

Fetscher, Iring (Hrsg.) (1976): Der Marxismus. Seine Geschichte in Dokumenten. Band 2. Ökonomie, Soziologie. München und Zürich: R. Piper & Co.

Fetscher, Iring (Hrsg.) (1977): Der Marxismus. Seine Geschichte in Dokumenten. Band 3. Politik. München und Zürich: R. Piper & Co.

Fingerle, Karlheinz (1989): Schule. In: Lenzen, Dieter (Hrsg.): Pädagogische Grundbegriffe. Band 2. Jugend – Zeugnis. Reinbek: Rowohlt Taschenbuch Verlag, S. 1326–1331.

Fluegelman, Andrew/Tembeck, Shoshana (1980): New Games. Die neuen Spiele. 2. Auflage. Soyen: Ahorn. Zuerst ersch. engl. 1976.

Foucault, Michel (1977/1979): Überwachen und Strafen. Die Geburt des Gefängnisses. 1./3. Auflage. Frankfurt am Main: Suhrkamp. Zuerst ersch. franz. 1975.

Fraser, Nancy (2003): Soziale Gerechtigkeit im Zeitalter der Identitätspolitik. Umverteilung, Anerkennung und Beteiligung. In: Fraser, Nancy/Honneth, Axel (Hrsg.): Umverteilung oder Anerkennung? Eine politisch-philosophische Kontroverse. Frankfurt am Main: Suhrkamp, S. 13–128. Zuerst ersch. engl. 1998.

Fraser, Nancy/Honneth, Axel (2003): Vorbemerkung. In: Fraser, Nancy/Honneth, Axel (Hrsg.): Umverteilung oder Anerkennung? Eine politisch-philosophische Kontroverse. Frankfurt am Main: Suhrkamp, S. 7–11.

Fraser, Nancy/Honneth, Axel (Hrsg.) (2003): Umverteilung oder Anerkennung? Eine politisch-philosophische Kontroverse. Frankfurt am Main: Suhrkamp.

Freire, Paulo (1984): Pädagogik der Unterdrückten. Bildung als Praxis der Freiheit. Reinbek: Rowohlt Taschenbuch Verlag. Zuerst ersch. span. 1970.

Frerichs, Petra (2000): Klasse und Geschlecht als Kategorien sozialer Ungleichheit. In: Kölner Zeitschrift für Soziologie und Sozialpsychologie 52, H. 1, S. 36–59.

Freund, Julien (1976): Der Dritte in Simmels Soziologie. In: Böhringer, Hannes/Gründer, Karlfried (Hrsg.): Ästhetik und Soziologie um die Jahrhundertwende: Georg Simmel. Frankfurt am Main: Klostermann, S. 90–101.

Frey-Vor, Gerlinde (1995): Die Rezeption der Lindenstraße im Spiegel der angewandten Medienforschung. In: Jurga, Martin (Hrsg.): Lindenstraße – Produktion und Rezeption einer Erfolgsserie. Opladen: Westdeutscher Verlag, S. 139–151.

Friedrichs, Jürgen (1999): Die Delegitimierung sozialer Normen. In: Kölner Zeitschrift für Soziologie und Sozialpsychologie, Sonderheft 39, S. 269–292.

Froschalier, Ulrike/Lueger, Manfred (2020): Das qualitative Interview. Zur Praxis interpretativer Analyse sozialer Systeme. 2. Auflage. Wien: Facultas Verlags- und Buchhandels AG.

Gänsler, Katrin (2019): Afrika in Bewegung. In: Mahlke, Stefan (Hrsg.): Atlas der Globalisierung. Welt in Bewegung. 2. Auflage. Berlin: Le Monde diplomatique/taz, S. 126–127.

Geißler, Karlheinz A./Hege, Marianne (1997): Konzepte sozialpädagogischen Handelns. Ein Leitfaden für soziale Berufe. 8. Auflage. Weinheim und Basel: Beltz.

Geißler, Rainer (2014): Die Sozialstruktur Deutschlands. 7. Auflage. Wiesbaden: Springer Fachmedien.

Gensicke, Thomas/Neumaier, Christopher (2014): Wert/Wertewandel. In: Endruweit, Günter/ Trommsdorff, Gisela/Burzan, Nicole (Hrsg.): Wörterbuch der Soziologie. 3. Auflage. Konstanz und München: UVK Verlagsgesellschaft/UVK Lucius, S. 610–614.

Geulen, Dieter (2007): 5. Sozialisation. In: Joas, Hans (Hrsg.): Lehrbuch der Soziologie. 3. Auflage. Frankfurt am Main und New York: Campus, S. 137–158.

Giddens, Anthony (1984): Interpretative Soziologie. Eine kritische Einführung. Frankfurt am Main und New York: Campus. Zuerst ersch. engl. 1976.

Giddens, Anthony (1988): Goffman as a Systematic Social Theorist. In: Drew, Paul/Wootton, Anthony (Hrsg.): Erving Goffman. Exploring the Interaction Order. Cambridge: Polity Press, S. 250–279.

Giddens, Anthony (1999): Soziologie. 2. Auflage. Graz und Wien: Nausner & Nausner. Zuerst ersch. engl. 1989.

Girgensohn-Marchand, Bettina (1999): Ergebnisse der empirischen Kleingruppenforschung. In: Schäfers, Bernhard (Hrsg.): Einführung in die Gruppensoziologie. Geschichte, Theorien, Analysen. 3. Auflage. Wiesbaden: Quelle & Meyer, S. 54–79.

Glaser, Barney G. (1978): Theoretical Sensitivity. Advances in the Methodology of Grounded Theory. Mill Valley, CA: The Sociology Press.

Glaser, Barney G./Strauss, Anselm L. (2005): Grounded Theory. Strategien qualitativer Forschung. 2. Auflage. Bern und New York: Huber und de Gruyter. Zuerst ersch. engl. 1967.

Gläser, Jochen/Laudel, Grit (2006/2009): Experteninterviews und qualitative Inhaltsanalyse als Instrumente rekonstruierender Untersuchungen. 1. und 3. Auflage. Wiesbaden: VS-Verlag Sozialwissenschaften.

Goffman Erving (1991b): The Moral Career of the Mental Patient. In: Goffman, Erving (Hrsg.): Asylums. Essays on the Social Situation of Mental Patients and other Inmates. London, New York, Victoria, Toronto und Auckland: Penguin, S. 117–155. Zuerst ersch. 1959.

Goffman, Erving (1961): Encounters. Two studies in the sociology of interaction. Indianapolis: Bobbs-Merrill Company.

Goffman, Erving (1963): Stigma. Notes on the Management of Spoiled Identity. London, New York, Victoria, Toronto und Auckland: Penguin.

Goffman, Erving (1967): On Face-Work. An Analysis of Ritual Elements in Social Interaction. In: Goffman, Erving (Hrsg.): Interaction Ritual. Essays on Face-to-face Behaviour. New York: Pantheon, S. 5–45. Zuerst ersch. 1955.

Goffman, Erving (1967a): Alienation from Interaction. In: Goffman, Erving (Hrsg.): Interaction Ritual. Essays on Face-to-face Behaviour. New York: Pantheon, S. 113–136. Zuerst ersch. 1957.

Goffman, Erving (1967b): Embarrassment and Social Organization. In: Goffman, Erving (Hrsg.): Interaction Ritual. Essays on Face-to-face Behaviour. New York: Pantheon, S. 97–112. Zuerst ersch. 1956.

Goffman, Erving (1975): The Presentation of Self in Everyday Life. Harmondsworth: Pelican. Zuerst ersch. 1959.

Goffman, Erving (1979): Gender Advertisements. London und Basingstoke: The Macmillan Press LTD. Zuerst ersch. 1976.

Goffman, Erving (1981): Forms of talk. Philadelphia: University of Pennsylvania Press.

Goffman, Erving (1983): The Interaction Order. In: American Sociological Review 48, H. 1, S. 11–17.

Goffman, Erving (1986): Frame Analysis. An Essay on the Organization of Experience. Boston: Northeastern University Press. Zuerst ersch. 1974.

Goffman, Erving (1991): Asylums. Essays on the Social Situation of mental Patients and other Inmates. London, New York, Victoria, Toronto und Auckland: Penguin.

Goffman, Erving (1991a): On the Characteristics of Total Institutions. In: Goffman, Erving (Hrsg.): Asylums. Essays on the Social Situation of Mental Patients and other Inmates. London, New York, Victoria, Toronto und Auckland: Penguin, S. 13–115. Zuerst ersch. 1961.

Goffman, Erving (1991c): The Underlife of a Public Institution: A Study of Ways of Making Out in a Mental Hospital. In: Goffman, Erving (Hrsg.): Asylums. Essays on the Social Situation of Mental Patients and other Inmates. London, New York, Victoria, Toronto und Auckland: Penguin, S. 157–280. Zuerst ersch. 1957.

Gogolin, Ingrid (1994): Der monolinguale Habitus der multilingualen Schule. Münster und New York: Waxmann.

Gogolin, Ingrid (2010): Mehrsprachigkeit. In: Zeitschrift für Erziehungswissenschaft 13, H. 4, S. 529–547.

Gonos, George (1977): 'Situation' versus 'Frame'. The 'Interactionist' and the 'Structuralist' Analyses of Everyday Life. In: American Sociology Review 42, H. 6, S. 854–867.

Gouldner, Alvin W. (1970): The Coming Crisis of Western Sociology. New York und London: Basic Books Inc.

Grande, Edgar/König, Markus/Pfister, Patrick/Sterzel, Paul (2006): Politische Transnationalisierung: Die Zukunft des Nationalstaats – Transnationale Politikregime im Vorfeld. In: Schirm, Stefan A. (Hrsg.): Globalisierung. Forschungsstand und Perspektiven. Bonn: Bundeszentrale für politische Bildung, S. 119–145.

Granovetter, Mark S. (2010): The Strength of Weak Ties. In: Neckel, Sighard/Mijić, Ana/von Scheve, Christian/Titton, Monica (Hrsg.): Sternstunden der Soziologie. Wegweisende Theoriemodelle des soziologischen Denkens. Frankfurt am Main und New York: Campus, S. 231–252. Zuerst ersch. 1973.

Greven, Thomas/Scherrer, Christoph (2005): Globalisierung gestalten. Weltökonomie und soziale Standards. Bonn: Bundeszentrale für politische Bildung.

Griese, Hartmut/Nikles, Bruno W./Rülcker, Christoph (1977) (Hrsg.): Soziale Rolle. Zur Vermittlung von Individuum und Gesellschaft. Ein soziologisches Studien- und Arbeitsbuch. Opladen: Leske + Budrich.

Groß, Martin (2015): Klassen, Schichten, Mobilität. Eine Einführung. 2. Auflage. Wiesbaden: Springer VS.

Gukenbiehl, Hermann L. (1999): Formelle und informelle Gruppe als Grundformen sozialer Strukturbildung. In: Schäfers, Bernhard (Hrsg.): Einführung in die Gruppensoziologie. Geschichte, Theorien, Analysen. 3. Auflage. Wiesbaden: Quelle & Meyer, S. 80–96.

Gukenbiehl, Hermann L. (1999a): Bezugsgruppen. In: Schäfers, Bernhard (Hrsg.): Einführung in die Gruppensoziologie. Geschichte, Theorien, Analysen. 3. Auflage. Wiesbaden: Quelle & Meyer, S. 113–134.

Gukenbiehl, Hermann L. (2016): Lektion VII. Institution und Organisation. In: Korte, Hermann/Schäfers, Bernhard (Hrsg.): Einführung in Hauptbegriffe der Soziologie. 9. Auflage. Wiesbaden: Springer VS, S. 173–193.

Gukenbiehl, Hermann L./Scherr, Albert (2010): System, soziales. In: Kopp, Johannes/Schäfers, Bernhard (Hrsg.): Grundbegriffe der Soziologie. 10. Auflage. Wiesbaden: VS Verlag für Sozialwissenschaften, S. 323–325.

Gülich, Elisabeth/Kotschi, Thomas (1987): Reformulierungshandlungen als Mittel der Textkonstitution. Untersuchung zu französischen Texten aus mündlicher Kommunikation. In: Motsch, Wolfgang (Hrsg.): Satz, Text, sprachliche Handlung. Berlin (DDR): Akademie, S. 199–261.

Habermas, Jürgen (1981): Theorie des kommunikativen Handels. 2 Bände. Frankfurt am Main: Suhrkamp.

Haffner, Friedrich (1974): Grundbegriffe der marxistischen Politischen Ökonomie des Kapitalismus. Interpretationen und kritische Hinweise in lexikalischer Darstellung. Berlin: Colloquium Verlag Otto H. Hess.

Hamm, Brigitte/Roth, Michèle (2006): Weltgesellschaft und Entwicklung: Trends und Perspektiven. In: Debiel Tobias/Messner, Dirk/Nuscheler, Franz (Hrsg.): Globale Trends 2007. Frieden, Entwicklung, Umwelt. Bonn: Bundeszentrale für Politische Bildung, S. 145–152.

Han-Broich, Misun (2012): Ehrenamt und Integration. Die Bedeutung sozialen Engagements in der (Flüchtlings-)Sozialarbeit. Wiesbaden: Springer VS.

Haour-Knipe, Mary (1993): Aids Prevention, Stigma and Migrant Status. In: Innovation. The European Journal of Social Sciences Research 6, S. 21–37.

Hardt, Michael/Negri, Antonia (2002): Empire. Die neue Weltordnung. Frankfurt am Main und New York: Campus.

Hartfiel, Günter/Hillmann Karl-Heinz (1982): Wörterbuch der Soziologie. 3. Auflage. Stuttgart: Alfred Kröner.

Hedtke, Reinhold (2014): Wirtschaftssoziologie. Eine Einführung. Konstanz und München: UVK Verlagsanstalt.

Helle, Horst Jürgen (1992): Verstehende Soziologie und Theorie der Symbolischen Interaktion. 2. Auflage. Stuttgart: B. G. Teubner.

Henley, Nancy M. (1978): Power, Sex and Nonverbal Communication. In: Thorne, Barrie/Henley, Nancy M. (Hrsg.): Language and Sex. Difference and Dominance. Rowley in Massachusetts: Newbury House, S. 184–203. Zuerst ersch. 1973.

Hentig, Hartmut von (1975): ,Komplexitätsreduktion' durch Systeme oder ,Vereinfachung' durch Diskurs? In: Maciejewski, Franz (Hrsg.): Theorie der Gesellschaft oder Sozialtechnologie. Beiträge zur Habermas-Luhmann-Diskussion. Frankfurt am Main: Suhrkamp, S. 115–144. Zuerst ersch. 1972.

Heringer, Hans Jürgen (2007): Interkulturelle Kommunikation. Grundlagen und Konzepte. 2. Auflage. Tübingen und Basel: A. Francke.

Herrmann, Ulrike (2019): Chinas beispielloser Aufstieg. In: Mahlke, Stefan (Hrsg.): Atlas der Globalisierung. Welt in Bewegung. 2. Auflage. Berlin: Le Monde diplomatique und taz, S. 108–111.

Hertel, Thorsten/Pfaff, Nicolle (2015): Studien zur Konstruktion sozialer Klassenzugehörigkeit im schulischen Feld – eine Perspektive der Bildungsgleichheitsforschung. In: Bräu, Karin/Schlickum, Christine: (Hrsg.): Soziale Konstruktionen in Schule und Unterricht. Zu den Kategorien

Leistung, Migration, Geschlecht, Behinderung, soziale Herkunft und deren Interdependenzen. Opladen, Berlin und Toronto: Barbara Budrich, S. 263–277.

Hettlage, Robert (1991): Rahmenanalyse – oder die innere Organisation unseres Wissens um die Ordnung der Wirklichkeit. In: Hettlage, Robert/Lenz, Karl (Hrsg.): Erving Goffman – ein soziologischer Klassiker der zweiten Generation. Bern und Stuttgart: Paul Haupt, S. 95–154.

Hettlage, Robert/Lenz, Karl (1991) (Hrsg.): Erving Goffman – ein soziologischer Klassiker der zweiten Generation. Bern und Stuttgart: Paul Haupt.

Hewstone, Miles (2000): Contact and Categorization. Social Psychological Interventions to Change Intergroup Relations. In: Stangor, Charles (Hrsg.): Stereotypes and Prejudice. Essential Readings. Philadelphia, Levittown and Sussex: Psychology Press, S. 394–418. Zuerst ersch. 1996.

Hildebrandt, Tina (2021): Im Herzen leid. Die Pandemie bringt die Schwächen der Republik ans Licht, und auch eine andere Kanzlerin. In: Die Zeit 28.1.2021, S. 3.

Hill, Paul B. (2002): Rational-Choice-Theorie. Bielefeld: transcript.

Hinnenkamp, Volker (1982): ‚Türkisch Mann, Du?‘ – Sprachverhalten von Deutschen gegenüber Gastarbeitern. In: Bausch, Karl-Heinz (Hrsg.): Mehrsprachigkeit in der Stadtregion. Düsseldorf: Schwann, S. 171–193.

Hinnenkamp, Volker (1989): 'Turkish man you?' – The conversational accomplishment of the social and ethnic category of 'Turkish guestworker'. In: Human Studies 12, H. 12, S. 117–146.

Hirschauer, Stefan/Amann, Klaus (Hrsg.) (1997): Die Befremdung der eigenen Kultur. Zur ethnographischen Herausforderung soziologischer Empirie. Frankfurt am Main: Suhrkamp.

Hirsch-Kreinsen, Hartmut (2005): Wirtschafts- und Industriesoziologie. Grundlagen, Fragestellungen, Themenbereiche. Weinheim und München: Juventa.

Hitzler, Ronald (2015): „… wie man in es hineingeht". Zur Konstitution und Konstruktion von Feldern bei existenzieller Affiziertheit. In: Poferl, Angelika/Reichertz, Jo (Hrsg.): Wege ins Feld – Methodologische Aspekte des Feldzugangs. Beiträge der 4. Fuldaer Feldarbeitstage 5./6. Juli 2013. Essen: Oldib, S. 72–90.

Hitzler, Ronald/Klemm, Matthias/Kreher, Simone/Poferl, Angelika/Schröer, Norbert (2018) (Hrsg.): Herumschnüffeln – aufspüren – einfühlen. Ethnographie als ‚hemdsärmelige' und reflexive Praxis. Essen: Oldib.

Hitzler, Ronald/Kreher, Simone/Poferl, Angelika/Schröer, Norbert (2016) (Hrsg.): Old School – New School? Zur Frage der Optimierung ethnographischer Datengenerierung. Essen: Oldib.

Hodes, Katharina (2016): Autobiografie und Krebs – Eine persönliche Einordnung. In: Hitzler, Ronald/Kreher, Simone/Poferl, Angelika/Schröer, Norbert (Hrsg.): Old School – New School? Zur Frage der Optimierung ethnographischer Datengenerierung. Essen: Oldib, S. 273–284.

Höhn, Elfriede/Seidel, Gerhard (1976): Das Soziogramm. Die Erfassung von Gruppenstrukturen. Eine Einführung für die psychologische und pädagogische Praxis. 4. Auflage. Göttingen, Toronto und Zürich: Verlag für Psychologie Dr. C. J. Hogrefe.

Holly, Werner (1979): Imagearbeit in Gesprächen. Zur linguistischen Beschreibung des Beziehungsaspektes. Tübingen: Max Niemeyer.

Honneth, Axel (1998): Kampf um Anerkennung. Zwischen moralischen Semantik sozialer Konflikte. 2. Auflage. Frankfurt am Main: Suhrkamp.

Honneth, Axel/Lindemann, Ophelia/Voswinkel, Stephan (2013) (Hrsg.): Strukturwandel der Anerkennung. Paradoxien sozialer Integration in der Gegenwart. Frankfurt am Main und New York: Campus.

Hopf, Christel (2004): Qualitative Interviews – ein Überblick. In: Flick, Uwe/von Kardorff, Ernst/ Steinke, Ines (Hrsg.): Qualitative Forschung. Ein Handbuch. Reinbek: Rowohlt Taschenbuch Verlag, S. 349–360.

Höpfner, Elena (2018): Menschen auf der Flucht und die Bedeutung ihrer Dinge. Eine gegenstandsbezogene Theoriebildung im doppelten Sinne. Wiesbaden: Springer Fachmedien.

Hradil, Stefan (2016): Lektion XI. Soziale Ungleichheit, soziale Schichtung und Mobilität. In: Korte, Hermann/Schäfers, Bernhard (Hrsg.): Einführung in Hauptbegriffe der Soziologie. 9. Auflage. Wiesbaden: Springer VS, S. 247–275.

Hradil, Stefan/Schiener, Jürgen (1999): Soziale Ungleichheit in Deutschland. 7. Auflage. Opladen: Leske + Budrich.

Hurrelmann, Klaus (2014): ‚Sozialisation'. In: Endruweit, Günter/Trommsdorff, Gisela/Burzan, Nicole (Hrsg.): Wörterbuch der Soziologie. 3. Auflage. Konstanz und München: UVK Verlagsgesellschaft/UVK Lucius, S. 444–451.

Hüttel, Klaus (2001): „Produktmanagement – Organisation". In: Pepels, Werner (Hrsg.): Organisationsgestaltung in marktorientierten Unternehmen. Heidelberg: I. H. Sauer, S. 83–108.

Imbusch, Peter (1998): Macht und Herrschaft in der Diskussion. In: Imbusch, Peter (Hrsg.): Macht und Herrschaft. Sozialwissenschaftliche Konzeptionen und Theorien. Opladen: Leske + Budrich, S. 9–26.

Imbusch, Peter (2010): Macht – Herrschaft – Autorität. In: Kopp, Johannes/Schäfers, Bernhard (Hrsg.): Grundbegriffe der Soziologie. 10. Auflage. Wiesbaden: VS Verlag für Sozialwissenschaften, S. 166–173. Zuerst ersch. engl. 1973, S. 77–93.

Israel, Joachim (1985): Der Begriff Entfremdung. Zur Verdinglichung des Menschen in der bürokratischen Gesellschaft. Reinbek: Rowohlt Taschenbuch Verlag. Zuerst ersch. 1972.

Jäger, Uli (2004): Pocket global. Globalisierung in Stichworten. Bonn und München: Bundeszentrale für politische Bildung/Franzis print & media.

Jahoda, Marie/Lazarsfeld, Paul F./Zeisel, Hans (1975): Die Arbeitslosen von Marienthal. Ein soziographischer Versuch über die Wirkungen langandauernder Arbeitslosigkeit. Frankfurt am Main: Suhrkamp. Zuerst ersch. 1933.

Joas, Hans/Mau, Steffen (2020) (Hrsg.): Lehrbuch der Soziologie. 4. Auflage. Frankfurt am Main: Campus.

Jungaberle, Henrik/Weinhold, Jan (2006): Einführung: Das Framing-Konzept auf dem Weg zu einer interdisziplinären Ritualwissenschaft. In: Jungaberle, Henrik/Weinhold, Jan (Hrsg.): Rituale in Bewegung. Rahmungs- und Reflexivitätsprozesse in Kulturen der Gegenwart. Berlin: Lit, S. 7–17.

Jungwirth, Ingrid (2007): Zum Identitätsdiskurs in den Sozialwissenschaften. Eine postkolonial und queer informierte Kritik an George H. Mead, Erik H. Erikson und Erving Goffman. Bielefeld: transcript.

Kaesler, Dirk (2002) (Hrsg.): Max Weber. Schriften 1894–1922. Stuttgart: Alfred Kröner.

Kaesler, Dirk (2002): Anhang. In: Kaesler, Dirk (Hrsg.): Max Weber. Schriften 1894–1922. Stuttgart: Alfred Kröner, S. 735–827.

Kaesler, Dirk (2012): Max Weber (1864–1920). In: Kaesler, Dirk (Hrsg.): Klassiker der Soziologie. Band 1. Von Auguste Comte bis Alfred Schütz. 6. Auflage. München: C. H. Beck, S. 206–229.

Kallmeyer, Werner/Schütze, Fritz (1977): Zur Konstruktion von Kommunikationsschemata der Sachverhaltsdarstellung. In: Wegner, Dirk (Hrsg.): Gesprächsanalysen. Vorträge gehalten anläßlich des 5. Kolloquiums des Instituts für Kommunikationsforschung und Phonetik. Bonn 14.–16. Oktober 1976. Hamburg: Buske, S. 159–274.

Kampmeier, Claudia (2001): Individualität und psychologische Gruppenbildung. Eine sozialpsychologische Perspektive. Wiesbaden: Deutscher Universitätsverlag.

Karakayali, Serhat/Kleist, Jens O. (2015): EFA-Studie. Strukturen und Motive der ehrenamtlichen Flüchtlingsarbeit (EFA) in Deutschland. 1. Forschungsbericht. Ergebnisse einer explorativen Umfrage vom November/Dezember 2014. https://nbn-resolving.de/urn:nbn:de:kobv:109-1-7742391 (Abfrage: 01.11.2022).

Kaufmann, Jean-Claude (2005): Schmutzige Wäsche. Ein ungewöhnlicher Blick auf gewöhnliche Paarbeziehungen. 2. Auflage. Konstanz: UVK Verlags-Gesellschaft. Zuerst ersch. frz. 1992.

Kauppert, Michael/Leser, Irene (2014) (Hrsg.): Hillarys Hand. Zur politischen Ikonographie der Gegenwart. Bielefeld: transcript.

Kelber, Magda (1973): Was verstehen wir unter Gruppenpädagogik? In: Müller, C. Wolfgang (Hrsg.): Gruppenpädagogik: Auswahl aus Schriften und Dokumenten. 3. Auflage. Weinheim und Basel: Beltz. Zuerst ersch. 1965.

Kelle, Udo/Kluge, Susann (1999): Vom Einzelfall zum Typus. Opladen: Leske + Budrich.

Keller, Heidi (2011): Kinderalltag. Kulturen der Kindheit und ihre Bedeutung für Bindung, Bildung und Erziehung. Berlin und Heidelberg: Springer.

Keller, Reiner (2007): Diskursforschung. Eine Einführung für SozialwissenschaftlerInnen. 3. Auflage. Wiesbaden: VS Verlag für Sozialwissenschaften.

Keller, Reiner (2012): Das interpretative Paradigma. Eine Einführung. Wiesbaden: Springer VS.

Kellerhof, Marco/Witte, Erich H. (1990): Objektive Hermeneutik als Gruppenleistung. In: Kölner Zeitschrift für Soziologie und Sozialpsychologie 42, H. 2, S. 248–264.

Kemper, Peter/Sonnenschein, Ulrich (2002) (Hrsg.): Globalisierung im Alltag. Frankfurt am Main: Suhrkamp Taschenbuch Verlag.

Keppler, Angela (1994): Tischgespräche. Über Formen kommunikativer Vergemeinschaftung am Beispiel der Konversation in Familien. Frankfurt am Main: Suhrkamp Taschenbuch Verlag.

Kern, Bärbel (1999): Arbeitsgruppen im Industriebetrieb. In: Schäfers, Bernhard (Hrsg.): Einführung in die Gruppensoziologie. Geschichte, Theorien, Analysen. 3. Auflage. Wiesbaden: Quelle & Meyer, S. 194–226.

Keupp, Heiner/Ahbe, Thomas/Gmür, Wolfgang/Höfer, Renate/Mitzscherlich, Beate/Kraus, Wolfgang/Straus, Florian (2008): Identitätskonstruktionen. Das Patchwork der Identitäten in der Spätmoderne. 4. Auflage. Reinbek: Rowohlt Taschenbuchverlag.

Kieserling, André (1999): Kommunikation unter Anwesenden. Studien über Interaktionssysteme. Frankfurt am Main: Suhrkamp.

Kißler, Leo (2007): Politische Soziologie. Grundlagen einer Demokratiewissenschaft. Konstanz: UVK Verlagsgesellschaft.

Kitschelt, Herbert (2001): Politische Konfliktlinien in westlichen Demokratien: Ethnisch-kulturelle und wirtschaftliche Verteilungskonflikte. In: Loch, Dietmar/Heitmeyer, Wilhelm (Hrsg.): Schattenseiten der Globalisierung. Rechtsradikalismus, Rechtspopulismus und separatistischer Regionalismus in westlichen Demokratien. Frankfurt am Main: Suhrkamp, S. 418–442.

Klages, Helmut (1998): Werte und Wertewandel. In: Schäfers, Bernhard/Zapf, Wolfgang (Hrsg.): Handwörterbuch zur Gesellschaft Deutschlands. Opladen und Bonn: Leske + Budrich, S. 698–709.

Kloff, Jochen (2001): Wege zur Neuorganisation einer Justizvollzugsanstalt. In: Flügge, Christoph/Maelicke, Bernd/Preusker, Harald (Hrsg.): Das Gefängnis als lernende Organisation. Baden-Baden: Nomos, S. 59–90.

Kluge, Susann (1999): Empirisch begründete Typenbildung. Zur Konstruktion von Typen und Typologien in der qualitativen Sozialforschung. Opladen: Leske + Budrich.

Kohli, Martin (1985): Die Institutionalisierung des Lebenslaufs. Historische Befunde und theoretische Argumente. In: Kölner Zeitschrift für Soziologie und Sozialpsychologie 37, H. 1, S. 1–29.

Kohli, Martin (1998): Alter und Altern der Gesellschaft. In: Schäfers, Bernhard/Zapf, Wolfgang (Hrsg.): Handwörterbuch zur Gesellschaft Deutschlands. Opladen und Bonn: Leske + Budrich, S. 1–11.

Koller, Peter (1991): Facetten der Macht. In: Analyse & Kritik 13, H. 2, S. 107–133.

König, René (1970): Einleitung. In: König, René (Hrsg.): Emile Durkheim. Die Regeln der soziologischen Methode. Frankfurt am Main: Suhrkamp, S. 21–82.

Konopka, Gisela (2000): Soziale Gruppenarbeit: Ein helfender Prozeß. Weinheim: Deutscher Studienverlag. Zuerst ersch. engl. 1963.

Kopp, Johannes (2009): Bildungssoziologie. Eine Einführung anhand empirischer Studien. Wiesbaden: VS Verlag für Sozialwissenschaften und GWV Fachverlage.

Korte, Hermann/Schäfers, Bernhard (2016) (Hrsg.): Einführung in Hauptbegriffe der Soziologie. 9. Auflage. Wiesbaden: Springer VS.

Kortmann, Bernd/Schulze, Günther G. (2020) (Hrsg.): Jenseits von Corona. Unsere Welt nach der Pandemie – Perspektiven aus der Wissenschaft. Bielefeld: transcript.

Kotthoff, Helga (1994): Geschlecht als Interaktionsritual? Nachwort. In: Goffman, Erving: Interaktion und Geschlecht. Frankfurt am Main und New York: Campus, S. 159–194.

Krais, Beate (1989): Soziales Feld, Macht und kulturelle Praxis. Die Untersuchungen Bourdieus über die verschiedenen Fraktionen der ‚herrschende Klasse' in Frankreich. In: Eder, Klaus (Hrsg.): Klassenlage, Lebensstil und kulturelle Praxis. Beiträge zur Auseinandersetzung mit Pierre Bourdieus Klassentheorie. Frankfurt am Main: Suhrkamp, S. 47–70.

Krappmann, Lothar (1978): Soziologische Dimensionen der Identität. Strukturelle Bedingungen für die Teilnahme an Interaktionsprozessen. Stuttgart: Klett-Cotta. Zuerst ersch. 1969.

Krappmann, Lothar (2004): Identität/Identity. In: Ammon, Ulrich/Dittmar, Norbert/Mattheier, Klaus J./Trudgill, Peter (Hrsg.): Sociolinguistics. Soziolinguistik. An International Handbook of the Science of Language and Society. Ein internationales Handbuch zur Wissenschaft von Sprache und Gesellschaft. 2. Auflage. Berlin und New York: Walter de Gruyter, Bd. 1, S. 405–411.

Kreckel, Reinhard (1983): Soziale Ungleichheiten. Soziale Welt Sonderband 2.

Kreitz, Robert (2020): Zur Beziehung von Fall und Typus. In: Ecarius, Jutta/Schäffer, Burkhard (Hrsg.): Typenbildung und Theoriegenerierung. Methoden und Methodologien qualitativer Bildungs- und Biographieforschung. 2. Auflage. Opladen, Berlin und Toronto: Barbara Budrich, S. 105–126.

Kühl, Stefan (2014): Organisationssoziologie. In: Endruweit, Günter/Trommsdorff, Gisela/Burzan, Nicole (Hrsg.): Wörterbuch der Soziologie. 3. Auflage. Konstanz und München: UVK Verlagsgesellschaft und UVK Lucius, S. 343–347.

Kühn, Thomas/Koschel, Kay-Volker (2018): Gruppendiskussion. Ein Praxis-Handbuch. 2. Auflage. Wiesbaden: Springer Fachmedien.

Kühnel, Wolfgang/Hieber, Kathy/Tölke, Julia (2005): Subjektive Bewältigungsstrategien und Gruppenkonflikte in geschlossenen Institutionen – das Beispiel des Strafvollzugs. In: Heitmeyer, Wilhelm/Imbusch, Peter (Hrsg.): Integrationspotenziale einer modernen Gesellschaft. Wiesbaden: VS Verlag Sozialwissenschaften und GWV Fachverlage, S. 235–258.

Küpper, Beate/Zick, Andreas (2016): Zwischen Willkommen und Hass. Einstellung der deutschen Mehrheitsbevölkerung zu Geflüchteten. In: Demokratie gegen Menschenfeindlichkeit. Zeitschrift für Wissenschaft und Praxis 1, H. 1, S. 13–32.

Kürşat-Ahlers, Elçin (2002): Stigmatisierung, Diskriminierung und ethnische Schichtung. In: Griese, Hartmut M./Kürşat-Ahlers, Elçin/Schulte, Rainer/Vahedi, Massoud/Waldhoff, Hans-Peter (Hrsg.): Was ist eigentlich das Problem am ‚Ausländerproblem‘? Über die soziale Durchschlagkraft ideologischer Konstrukte. Frankfurt am Main: IOK Verlag für interkulturelle Kommunikation, S. 47–98.

Kusow, Abdi M. (2004): Contesting Stigma: On Goffman's Assumptions of Normative Order. In: Symbolic Interaction 27, H. 2, S. 179–197.

Küsters, Ivonne (2009): Narrative Interviews. Grundlagen und Anwendungen. Wiesbaden: VS Verlag für Sozialwissenschaften.

Lamnek, Siegfried (1998): Gruppendiskussion. Theorie und Praxis. Weinheim und Basel: Beltz.

Lange, Stefan (2000): Universale Zivilisation oder Kampf der Kulturkreise? Samuel P. Huntingtons Thesen zur internationalen Politik. In: Schimank, Uwe/Volkmann, Ute (Hrsg.): Soziologische Gegenwartsdiagnosen. Band 1. Eine Bestandsaufnahme. Wiesbaden: VS Verlag für Sozialwissenschaften, S. 291–306.

Lau, Thomas/Wolff, Stephan (1983): Der Einstieg in das Untersuchungsfeld als soziologischer Lernprozess. In: Kölner Zeitschrift für Soziologie und Sozialpsychologie 35, H. 3, S. 417–437.

Leibfried, Erwin (1980): Literarische Hermeneutik. Eine Einführung in ihre Geschichte und Probleme. Tübingen: Gunter Narr.

Leist, Anton (1991): Individuelles Handeln und Macht: Foucaults Herausforderung. In: Analyse & Kritik 13, H. 2, S. 170–183.

Lenz, Karl (1991): Erving Goffman – Werk und Rezeption. In: Hettlage, Robert/Lenz, Karl (Hrsg.): Erving Goffman – ein soziologischer Klassiker der zweiten Generation. Bern und Stuttgart: Paul Haupt, S. 25–93.

Levinson, Stephen C. (1988): Putting Linguistics on a Proper Footing: Explorations in Goffman's Concepts of Participation. In: Drew, Paul/Wootton, Anthony (Hrsg.): Erving Goffman. Exploring the Interaction Order. Cambridge in GB: Polity Press, S. 161–227.

Lewis, Oscar (1978): Les enfants de Sanchez. Autobiographie d'une famille. Paris: Gallimard. Zuerst ersch. engl. 1961.

Leyendecker, Birgit (2012): Positive Entwicklung trotz besonderer Herausforderungen. Das wenig beachtete große Potential von Kindern aus zugewanderten Familien. In: Heinz, Andreas/Kluge, Ulrike (Hrsg.): Einwanderung. Bedrohung oder Zukunft? Mythen und Fakten zur Integration. Frankfurt am Main: Campus, S. 156–172.

Lichtblau, Klaus (1997): Georg Simmel. Frankfurt am Main und New York: Campus.

Lieber, Hans Joachim (1980): Marx, Karl. In: Bernsdorf, Wilhelm/Knospe, Horst (Hrsg.): Internationales Soziologenlexikon. Band 1. Beiträge über bis Ende 1969 verstorbene Soziologen. Stuttgart: Ferdinand Enke, S. 271–273.

Liebsch, Katharina (2012): Szenen, Stile, Tribes und Gangs: Lebenswelt Jugendkulturen. In: Liebsch, Katharina (Hrsg.): Jugendsoziologie. Über Adoleszente, Teenager und neue Generationen. München: Oldenbourg Wissenschaftsverlag, S. 91–113.

Lincoln, James R./Miller, Jon (1979): Work and Friendship Ties in Organizations: A Comparative Analysis of Relational Networks. In: Administrative Science Quarterly 24, H. 2, S. 181–199. Zuerst ersch. 1978.

Lindemann, Gesa (1994): Die Konstruktion der Wirklichkeit und die Wirklichkeit der Konstruktion. In: Wobbe, Theresa/Lindemann, Gesa (Hrsg.): Denkachsen. Zur theoretischen und institutionellen Rede vom Geschlecht. Frankfurt am Main: Suhrkamp, S. 115–146.

Lofland, John (1979): Feld-Notizen. In: Gerdes, Klaus (Hrsg.): Explorative Sozialforschung. Einführende Beiträge aus ‚Natural Sociology' und Feldforschung in den USA. Stuttgart: Ferdinand Enke, S. 110–120. Zuerst ersch. engl. 1971.

Lucius-Hoene, Gabriele/Deppermann, Arnulf (2002): Rekonstruktion narrativer Identität. Ein Arbeitsbuch zur Analyse narrativer Interviews. Opladen: Leske + Budrich.

Lucke, Doris M. (2014): Norm und Sanktion. In: Endruweit, Günter/Trommsdorff, Giesela/Burzan, Nicole (Hrsg.): Wörterbuch der Soziologie. 3. Auflage. Konstanz und München: UVK Verlagsgesellschaft und UVK/Lucius, S. 338–342.

Lüders, Christian (2004): Beobachten im Feld und Ethnographie. In: Flick, Uwe/von Kardorff, Ernst/ Steinke, Ines (Hrsg.): Qualitative Forschung. Ein Handbuch. 3. Auflage. Reinbek: Rowohlt Taschenbuch Verlag, S. 384–401.

Luhmann, Niklas (1977): Einleitung. Arbeitsteilung und Moral. Durkheims Theorie. In: Durkheim, Émile (Hrsg.): Über soziale Arbeitsteilung, Studie über die Organisation höherer Gesellschaften. Frankfurt am Main: Suhrkamp, S. 19–40.

Luhmann, Niklas (2018): Interaktion, Organisation, Gesellschaft. Anwendungen der Systemtheorie. In: Luhmann, Niklas (Hrsg.): Soziologische Aufklärung. Band 2. Aufsätze zur Theorie der Gesellschaft. Wiesbaden: Springer VS Sozialwissenschaften, S. 1–16. Zuerst ersch. 1974.

Lukes, Steven/Prabhat, Devyani (2013): Durkheim über Recht und Moral: Die Desintegrationshypothese. In: Bogusz, Tanja/Delitz, Heike (Hrsg.): Émile Durkheim. Soziologie – Ethnologie – Philosophie. Frankfurt am Main: Campus, S. 149–177. Zuerst ersch. franz. 2011.

Lutz, Helma (1991): Welten verbinden. Türkische Sozialarbeiterinnen in den Niederlanden und in der Bundesrepublik Deutschland. Frankfurt am Main: IKO-Verlag.

MacEwen, C. A. (1980): Continuities in the Study of Total and Nontotal Institutions. In: Annual Review of Sociology 6, S. 143–185.

Maelicke, Bernd (2001): Grundlagen des Vollzugsmanagements. In: Flügge, Christoph/Maelicke, Bernd/Preusker, Harald (Hrsg.): Das Gefängnis als lernende Organisation. Baden-Baden: Nomos, S. 31–58.

Mahlke, Stefan (Hrsg.): Atlas der Globalisierung. Welt in Bewegung. 2. Auflage. Berlin: Le Monde diplomatique und taz.

Mannheim, Karl (1964): Das Problem der Generationen. In: Mannheim, Karl (Hrsg.): Wissenssoziologie: Auswahl aus dem Werk. Neuwied: Luchterhand, S. 509–565. Zuerst ersch. 1928.

Marotzki, Winfried (2003): Leitfadeninterview. In Bohnsack, Ralf/Marotzki, Winfried/Meuser, Michael (Hrsg.): Hauptbegriffe Qualitative Sozialforschung. Ein Wörterbuch. Opladen: Leske + Budrich, S. 151.

Marrs, Kira (2010): Herrschaft und Kontrolle in der Arbeit. In: Böhle, Fritz/Voß, G. Günter/Wachtler, Günther (Hrsg.): Handbuch Arbeitssoziologie. Wiesbaden: VS Verlag für Sozialwissenschaften und GWV Fachverlag, S. 331–356.

Matthes, Joachim (1984): Über die Arbeit mit lebensgeschichtlichen Erzählungen in einer nicht-westlichen Kultur. In: Kohli, Martin/Robert, Guenther (Hrsg.): Biographie und soziale Wirklichkeit. Neue Beiträge und Forschungsperspektiven. Stuttgart: Metzler, S. 284–295.

Maus, Heinz/Krämer, Hans Leo (1980): Durkheim, Emile. In: Bernsdorf, Wilhelm/Knospe, Horst (Hrsg.): Internationales Soziologenlexikon. Band 1. Beiträge über bis Ende 1969 verstorbene Soziologen. Stuttgart: Ferdinand Enke, S. 105–106.

Mayer, Karl Ulrich/Huinink, Johannes (1990): Alters-, Perioden- und Kohorteneffekte in der Analyse von Lebensverläufen oder: Lexis ade? In: Mayer, Karl Ulrich (Hrsg.): Lebensverläufe und sozialer Wandel. In: Kölner Zeitschrift für Soziologie und Sozialpsychologie, Sonderheft 31, S. 442–459.

Mayer, Kurt B./Buckley, Walter (1976): Soziale Schichtung. Eine Einführung. Stuttgart: Ferdinand Enke. Zuerst ersch. engl.

Mayring, Philipp (2007): Qualitative Inhaltsanalyse. Grundlagen und Techniken. 9. Auflage. Weinheim und Basel: Beltz.

Mazeland, Harrie (1983): Sprecherwechsel in der Schule. In: Ehlich, Konrad/Rehbein, Jochen (Hrsg.): Kommunikation in Schule und Hochschule. Tübingen: Gunter Narr, S. 77–101.

Mead, George H. (1977): Rollenübernahme und Rollenidentität. In: Griese, Hartmut M./Nikles, Bruno W./Rülcker, Christoph (Hrsg.): Soziale Rolle. Zur Vermittlung von Individuum und Gesellschaft. Ein soziologisches Studien- und Arbeitsbuch. Opladen: Leske und Budrich, S. 76–82. Zuerst ersch. engl. 1934.

Merton, Robert K. (1995): Soziologische Theorie und soziale Struktur. Berlin und New York: Walter de Gruyter. Zuerst ersch. engl. 1949.

Merton, Robert K./Kendall, Patricia L. (1984): Das fokussierte Interview. In: Hopf, Christel/Weingarten, Elmar (Hrsg.): Qualitative Sozialforschung. 2. Auflage. Stuttgart: Klett-Cotta, S. 171–204. Zuerst ersch. engl. 1945/46.

Merton, Robert K./Rossi, Alice S. (1965): Contributions to the Theory of Reference Group Behavior. In: Merton, Robert K. (Hrsg.): Social Theory and Social Structure. New York: Free Press, S. 225–280. Zuerst ersch. 1949.

Meuser, Michael/Nagel, Ulrike (1991): ExpertInneninterviews – vielfach erprobt, wenig bedacht. Ein Beitrag zur qualitativen Methodendiskussion. In: Garz, Detlef/Kraimer, Klaus (Hrsg.): Qualitativ-empirische Sozialforschung. Opladen: Westdeutscher Verlag, S. 441–468.

MEW 23: Marx, Karl (1983a): Das Kapital. Kritik der politischen Ökonomie. Band 1. Der Produktionsprozeß des Kapitals. In: Institut für Marxismus-Leninismus beim ZK der SED (Hrsg.): Karl Marx. Friedrich Engels. Band 23. Berlin: Dietz. Zuerst ersch. 1867.

MEW 3: Marx, Karl (1981): Thesen über Feuerbach. In: Institut für Marxismus-Leninismus beim ZK der SED (Hrsg.): Karl Marx. Friedrich Engels. Band 4. Berlin: Dietz, S. 5–7. Zuerst ersch. 1845.

MEW 4: Marx, Karl/Engels, Friedrich (1983): Manifest der Kommunistischen Partei. In: Institut für Marxismus-Leninismus beim ZK der SED (Hrsg.): Karl Marx. Friedrich Engels. Band 3. Berlin: Dietz, S. 459–493. Zuerst ersch. 1848.

Mey, Günter/Mruck, Katja (2011): Grounded-Theory-Methodologie: Entwicklung, Stand, Perspektiven. In: Mey, Günter/Mruck, Katja (Hrsg.) Grounded Theory Reader. 2. Auflage. Wiesbaden: VS Verlag für Sozialwissenschaften und Springer Fachmedien, S. 11–48.

Meyer, Anna (2000): Führende und Geführte im Wandel der Führungsparadigmen des 20. Jahrhunderts. Ein Wandel vom Objekt zum selbstverantwortlichen Subjekt? Frankfurt am Main, Berlin, Bern, Brüssel, New York, Oxford und Wien: Peter Lang.

Miebach, Bernhard (1991): Soziologische Handlungstheorie: Eine Einführung. Opladen: Westdeutscher Verlag.

Milanović, Branko (2019): Der große Sprung. In: Mahlke, Stefan (Hrsg.): Atlas der Globalisierung. Welt in Bewegung. 2. Auflage. Berlin: Le Monde diplomatique und taz, S. 154–157.

Minssen, Heiner (2014): Arbeitssoziologie. In: Endruweit, Günter/Trommsdorff, Giesela/Burzan, Nicole (Hrsg.): Wörterbuch der Soziologie. 3. Auflage. Konstanz und München: UVK Verlagsgesellschaft und UVK/Lucius, S. 26–30.

Mirande, Alfredo M. (1978): Deviance and Oppression: The Application of Labeling to Racial and Ethnic Minorities. In: International Journal of Contemporary Sociology 15, H. 3–4, S. 375–396.

Moritz, Christine/Corsten, Michael (2018) (Hrsg.): Handbuch Qualitative Videoanalyse. Wiesbaden: Springer VS.

Müller, Hans-Peter (2012): Émile Durkheim (1858–1917). In: Kaesler, Dirk (Hrsg.): Klassiker der Soziologie. Band 1. Von Auguste Comte bis Alfred Schütz. München: C. H. Beck, S. 165–186.

Müller, Hans-Peter (2018): Durkheim, Émile. In: Müller, Hans-Peter/Reitz, Tilman (Hrsg.): Simmel-Handbuch. Begriffe, Hauptwerke, Aktualität. Berlin: Suhrkamp, S. 177–182.

Müller, Hans-Peter/Reitz, Tilman (Hrsg.): Simmel-Handbuch. Begriffe, Hauptwerke, Aktualität. Berlin: Suhrkamp.

Müller, Marion (2003): Geschlecht und Ethnie. Historischer Bedeutungswandel, interaktive Konstruktion und Interferenzen. Wiesbaden. Westdeutscher Verlag und GWV Fachverlage.

Mummendey, Hans Dieter/Bolten, Heinz-Gerd (1985): Die Impression-Management-Theorie. In: Frey, Dieter/Irle, Martin (Hrsg.): Theorien der Sozialpsychologie. Bd. 3. Motivations- und Informationsverarbeitungstheorien. Bern, Stuttgart und Toronto: Hans Huber, S. 57–77.

Münkler, Herfried/Ladwig, Bernd (1997): Dimensionen der Fremdheit. In: Münkler, Herfried (Hrsg.): Furcht und Faszination. Facetten der Fremdheit. Berlin: Akademie, S. 11–44

N. N. (2019): Wege der Einwanderung. In: Mahlke, Stefan (Hrsg.): Atlas der Globalisierung. Welt in Bewegung. 2. Auflage. Berlin: Le Monde diplomatique und taz, S. 116–117.

N. N. (2019a): Warenhandel weltweit. In: Mahlke, Stefan (Hrsg.): Atlas der Globalisierung. Welt in Bewegung. 2. Auflage. Berlin: Le Monde diplomatique und taz, S. 60–61.

Neckel, Sighard (1991): Status und Scham. Zur symbolischen Reproduktion sozialer Ungleichheit. Frankfurt am Main und New York: Campus.

Nedelmann, Brigitta (1999): Georg Simmel (1858–1918). In: Kaesler, Dirk (Hrsg.): Klassiker der Soziologie. Band 1. Von Auguste Comte bis Alfred Schütz. München: C. H. Beck, S. 127–149.

Neuenhaus, Petra (1998): Max Weber: Amorphe Macht und Herrschaftsgehäuse. In: Imbusch, Peter (Hrsg.): Macht und Herrschaft. Sozialwissenschaftliche Konzeptionen und Theorien. Opladen: Leske + Budrich, S. 77–93.

Nick, Peter (2003): Ohne Angst verschieden sein. Differenzierungserfahrungen und Identitätskonstruktionen in der multikulturellen Gesellschaft. Frankfurt am Main und New York: Campus.

Oesterdiekhoff, Georg W. (2001): Max Weber. Gesammelte Aufsätze zur Religionssoziologie. In: Papcke, Sven/Oesterdiekhoff, Georg W. (Hrsg.): Schlüsselwerke der Soziologie. Wiesbaden: Westdeutscher Verlag, S. 509–512.

Oevermann, Ulrich (1986): Kontroversen über sinnverstehende Soziologie. Einige wiederkehrende Probleme und Mißverständnisse in der Rezeption der ‚objektiven Hermeneutik‘. In: Aufenanger, Stefan/Lenssen, Margrit (Hrsg.): Handlung und Sinnstruktur: Bedeutung und Anwendung der objektiven Hermeneutik. München: Kindt, S. 19–83.

Oevermann, Ulrich (1993): Struktureigenschaften supervisorischer Praxis. Exemplarische Sequenzanalyse des Sitzungsprotokolls der Supervision eines psychoanalytisch orientierten Therapie-Teams im Methodenmodell der objektiven Hermeneutik. In: Bardé, Benjamin/Mattke, Dankwart (Hrsg.): Therapeutische Teams. Theorie – Empirie – Klinik. Göttingen: Vandenhoeck & Ruprecht, S. 248–265.

Oevermann, Ulrich (1993a): Die objektive Hermeneutik als unverzichtbare methodologische Grundlage für die Analyse von Subjektivität. Zugleich eine Kritik der Tiefenhermeneutik. In: Jung, Thomas/Müller-Doohm, Stefan (Hrsg.): ‚Wirklichkeit‘ im Deutungsprozeß. Verstehen und Methoden in den Kultur- und Sozialwissenschaften. Frankfurt am Main: Suhrkamp, S. 106–189.

Oevermann, Ulrich (1996): Konzeptualisierung von Anwendungsmöglichkeiten und praktischen Arbeitsfeldern der objektiven Hermeneutik. Manifest der objektiv hermeneutischen Sozialforschung, hect.

Oevermann, Ulrich/Allert, Tilman/Konau, Elisabeth/Krambeck, Jürgen (1979): Die Methodologie einer ‚objektiven Hermeneutik‘ und ihre allgemeine forschungslogische Bedeutung in den Sozialwissenschaften. In: Soeffner, Hans-Georg (Hrsg.): Interpretative Verfahren in den Sozial- und Textwissenschaften. Stuttgart: Metzler, S. 352–434.

Olk, Thomas/Hartnuß, Birger (2011): Bürgerschaftliches Engagement. In: Olk, Thomas/Hartnuß, Birger (Hrsg.): Handbuch Bürgerschaftliches Engagement. Weinheim und Basel: Beltz Juventa, S. 145–161.

Ossowski, Stanislaw (1971): La structure de classe dans la conscience sociale. Paris: Anthropos. Zuerst ersch. engl. 1963.

Oswald, Hans (2008): Sozialisation in Netzwerken Gleichaltriger. In: Hurrelmann, Klaus/Grundmann, Matthias/Walper, Sabine (Hrsg.): Handbuch Sozialisationsforschung. 7. Auflage. Weinheim und Basel: Beltz, S. 321–332.

Paris, Rainer (1998): Stachel und Speer: Machtstudien. Frankfurt am Main: Suhrkamp.

Paris, Rainer (2001): Warten auf Amtsfluren. In: Kölner Zeitschrift für Soziologie und Sozialpsychologie 53, H. 4, S. 705–733.

Park, Robert E. (2002): Migration und der Randseiter. In: Merz-Benz, Peter-Ulrich/Wagner, Gerhard (Hrsg.): Der Fremde als sozialer Typus. Konstanz: UVK-Verlagsgesellschaft, S. 55–72. Zuerst ersch. engl. 1928.

Peters, Manuel (2009): Zur sozialen Praxis der (Nicht-)Zugehörigkeiten. Die Bedeutung zentraler Theorien von Boudieu und Goffmann für einen Blick auf Migration, Zugehörigkeit und Interkulturelle Pädagogik. Oldenburg: BIS.

Pflüger, Nicole/Schmidt, Claudia (2004): Witze von Iranern in Deutschland. Universität Kassel. Fachbereich Gesellschaftswissenschaften. Projektarbeit im Weiterbildungsstudiengang Interkulturelle Kommunikation.

Piaget, Jean (1981): Das moralische Urteil beim Kinde. Frankfurt am Main: Suhrkamp. Zuerst ersch. franz. 1932.

Piaget, Jean (1983): Meine Theorie der geistigen Entwicklung. Frankfurt am Main: Fischer Taschenbuch Verlag. Zuerst ersch. engl. 1970.

Pieper, Tobias (2008): Das Lager als Struktur bundesdeutscher Flüchtlingspolitik. Eine empirische Untersuchung zur politischen Funktion des bürokratischen Umgangs mit MigrantInnen in Gemeinschaftsunterkünften und Ausreiseeinrichtungen in Berlin, Brandenburg und Bramsche/ Niedersachsen. refubium.fu-berlin.de/handle/fub188/2351 (Abfrage: 1.11.2022).

Pongratz, Hans J. (2005): Interaktionsstrukturen von Dienstleistungsbeziehungen. Machtanalytische Differenzierungen zum Thema ‚Kundenorientierung'. In: Jacobsen, Heike/Voswinkel, Stephan (Hrsg.): Der Kunde in der Dienstleistungsbeziehung. Beiträge zu einer Soziologie der Dienstleistung. Wiesbaden: VS Verlag für Sozialwissenschaften, S. 57–80.

Portes, Alejandro/Escobar, Cristina/Walton Radford, Alexandria (2005): Immigrant Transnational Organizations and Development. A Comparative Study. CMD Working Paper des Center for Migration and Development der Princeton University 05-07. https://cmd.princeton.edu/sites/cmd/ files/working-papers/papers/wp0507.pdf (Abfrage: 1.11.2022).

Prahl, Hans-Werner/Schroeter, Klaus R. (1996): Soziologie des Alterns: Eine Einführung. Paderborn, München, Wien und Zürich: Ferdinand Schöningh.

Preyer, Gerhard (2012): Rolle, Status, Erwartungen und soziale Gruppe. Mitgliedschaftstheoretische Reinterpretationen. Wiesbaden: VS Verlag für Sozialwissenschaften und Springer Fachmedien.

Pries, Ludger (2008): Die Transnationalisierung der sozialen Welt. Sozialräume jenseits von Nationalgesellschaften. Frankfurt am Main: Suhrkamp.

Pries, Ludger (2015): Florian W. Znaniecki und Willam I. Thomas ‚The Polish Peasent in Europe and America'. Eine Grundlegung der Soziologie und der Migrationsforschung. In: Reuter, Julia/ Mecheril, Paul (Hrsg.): Schlüsselwerke der Migrationsforschung. Pionierstudien und Referenztheorien. Wiesbaden: Springer Fachmedien, S. 11–29.

Pries, Ludger (2019): Soziologie: Schlüsselbegriffe, Herangehensweisen, Perspektiven. 4. Auflage. Weinheim und Basel: Beltz Juventa.

Przyborski, Aglaja/Wohlrab-Sahr, Monika (2010): Qualitative Sozialforschung. Ein Arbeitsbuch. 3 Auflage. München: Oldenbourg Wissenschaftsverlag.

Raab, Jürgen (2008): Erving Goffman. Konstanz: UVK Verlagsgesellschaft.

Ramge, Hans (1980): Korrekturhandlungen von Lehrern im Deutschunterricht. In: Ramge, Hans (Hrsg.): Studien zum sprachlichen Handeln im Unterricht. Gießen: Wilhelm Schmitz, S. 132–157.

Rehwinkel, Maximilian (2016): Ist eine Gemeinschaftsunterkunft für Geflüchtete eine Totale Institution? Eine ethnografische Studie in einer Gemeinschaftsunterkunft in Mitteldeutschland. Hochschule Fulda. Fachbereich Sozial- und Kulturwissenschaften. Abschlussarbeit im Bachelorstudiengang Sozialwissenschaften mit Schwerpunkt interkulturelle Beziehungen.

Reichertz, Jo (1994): Von Gipfeln und Tälern: Bemerkungen zu einigen Gefahren die den objektiven Hermeneuten erwarten. In: Garz, Detlef/Kraimer, Klaus (Hrsg.): Die Welt als Text. Theorie, Kritik und Praxis der objektiven Hermeneutik. Frankfurt am Main: Suhrkamp, S. 125–152.

Reiger, Horst (2000): Face-to-face-Interaktion. Zur Soziologie Erving Goffmans. 3. Auflage. Frankfurt am Main, Berlin, Bern, Brüssel, New York, Oxford und Wien: Europäischer Verlag der Wissenschaften.

Riedel, Almut (1988): Untersuchungen zur sprachlichen Situation französischer Fremdarbeiter zur Zeit des Nationalsozialismus. Freie Universität Berlin. Institut für Romanistik. Wissenschaftliche Hausarbeit zur Ersten Staatsprüfung für das Amt des Studienrats.

Riedel, Almut (2001): Ethnische Zuordnung und soziale Ungleichheit in face-to-face-Interaktionen. Drei Fallbeispiele aus sprachsoziologischer Perspektive. In: Weiß, Anja/Koppetsch, Cornelia, Scharenberg, Albert/Schmidtke, Oliver (Hrsg.): Klasse und Klassifikation. Die symbolische Dimension sozialer Ungleichheit. Wiesbaden: Westdeutscher Verlag, S. 221–242.

Riemann, Gerhard (2003): A Joint Project Against the Backdrop of a Research Tradition: An Introduction to ‚Doing Biographical Research'. In: FQS. Forum Qualitative Sozialforschung 4, H. 3, Art. 18. www.academia.edu/es/45282437/A_Joint_Project_Against_the_Backdrop_of_a_Research_Tradition_An_Introduction_into_Doing_Biographical_Research (Abfrage: 1.11.2022).

Riesner, Silke (1990): Junge türkische Frauen der zweiten Generation in der Bundesrepublik Deutschland. Eine Analyse von Sozialisationsbedingungen und Lebensentwürfen anhand lebensgeschichtlich orientierter Interviews. Frankfurt am Main: IKO-Verlag für Interkulturelle Kommunikation.

Riley, Matilda White (1963): Unit two. Descriptive Case Studies. Commentary. In: Riley, Matilda White (Hrsg.): Sociological Research. Band 1. Case Approach. New York: Harcourt, Brace & World, S. 57–75.

Rosenthal, Gabriele/Fischer-Rosenthal, Wolfram (2004): 5.11 Analyse narrativ-biographischer Interviews. In: Flick, Uwe/von Kardorff, Ernst/Steinke, Ines (Hrsg.): Qualitative Forschung. Ein Handbuch. 3. Auflage. Reinbek: Rowohlt Taschenbuch Verlag, S. 456–468.

Rucht, Dieter/Neidhardt, Friedhelm (2020): Soziale Bewegungen und kollektive Aktionen. In: Joas, Hans/Mau, Steffen (Hrsg.): Lehrbuch der Soziologie. 4. Auflage. Frankfurt am Main: Campus, S. 831–864.

Rühmann, Lea (2020): Teilhabechancen von Geflüchteten am gesellschaftlichen Leben durch partizipativ und kollaborativ organisierte Vereine am Fallbeispiel ‚Welcome! Fulda e. V.‘. Hochschule Fulda. Fachbereich Sozial- und Kulturwissenschaften. Abschlussarbeit im Masterstudiengang Intercultural Communication and European Studies.

Schäfers, Bernhard (1984): Goffman, Erving. In: Bernsdorf, Wilhelm/Knospe, Horst (Hrsg.): Internationales Soziologenlexikon. Band 2. Beiträge über lebende oder nach 1969 verstorbene Soziologen. Stuttgart: Ferdinand Enke, S. 289–290.

Schäfers, Bernhard (1999): Primärgruppen. In: Schäfers, Bernhard (Hrsg.): Einführung in die Gruppensoziologie. Geschichte, Theorien, Analysen. 3. Auflage. Wiesbaden: Quelle & Meyer, S. 97–112.

Schäfers, Bernhard (2016): Lektion II. Soziales Handeln und seine Grundlagen: Normen, Werte, Sinn. In: Korte, Hermann/Schäfers, Bernhard (Hrsg.): Einführung in Hauptbegriffe der Soziologie. 9. Auflage. Wiesbaden: Springer VS, S. 23–48.

Schäfers, Bernhard (2016a): Die Soziale Gruppe. In: Korte, Hermann/Schäfers, Bernhard (Hrsg.): Einführung in Hauptbegriffe der Soziologie. 9. Auflage. Wiesbaden: Springer VS, S. 153–172.

Schatzmann, Leonard/Strauss, Anselm L. (1979): Strategien des Eintritts. In: Gerdes, Klaus (Hrsg.): Explorative Sozialforschung. Einführende Beiträge aus ‚Natural Sociology‘ und Feldforschung in den USA. Stuttgart: Ferdinand Enke, S. 77–93. Zuerst ersch. engl. 1970.

Schegloff, Emanuel A. (1988): Goffmann and the Analysis of Conversation. In: Drew, Paul/Wootton, Anthony (Hrsg.): Erving Goffman. Exploring the Interaction Order. Cambridge und Oxford: Polity Press und Basil Blackwell, S. 89–135.

Schelsky, Helmut (1960): Die skeptische Generation. Eine Soziologie der deutschen Jugend. 4. Auflage. Düsseldorf und Köln: Eugen Diederichs.

Scherschel, Karin (2013): Transnationale Asylräume. In: Soeffner, Klaus-Georg (Hrsg.): Transnationale Vergesellschaftungen. Verhandlungen des 35. Kongress der Deutschen Gesellschaft für Soziologie in Frankfurt am Main 2010. Band 2. Sektionsveranstaltungen. Sektion 45. Biographieforschung – Rechtssoziologie. Wiesbaden: Springer Fachmedien, CD-Rom.

Scheuch, Erwin K./Kutsch, Thomas (1975): Grundbegriffe der Soziologie. Bd. 1 Grundlegung und elementare Phänomene. 2. Auflage. Stuttgart: B. G. Teubner.

Schiffauer, Werner (2017): Einleitung. Eine neue Bürgerbewegung. In: Schiffauer, Werner/Eilert, Anne/Rudloff, Marlene (Hrsg.): So schaffen wir das – eine Zivilgesellschaft im Aufbruch. 90 wegweisende Projekte mit Geflüchteten. Bielefeld: transcript, S. 13–34.

Schiffauer, Werner/Eilert, Anne/Rudloff, Marlene (Hrsg.): So schaffen wir das – eine Zivilgesellschaft im Aufbruch. 90 wegweisende Projekte mit Geflüchteten. Bielefeld: transcript.

Schimank, Uwe (2020): Gruppen und Organisationen. In: Joas, Hans/Mau, Steffen (Hrsg.): Lehrbuch der Soziologie. 4. Auflage. Frankfurt am Main: Campus, S. 321–346.

Schimank, Uwe/Volkmann, Ute (2000) (Hrsg.): Soziologische Gegenwartsdiagnosen I. Eine Bestandsaufnahme. Opladen: Leske + Budrich.

Schirm, Stefan A. (2006): Analytischer Überblick: Stand und Perspektiven der Globalisierungserforschung. In: Schirm, Stefan A. (Hrsg.): Globalisierung. Forschungsstand und Perspektiven. Bonn: Bundeszentrale für politische Bildung, S. 11–34.

Schmidt-Grunert, Marianne (1997): Soziale Arbeit mit Gruppen. Eine Einführung. Freiburg im Breisgau: Lambertus.

Schmieder, Arnold (1984): Identität. In: Kerber, Harald/Schmiederer, Arnold (Hrsg.): Handbuch Soziologie. Zur Theorie und Praxis sozialer Beziehungen. Reinbek: Rowohlt Taschenbuch Verlag, S. 229–234.

Schröer, Norbert/Nwokey, Lois Chidalu/Zerisenai, Adiam (2015): Qualitatives Interviewen als Beziehungsarbeit. In: Poferl, Angelika/Reichertz, Jo (Hrsg.): Wege ins Feld – methodologische Aspekte des Feldzugangs; Beiträge der 4. Fuldaer Feldarbeitstage 5./6. Juli 2013. Essen: Oldib, S. 384–401.

Schulte-Zurhausen, Manfred (2001): Schnittstelle Marketing und Organisation. In: Pepels, Werner (Hrsg.): Organisationsgestaltung in marktorientierten Unternehmen. Heidelberg: I. H. Sauer, S. 17–47.

Schulze, Gerhard (1992): Die Erlebnisgesellschaft. Kultursoziologie der Gegenwart. Frankfurt am Main und New York: Campus.

Schütz, Alfred (2002): Der Heimkehrer. In: Merz-Benz, Peter-Ulrich/Wagner, Gerhard (Hrsg.): Der Fremde als sozialer Typus. Konstanz: UVK-Verlagsgesellschaft, S. 93–110. Zuerst ersch. engl. 1945.

Schütze, Fritz (1977): Die Technik des narrativen Interviews in Interaktionsfeldstudien – dargestellt an einem Projekt zur Erforschung von kommunalen Machtstrukturen. Bielefeld: hect.

Schütze, Fritz (1987): Symbolischer Interaktionismus. In: Ammon, Ulrich/Dittmar, Norbert/Mattheier Klaus J. (Hrsg.): Sociolinguistics. Soziolinguistik. An International Handbook oft the Science of Language and Society. Ein internationales Handbuch zur Wissenschaft von Sprache und Gesellschaft. Erster Halbband. Berlin und New York: Walter de Gruyter, S. 520–553.

Schütze, Fritz (2001): Rätselhafte Stellen im narrativen Interview und ihre Analyse. In: Handlung, Kultur, Interpretation 10, H. 1, S. 12–28.

Schwonke, Martin (1980): Die Gruppe als Paradigma der Vergesellschaftung. In: Schäfers, Bernhard (Hrsg.): Einführung in die Gruppensoziologie. Geschichte, Theorien, Analysen. 3. Auflage. Wiesbaden: Quelle & Meyer, S. 37–53.

Simmel, Georg (1995): Das Gebiet der Soziologie (1917). In: Dahme, Heinz-Jürgen/Rammstedt, Otthein (Hrsg.): Georg Simmel. Schriften zur Soziologie. Eine Auswahl. 5. Auflage. Frankfurt am Main: Suhrkamp, S. 37–50.

Simmel, Georg (1995a): Soziologie der Konkurrenz (1903). In: Dahme, Heinz-Jürgen/Rammstedt, Otthein (Hrsg.): Georg Simmel. Schriften zur Soziologie. Eine Auswahl. 5. Auflage. Frankfurt am Main: Suhrkamp, S. 173–193.

Simmel, Georg (1995b): Zur Psychologie der Mode. Soziologische Studie (1895). In: Dahme, Heinz-Jürgen/Rammstedt, Otthein (Hrsg.): Georg Simmel. Schriften zur Soziologie. Eine Auswahl. 5. Auflage. Frankfurt am Main: Suhrkamp, S. 131–139.

Simmel, Georg (1995c): Zur Psychologie der Scham (1901). In: Dahme, Heinz-Jürgen/Rammstedt, Otthein (Hrsg.): Georg Simmel. Schriften zur Soziologie. Eine Auswahl. 5. Auflage. Frankfurt am Main: Suhrkamp, S. 140–150.

Simmel, Georg (1995d): Psychologie des Schmuckes (1908). In: Dahme, Heinz-Jürgen/Rammstedt, Otthein (Hrsg.): Georg Simmel. Schriften zur Soziologie. Eine Auswahl. 5. Auflage. Frankfurt am Main: Suhrkamp, S. 159–166.

Simmel, Georg (1995e): Psychologie der Diskretion (1906). In: Dahme, Heinz-Jürgen/Rammstedt, Otthein (Hrsg.): Georg Simmel. Schriften zur Soziologie. Eine Auswahl. 5. Auflage. Frankfurt am Main: Suhrkamp, S. 151–158.

Simmel, Georg (1995 f.): Die quantitative Bestimmtheit der Gruppe (1908). In: Dahme, Heinz-Jürgen/Rammstedt, Otthein (Hrsg.): Georg Simmel. Schriften zur Soziologie. Eine Auswahl. 5. Auflage. Frankfurt am Main: Suhrkamp, S. 243–263.

Simmel, Georg (1995 g): Die Arbeitsteilung als Ursache für das Auseinandertreten der subjektiven und der objektiven Kultur (1900). In: Dahme, Heinz-Jürgen/Rammstedt, Otthein (Hrsg.): Georg Simmel. Schriften zur Soziologie. Eine Auswahl. 5. Auflage. Frankfurt am Main: Suhrkamp, S. 95–128.

Simmel, Georg (1995h): Das Geld in der modernen Kultur (1896). In: Dahme, Heinz-Jürgen/Rammstedt, Otthein (Hrsg.): Georg Simmel. Schriften zur Soziologie. Eine Auswahl. 5. Auflage. Frankfurt am Main: Suhrkamp, S. 78–94.

Simmel, Georg (1995i): Die Großstädte und das Geistesleben. In: Rammstedt, Otthein (Hrsg.): Georg Simmel Gesamtausgabe. Band 7. Frankfurt am Main: Suhrkamp, S. 116–131. Zuerst ersch. 1903.

Simmel, Georg (1995j): Soziologie des Raumes (1903). In: Dahme, Heinz-Jürgen/Rammstedt, Otthein (Hrsg.): Georg Simmel. Schriften zur Soziologie. Eine Auswahl. 5. Auflage. Frankfurt am Main: Suhrkamp, S. 221–242.

Simmel, Georg (1995k): Die Ausdehnung der Gruppe und der Ausbildung der Individualität (1888). In: Dahme, Heinz-Jürgen/Rammstedt, Otthein (Hrsg.): Georg Simmel. Schriften zur Soziologie. Eine Auswahl. 5. Auflage. Frankfurt am Main: Suhrkamp, S. 53–60.

Soeffner, Hans-Georg (1980): Überlegungen zur sozialwissenschaftlichen Hermeneutik am Beispiel der Interpretation eines Textausschnittes aus einem ‚freien‘ Interview. In: Heinze, Thomas/Klusemann, Hans-W./Soeffner, Hans-Georg (Hrsg.): Interpretation einer Bildungsgeschichte. Überlegungen zur sozialwissenschaftlichen Hermeneutik. Bensheim: päd.extra, S. 70–96.

Strauss, Anselm L. (1987): Qualitative Analysis for Social Scientists. Cambridge, New York, Port Chester, Melbourne und Sydney: Cambridge University Press.

Strauss, Anselm L./Corbin, Juliet (1996): Grounded Theory: Grundlagen qualitativer Sozialforschung. Weinheim und Basel: Beltz. Zuerst ersch. engl. 1990.

Stricker, Michael (2011): Ehrenamt. In: Olk, Thomas/Hartnuß, Birger (Hrsg.): Handbuch Bürgerschaftliches Engagement. Weinheim und Basel: Beltz Juventa, S. 163–171.

Strübing, Jörg (2004): Grounded Theory: Zur sozialtheoretischen und epistemologischen Fundierung des Verfahrens der empirisch begründeten Theoriebildung. Wiesbaden: VS Verlag für Sozialwissenschaften.

Studer, Urban M. (1996): Evaluation des Suchttherapie-Zentrums für Drogenabhängige ‚Start again‘. Zwischenbericht zuhanden des Bundesamts für Justiz. Schwerpunkt Methodik und Methodologie der Evaluationsstudie. Zürich, hect.

Sutter, Hansjörg (1994): Oevermanns methodologische Grundlegung rekonstruktiver Sozialwissenschaften. Das zentrale Erklärungsproblem und dessen Lösung in den forschungspraktischen Verfahren einer strukturalen Hermeneutik. In: Garz, Detlef/Kraimer, Klaus (Hrsg.): Die Welt als Text. Theorie, Kritik und Praxis der objektiven Hermeneutik. Frankfurt am Main: Suhrkamp, S. 23–72.

Taylor, Charles (1997): Multikulturalismus und die Politik der Anerkennung. Frankfurt am Main: Fischer Taschenbuch. Zuerst ersch. engl. 1992.

Tegethoff, Hans Georg (1999): Soziale Gruppen und Individualisierung. Ansätze und Grundlagen einer revidierten Gruppenforschung. Neuwied und Kriftel: Hermann Luchterhand.

Tertilt, Hermann (1996): Turkish Power Boys. Ethnographie einer Jugendbande. Frankfurt am Main: Suhrkamp.

Therborn, Göran (2010): Globalisierung und Ungleichheit. Mögliche Erklärungen und Fragen der Konzeptualisierung. In: Beck, Ulrich/Poferl, Angelika (Hrsg.): Große Armut, großer Reichtum. Zur Transnationalisierung sozialer Ungleichheit. Berlin: Suhrkamp, S. 53–109.

Thomas, William I./Znaniecki, Florian W. (1918–1920): The Polish Peasant in Europe and America. Monograph of an Immigrant Group. 5 Bände. Boston: Richard G. Badger.

Tippelt, Rudolf (2020): Idealtypen konstruieren und Realtypen verstehen – Merkmale der Typenbildung. In: Ecarius, Jutta/Schäffer, Burkhard (Hrsg.): Typenbildung und Theoriegenerierung. Methoden und Methodologien qualitativer Bildungs- und Biographieforschung. 2. Auflage. Opladen, Berlin und Toronto: Barbara Budrich, S. 207–221.

Titscher, Stefan/Meyer, Michael/Wodak, Ruth/Vetter, Eva (2000): Methods of text and discourse analysis. London/Thousand Oaks/New Delhi: SAGE Publications

Treibel, Anette (2006): Einführung in soziologische Theorien der Gegenwart. 7. Auflage. Wiesbaden: VS Verlag für Sozialwissenschaften und GWV Fachverlage.

Treibel, Annette (1999): Migration in modernen Gesellschaften. Soziale Folgen von Einwanderung, Gastarbeit und Flucht. 2. Auflage. Weinheim und München: Juventa.

Treiber, Hubert (2007): Macht – ein soziologischer Grundbegriff. In: Gostmann, Peter/Merz-Benz, Peter-Ulrich (Hrsg.): Macht und Herrschaft. Zur Revision zweier soziologischer Grundbegriffe. Wiesbaden: VS Verlag für Sozialwissenschaften, S. 49–62.

Tucci, Ingrid (2010): Prozesse sozialer Distanzierung in Zeiten ökonomischen und sozialen Wandels: Migrantennachkommen in Frankreich und Deutschland. In: Soeffner, Hans-Georg (Hrsg.): Unsichere Zeiten. Herausforderungen gesellschaftlicher Transformationen. Verhandlungen des 34. Kongresses der Deutschen Gesellschaft für Soziologie in Jena 2008. Band 1. Wiesbaden: VS Verlag für Sozialwissenschaften und Springer Fachmedien, S. 191–205.

Tuckman, Bruce W. (1965): Developmental Sequence in Small Groups. In: Psychological Bulletin 63, H. 6, S. 384–399. athena.ecs.csus.edu/~buckley/CSc190/GROUP DEV ARTICLE.pdf (Abfrage: 1.11.2022).

TV 2 Dänemark (2017): All That We Share. Übersetzung von Zukar. www.youtube.com/watch?v=jD8tjhVO1Tc (Abfrage: 1.11.2022).

Uwe, Flick/von Kardorff, Ernst/Steinke, Ines (2015) (Hrsg.): Qualitative Forschung. Ein Handbuch. 11. Auflage. Reinbek: Rowohlt Taschenbuch Verlag.

Van Sonderen, Eric/Ormel, Johan/Brilman, Els/Van Linden van den Heuvell, Chiquit (1990): Personal Network Delineation: A Comparison oft he Exchange, Affective and Role-Relation Approach. In: Knipscheer, Kees C. P. M./Antonucci, Toni C. (Hrsg.): Social Network Research: Substantive Issues and Methodological Questions. Amsterdam, Rockland und Berwyn: Swets and Zeitlinger, S. 101–120.

Veblen, Thorstein (2010): Der demonstrative Konsum. In: Neckel, Sighard/Mijić, Ana/von Scheve, Christian/Titton, Monica (Hrsg.): Sternstunden der Soziologie. Wegweisende Theoriemodelle des soziologischen Denkens. Frankfurt am Main und New York: Campus, S. 429–447. Zuerst ersch. engl. 1899.

Verschueren, Jef (2006): Identity as Denial of Diversity. In: Penas Ibáñez, Beatriz/López Sáenz, Ma Carmen (Hrsg.): Interculturalism. Between Identity and Diversity. Bern, Berlin, Bruxelles, Frankfurt am Main, New York, Oxford und Wien: Peter Lang, S. 147–158. Zuerst ersch. 2004.

Vertovec, Steven (2007): Super-Diversity and ist Implications. In: Ethnic and Racial Studies 30, H. 6, S. 1024–1054.

Vester, Michael (1997): Soziale Milieus und Individualisierung. Mentalitäten und Konfliktlinien im historischen Wandel. In: Beck, Ulrich/Sopp, Peter (1997) (Hrsg.): Individualisierung und Integration. Neue Konfliktlinien und neuer Integrationsmodus? Opladen: Leske + Budrich, S. 99–123.

Vester, Michael/Gardemin, Daniel (2001): Milieu und Klassenstruktur. Auflösung, Kontinuität oder Wandel der Klassengesellschaft? In: Rademacher, Claudia/Wiechens, Peter (Hrsg.): Geschlecht – Ethnizität – Klasse. Zur sozialen Konstruktion von Hierarchie und Differenz. Opladen: Leske + Budrich, S. 219–274.

Vidal, Dominique (2006): Der erfundene Kampf der Kulturen. In: Gresh, Alain/Radvanyi, Jean/Rekacewicz, Philippe/Samary, Catherine/Vidal, Dominique (Hrsg.): Atlas der Globalisierung. Paris und Berlin: Le Monde diplomatique und taz, S. 42–43.

Volkmer, Michael/Werner, Karin (Hrsg.) (2020): Die Corona-Gesellschaft. Analysen zur Lage und Perspektiven für die Zukunft. Bielefeld: transcript.

Von Flotow, Paschen/Schmidt, Johannes (2000): Die ‚Doppelrolle des Geldes' bei Simmel und ihre (fehlende) Entsprechung in der modernen Wirtschaftstheorie. In: Backhaus, Jürgen G./Stadermann, Hans-Joachim (Hrsg.): Georg Simmels Philosophie des Geldes. Einhundert Jahre danach. Marburg: Metropolis-Verlag für Ökonomie, Gesellschaft und Politik, S. 61–94.

Von Kardorff, Ernst (1991): Goffmans Anregungen für soziologische Handlungsfelder. In: Hettlage, Robert/Lenz, Karl (Hrsg.): Erving Goffman – ein soziologischer Klassiker der zweiten Generation. Bern und Stuttgart: Paul Haupt, S. 327–354.

Von Kardorff, Ernst (2009): Goffmans Stigma-Identitätskonzept – neu gelesen. In: Willems, Herbert (Hrsg.): Theatralisierung der Gesellschaft. Band 1. Soziologische Theorie und Zeitdiagnose. Wiesbaden: VS Verlag Sozialwissenschaften, S. 137–161.

Walgenbach, Katharina/Grohs, Telse S. (2006): Einleitung zum virtuellen Seminar im Mai 2006. Interdependenzen – Geschlecht, Ethnizität und Klasse. http://www.geschlecht-ethnizitaet-klasse.org (Abfrage: 6.10.2006).

Wallerstein, Immanuel (2010): Klassenanalyse und Weltsystemanalyse. In: Beck, Ulrich/Poferl, Angelika (Hrsg.): Große Armut, großer Reichtum. Zur Transnationalisierung sozialer Ungleichheit. Berlin: Suhrkamp, S. 171–205, zuerst ersch. engl. 1979.

Wallner, Ernst M./Pohler-Funke, Margret (1977): Soziologische Hauptströmungen der Gegenwart. Heidelberg: Quelle + Meyer.

Watzlawick, Paul Beavin, Janet H./Jackson Don D. (1982): Menschliche Kommunikation. Formen, Störungen, Paradoxien. 6. Auflage. Bern, Stuttgart und Wien: Huber. Zuerst ersch. engl. 1967.

Weber, Max (1980): Wirtschaft und Gesellschaft. Grundriß der verstehenden Soziologie. 5. Auflage. Tübingen: Mohr. Zuerst ersch. 1922.

Weber, Max (2002): Die drei reinen Typen der legitimen Herrschaft. Eine soziologische Studie (1922). In: Kaesler, Dirk (Hrsg.): Max Weber. Schriften 1894–1922. Stuttgart: Alfred Kröner, S. 717–733.

Weber, Max (2006): Die Protestantische Ethik und der Geist des Kapitalismus. In: Weber, Max: Religion und Gesellschaft. Gesammelte Aufsätze zur Religionssoziologie. Frankfurt am Main: Zweitausendeins, S. 23–183. Zuerst ersch. 1904/5.

Weber, Roland (1984): Lebensbedingungen und Alltag der Stadtstreicher in der Bundesrepublik. Bielefeld: VSH Verlag Soziale Hilfe.

Weiß, Johannes (1992): Max Weber. Grundlegung der Soziologie. 2 Auflage. München, London, New York und Paris: K. G. Saur.

Wellman, Barry/Carrington, Peter J./Hall, Alan (1988): Networks as Personal Communities. In: Wellman, Barry/Berkowitz, S. D. (Hrsg.): Social Structures: A Network Approach. Cambridge, New York, New Rochelle, Melbourne und Sydney: Cambridge University Press, S. 130–184.

Welt Nachrichtensender (2020): Aktion vor Reichstag: 13.000 Stühle werben für die Aufnahme von Flüchtlingen in Deutschland. www.youtube.com/watch?v=Zd55RSqQ_7c (Abfrage: 1.11.2022).

West, Candace/Zimmerman, Don H. (1987): Doing Gender. In: Gender and Society 1, H. 2, S. 125–151.

Weymann, Ansgar (2007): 4. Interaktion, Institution und Gesellschaft. In: Joas, Hans (Hrsg.): Lehrbuch der Soziologie. 3. Auflage. Frankfurt am Main und New York: Campus, S. 107–135.

Whyte, William Foote (1992): In Defense of Street Corner Society. In: Journal of Contemporary Ethnography 21, H. 1, S. 52–68.

Whyte, William Foote (1993): Street Corner Society. The Social Structure of an Italien Slum. 4. Auflage. Chicago und London: The University of Chicago Press. Zuerst ersch. 1943.

Wieland, Dirk (2002): Sozialstruktur und Individualisierung: objektive und subjektive Dimensionen sozialer Ungleichheit. Universität Kassel. Inauguraldissertation zur Erlangung des Grades eines Dr. rer. pol. https://kobra.uni-kassel.de/bitstream/handle/123456789/296/dis1428_05.pdf?sequence=1&isAllowed=y (Abfrage am 1.11.2022).

Willems, Herbert (1997): Rahmen und Habitus. Zum theoretischen und methodischen Ansatz Erving Goffmans: Vergleiche, Anschlüsse und Anwendungen. Frankfurt am Main: Suhrkamp.

Willis, Paul (2013) Learning to Labour: How Working Class Kids get Working Class Jobs. Spaß am Widerstand. Hamburg: Argument. Zuerst ersch. engl. 1978.

Willmann, Sarah (2016): Politische Selbstorganisation Geflüchteter. Eine gemeinsame Stimme – Kampf um Menschenwürde und Gleichberechtigung. Hochschule Fulda. Fachbereich Sozial- und Kulturwissenschaften. Abschlussarbeit im Bachelorstudiengang Sozialwissenschaften mit Schwerpunkt interkulturelle Beziehungen.

Wilpert, Czarina (1980): Die Zukunft der Zweiten Generation: Erwartungen und Verhaltensmöglichkeiten ausländischer Kinder. Königstein im Taunus: Anton Hain.

Witterstätter, Kurt (2000): Soziale Sicherung. Eine Einführung für Sozialarbeiter/Sozialpädagogen mit Fallbeispielen. 5. Auflage. Neuwied: Hermann Luchterhand.

Wobbe, Theresa/Nunner-Winkler, Gertrud (2007): 11. Geschlecht und Gesellschaft. In: Joas, Hans (Hrsg.): Lehrbuch der Soziologie. 3. Auflage. Frankfurt am Main und New York: Campus, S., S. 287–312.

Wohlrab-Sahr, Monika (2003): Objektive Hermeneutik. In: Bohnsack, Ralf/Marotzki, Winfried/Meuser, Michael (Hrsg.): Hauptbegriffe qualitative Sozialforschung. Ein Wörterbuch. Opladen: Leske + Budrich, S. 123–128.

Wolff, Stephan (1997): Disziplinierte Subjektivität. Strategien der ‚Enthaltsamkeit‘ in der qualitativen Forschung. Tagung der Sektion Sprachsoziologie der Deutschen Gesellschaft für Soziologie. ‚Hier und jetzt‘ und Anderswo. Wo findet das Soziale statt? Universität Bielefeld. 6.6.1997.

Wolff, Stephan (2004): Wege ins Feld und ihre Varianten. In: Flick, Uwe/von Kardorff, Ernst/Steinke, Ines (Hrsg.): Qualitative Forschung. Ein Handbuch. 3. Auflage. Reinbek: Rowohlt Taschenbuch, S. 334–349.

Yildiz, Erol (2010): Die Öffnung der Orte zur Welt und postmigrantische Lebensentwürfe. In: SWS-Rundschau 50, H. 3, S. 318–339.

Zentrum für Politische Schönheit (2014) Kindertransporthilfe des Bundes. politicalbeauty.de/kindertransporthilfe.html (Abfrage: 1.11.2022).

Zick, Andreas (1997): Vorurteile und Rassismus. Eine sozialpsychologische Analyse. Münster, New York, München und Berlin: Waxmann.

Zimmermann, Germo (2015): Anerkennung und Lebensbewältigung im freiwilligen Engagement. Eine qualitative Studie zur Inklusion benachteiligter Jugendlicher in der Kinder- und Jugendarbeit. Bad Heilbrunn: Klinkhardt.

Zwengel, Almut (2004): Je fremdländischer desto einheimischer? Fallstudien zu Integrationsdynamiken bei nordafrikanischen Einwanderern in Frankreich. Wiesbaden: Deutscher Universitäts-Verlag und GWV Fachverlage.

Zwengel, Almut (2004a): Autonomie durch Sprachkenntnisse. Überlegungen zu Deutschkursen für Migrantinnen in Kitas und Schulen ihrer Kinder. In: Deutsch als Zweitsprache H. 2, S. 18–23.

Zwengel, Almut (2006): Schwarz und weiß. Ein work-camp als Zugang zu Alltagspraktiken in Westafrika. In: Interkulturell und global H. 3/4, S. 240–255.

Zwengel, Almut (2009): Grundrechte in Orientierungskursen. Eine Studie zur Perspektive der Teilnehmer/innen. In: Deutsch als Zweitsprache H. 4, S. 44–52. Zuerst ersch. 2008.

Zwengel, Almut (2010): Von kulturellen Differenzen zur Kultur der Differenz. Überlegungen zu einem Paradigmenwechsel. In: Müller, Marion/Zifonun, Dariuš (Hrsg.): Ethnowissen. Soziologische Beiträge zu ethnischer Differenzierung und Migration. Wiesbaden: VS Verlag für Sozialwissenschaften und Springer Fachmedien, S. 451–463.

Zwengel, Almut (2011): Seinen Weg gehen. Integrationsvorstellungen lokaler Experten. In: Neue Praxis 41, H. 2., S. 144–156.

Zwengel, Almut (2012): Goffman und die Macht – Chancen zur Thematisierung des Nichtthematisierten. In: Imbusch, Peter (Hrsg.): Macht und Herrschaft. Sozialwissenschaftliche Theorien und Konzeptionen. 2. Auflage. Wiesbaden: Springer Fachmedien, S. 285–301.

Zwengel, Almut (2015): Ein Freund, ein guter Freund... Der Feldzugang in der ‚Street Corner Society‘ von W. F. Whyte. In: Poferl, Angelika/Reichertz, Jo (Hrsg.): Wege ins Feld – Methodologische Aspekte des Feldzugangs. Beiträge der 4. Fuldaer Feldarbeitstage. Essen: Oldib, S. 172–187.

Zwengel, Almut (2015a): William Foote Whyte: ‚Street Corner Society. The Social Structure of an Italian Slum‘. Leben in deiner Jugendgang als Forschungsmethode und -gegenstand. In: Reuter, Julia/Mecheril, Paul (Hrsg.): Schlüsselwerke der Migrationsforschung. Pionierstudien und Referenztheorien, Wiesbaden: Springer Fachmedien, S. 113–127.

Zwengel, Almut (2015b): Stereotype, Vorurteile und Klischees als neue Tabus. In: neue praxis 45, H. 3, S. 243–254.

Zwengel, Almut (2015c): Strategien der Interessenvertretung und der Verständnissicherung – Wenn Kinder Gespräche zwischen eingewanderten Müttern und Lehrpersonen dolmetschen. In: Hauser, Stefan/Mundwiler, Vera (Hrsg.): Sprachliche Interaktion in schulischen Elterngesprächen. Bern: hep, S. 125–149.

Zwengel, Almut (2016): Zum Stellenwert von Teilnahme und von Beobachtung. Wie Fragestellungen zu Alltagspraktiken aus einem Feldaufenthalt in Westafrika entstanden. In: Hitzler, Ronald/Kreher. Simone/Poferl, Angelika/Schröer, Norbert (Hrsg.): Old School – New School? Zur Frage der Optimierung ethnographischer Datengenerierung. Essen: Oldib, S. 247–260.

Zwengel, Almut (2016a): Über Stereotype und Vorurteile. Grundsätzliche Überlegungen und Analyse von Kommentaren zu den Übergriffen in der letzten Silvesternacht in Köln. In: Demokratie gegen Menschenfeindlichkeit 1, H. 2, S. 115–127.

Zwengel, Almut (2017): 30 Jahre TV-Serie Lindenstraße: Zur Vorstellung gelingenden interkulturellen Zusammenlebens durch Nähe. Beitrag zur Veranstaltung ‚Gesellschaftsentwürfe im Film und Fernsehen der Gegenwart‘ der Sektion Medien- und Kommunikationssoziologie. In: Lessenich, Stephan (Hrsg.): Geschlossene Gesellschaften. Verhandlungen des 38. Kongresses der Deutschen Gesellschaft für Soziologie in Bamberg 2016. publikationen.soziologie.de/index.php/kongressband_2016/article/download/335/pdf_2 (Abfrage: 1.11.2022).

Zwengel, Almut (2018): Zusammenleben mit Zu- und Eingewanderten. Eine Einführung in die Migrationssoziologie. Weinheim und Basel: Beltz Juventa.

Zwengel, Almut (2018a): Interkulturalität im Wandel. Eine an der Grounded Theory orientierte Analyse der TV-Serie ‚Lindenstraße‘. In: Moritz, Christine/Corsten, Michael (Hrsg.): Handbuch Qualitative Videoanalyse. Wiesbaden: Springer Fachmedien, S. 691–715.

Zwengel, Almut (2018b): Sprachliche Vielfalt in der TV-Serie ‚Lindenstraße‘. Zur Förderung der Akzeptanz einer neuen gesellschaftlichen Praxis. In: Deutsch als Fremdsprache 55, H. 2, S. 82–90.

Zwengel, Almut (2019): Erfolg, Dankbarkeit und Anerkennung. Zur Verstetigung ehrenamtlichen Engagements für Geflüchtete. In: neue praxis 49, H. 6, S. 510–526. fuldok.hs-fulda.de/opus4/

frontdoor/deliver/index/docId/848/file/Ehrenamt_Verstätigung_Veroeffentlichung.pdf (Abfrage: 1.11.2022).

Zwengel, Almut (2019a): Die Separierung der Geschlechter. Ihre Relevanz für Interaktionen zwischen Geflüchteten und ehrenamtlich für sie Engagierten. In: GENDER. Zeitschrift für Geschlecht, Kultur und Gesellschaft 11, H. 1, S. 140–155. https://www.budrich-journals.de/index.php/gender/article/view/32896 (Abfrage: 1.11.2022).

Zwengel, Almut (2019b): Sprachliche Regression im narrativen Interview. Eine Migrantin erinnert sich. In: Roslon, Michael/Bettmann, Richard (Hrsg.): Interkulturelle Qualitative Sozialforschung. 2. Auflage. Wiesbaden: Springer Fachmedien, S. 69–85.

Zwengel, Almut (2020): Für einen pragmatischen Umgang mit der grounded theory. Methodische Grundprinzipien und Anwendungsbeispiele. In: neue praxis 50, H. 6, S. 534–551. https://www.hs-fulda.de/fileadmin/user_upload/FB_SK/Meldung/Meldungen-2022/2022-07/Grounded_theory_Veroeffentlichung.pdf (Abfrage: 1.11.2022).

Zwengel, Almut (2021): Spaß und Respekt. Blick von ehrenamtlich für Geflüchtete Engagierten auf ihre Praxis. In: Betz, Gregor/Halatcheva-Trapp, Maya/Keller, Reiner (Hrsg.): Soziologische Experimentalität. Wechselwirkungen zwischen Disziplin und Gegenstand. Weinheim und Basel: Beltz Juventa, S. 438–452.